ROMEON
VERLAG

Until the End

1. Auflage, erschienen 11-2022
Umschlagillustration: Katrin Biallas
Text: Katrin Biallas
Layout: Romeon Verlag

ISBN: 978-3-96229-419-9

www.romeon-verlag.de

Bibliografische Information der Deutschen Nationalbibliothek:
Die Deutsche Nationalbibliothek verzeichnet diese Publikation in der Deutschen Nationalbibliografie; detaillierte bibliografische Daten sind im Internet über *https://portal.dnb.de/opac.htm* abrufbar.

Katrin Biallas

Until the End

ROMAN

Prolog 7

Rising Phenix 9

Vorwürfe 16

Verhandlungen mit allerlei Hindernissen 23

Der verhasste Spitzname 31

Das Herz der Dunkelheit 39

Plötzliche Verwandtschaft 47

Noch mehr Verhandlungen 54

Rockecke vs. …? 62

Glückliche Fügung – oder? 69

Künstlernamen 78

Eingriff ins virtuelle Leben 87

Erste Schritte 93

Neue Beziehungen 103

Don´t wanna think about 112

Inneres Grauen 118

Awake – Alive 125

Keep on, burning Soul! 132

Brieffreundschaft 141

Gefunden 149

The Core 158

Heilung 164

Zwischengelagert 172

Im Keller 180

Zeit, sich zu erheben 189
Weg des Schicksals 198
Ausgerechnet »Cracked Hell«?! 205
Rockstar 217
Zweite erste Schritte 225
Freundschaftsdienste....................232
Der Phönix erhebt sich 240
Treffpunkt Tokyo Tower 247
Wer hat die besseren Karten? 253
Ein Traum 263
Epilog 271

Prolog

Es war nur eine Nacht vergangen, aber es kam ihnen schon vor wie eine Ewigkeit. Sie wussten nicht, was sie jetzt erwartete. Und auch wenn sie nicht wussten, wohin das führen sollte, wenn sie jetzt ihrer Verzweiflung freien Lauf lassen würden, hätte das ausschließlich den Zweck, *ihn* zu belustigen. Würden sie sich jetzt die Köpfe einschlagen, wäre das auch nur ein Spaß für *ihn* gewesen. Und deshalb saßen sie schweigend beieinander. Würde einer von ihnen einen Ton von sich geben, würden sie sich kurz darauf wohl gegenseitig an die Hälse gehen. Und das würde ihnen in keiner Weise helfen. Bloß *er* würde wohl seinen Spaß daran haben. Und da sie das wussten, schwiegen sie sich weiter an.

Ein Vertrag sollte erfüllt werden, aber bis gestern wussten sie nicht einmal, dass es so einen Vertrag überhaupt gab! Sie waren überrascht gewesen, dass es vor einigen Wochen bergauf gegangen war. Aber auch das hatten sie nur *ihm* zu verdanken … Doch wenn man es recht bedachte, war es eher … Aber das konnten sie nicht denken. Das durften sie einfach nicht! Nicht einer von ihnen!

Die Gedanken sind frei, hieß es immer. Aber einer von ihnen wusste, dass *er* sich darüber hinweg setzen konnte. Wahrscheinlich saß er jetzt irgendwo in einem gemütlichen Sessel und amüsierte sich darüber, wie einfältig sie doch gewesen waren. Aber diese Dinge gingen einem von ihnen durch den Kopf. Die anderen waren immer noch damit beschäftigt, sich die Köpfe darüber zu zerbrechen, wie sie überhaupt hierher gekommen waren.

Ob das hier ihr Ende werden sollte? Es hieß zwar immer, man solle aufhören, wenn es am schönsten ist. Aber so hoch waren sie die Karriereleiter gar nicht hinaufgestiegen. Nur einen Moment den süßen Geruch des Erfolges riechen – davon hatten sie alle geträumt. Und als es so weit war, als sie gerade dabei waren zu begreifen, schlugen sie auf dem harten Boden der Realität auf. Sollte das denn wirklich schon ihr Ende sein? Aber niemand sprach diese Gedanken aus. Dennoch waren sie in ihren Köpfen. Und zwar im Kopf von jedem von ihnen, und sie wussten davon.

Je mehr Zeit verging, desto unruhiger wurden sie. Aber um Streit zu vermeiden, hatten sie sich, kurz nachdem sie gefangen worden waren, darauf geeinigt, zu schweigen. Denn es hätte ja doch keinem von ihnen genutzt, sich gegenseitig zu beschuldigen. Aber auch wenn sie sich die ganze Zeit über anschwiegen, sagte dieses Schweigen doch mehr, als Worte es hätten tun können. Und so wurden sie weiterhin von *ihm* beobachtet. Aber das konnten sie nur erahnen. Und *er* wusste, je mehr Zeit vergehen würde, desto schwieriger wurde es für sie. Denn *er* kannte sie alle und wusste, dass die wenigsten eine solche Prüfung bestehen konnten. Und so wartete *er*. Das machte ihm schon lange nichts mehr aus. *Er* war es gewohnt zu warten und wusste daher, dass es sich in den meisten Fällen lohnte. Und auch diesmal sollte es etwas geben. *Er* hatte es zwar schon lange nicht mehr erlebt, doch es sollte wohl spaßig werden. Die letzten Wochen waren schon sehr vielversprechend gewesen. Jetzt würde *er*, wie es so schön hieß, die Ernte einfahren. Wobei das wohl nicht gerade die treffendste Redewendung war. Schließlich würde *er* ebenfalls überrascht sein, wie diese ganze Geschichte ausgehen würde. Aber das gehörte nun mal dazu. »Berufsrisiko«, würde *er* dazu sagen.

Die Zeit zog sich immer weiter in die Länge. Was, wenn *er* sich überhaupt nicht mehr blicken ließ?! Aber hier zeigte sich mal wieder, dass man nicht unbedingt wissen musste, wie sein Feind aussah. Es reichte lediglich aus, zu wissen, dass es ihn gab. Aber das half ihnen nicht gerade, mit der Situation besser fertig zu werden. Wieso hatten sie nicht einfach so weitermachen können wie bisher? Wieso musste das Ganzeso aus dem Ruder laufen? Wieso hatte ausgerechnet *er* sich eingemischt? Hatte *er* sich überhaupt eingemischt? Oder war es doch vielmehr so, dass *er* erst aufgetaucht war, nachdem sie um Hilfe gebeten – ja fast gebettelt – hatten? Oder hatte *er* einfach eine gute Nase und wusste, wo die beste Beute war? Aber das war jetzt eh nicht mehr rückgängig zu machen. *Er* würde nicht verhandeln – nicht noch einmal. Sie würden das sicher auch nicht, wären sie jetzt in einer anderen Situation. Nein, jetzt waren sie von dem abhängig, was *er* mit ihnen vorhatte …

Rising Phenix

Sie wussten nicht, wie oft sie schon hier aufgetreten waren. Aber das war den Jungs von *Rising Phenix* egal. Sie kamen gern hierher, denn hier hatten sie zum ersten Mal als Band auftreten dürfen.

Die Bühne erwartete sie schon, heute Nacht würde das Publikum auf seine Kosten kommen! Und auch wenn sie schon seit ein paar Jahren versucht hatten aufzusteigen und es bis jetzt nicht geschafft hatten, dieser Klub hier war so etwas wie ihre Heimat – ihr Startpunkt.

Obwohl sie relativ beliebt waren, war bis jetzt niemand auf die Idee gekommen, sie unter Vertrag zu nehmen. Sie hatten ein paar Demos an Musikverlage geschickt, aber nie eine positive Antwort erhalten. Ihre Songs hatte Kiryu bis jetzt ausschließlich auf Japanisch geschrieben. Und sie hatten sich geschworen, sich dabei von niemandem reinreden zu lassen.

Sie kamen alle vier aus Tokyo. Kiryu Sugawa – der Sänger – hatte weiß gefärbte, kinnlange Haare mit einem leichten Blauschimmer und helle braune Augen, die fast ins Gold übergingen. Der Gitarrist Taro Okumoto war das, was die meisten Menschen wohl als quirlig bezeichnen würden. Er war ein grenzenloser Optimist, hatte blond gefärbte Haare, die fast so lang waren wie die von Kiryu. Und seine grauen Augen sprühten geradezu vor Leben. Er war es auch, der die Songs der Band komponierte, während Kiryu sich um die Texte kümmerte. Der Bassist Haru Edawa stach nicht besonders hervor. Er war der Ruhigste von ihnen. Seine schwarzen Haare, die er meistens im Nacken zusammengebunden hatte, bildeten einen starken Kontrast zu seinen klaren blauen Augen, die das Meer selbst in sich zu haben schienen. Und der vierte im Bunde war Ryo Shiota – der Drummer. Wenn es hart auf hart kam – und das geschah in letzter Zeit des öfteren – war er es, der die Band zusammenhielt. Wie Haru war auch Ryo ein geduldiger Typ. Doch so verschieden sie zu sein schienen, eines hatten sie alle gemeinsam: Sie alle kamen aus einem Viertel Tokyos, das nicht gerade die besten Aufstiegschancen bot. Und das schweißte natürlich zusammen. In der Schule war niemand von ihnen herausragend gut, weshalb sie sehr geringe Chancen auf einen Studienplatz hatten. Sie hatten entweder gerade so einen Abschluss erhalten oder waren Durchschnitt. Dennoch hatten diese vier Jungs ein herausragendes musikalisches Talent, das ihnen Hoffnung gab, irgendwann ein besseres Leben führen zu können. Sie hatten schon eine beachtliche Zahl an Fans. Und die waren einer der Gründe dafür, dass sie nicht längst aufgegeben und alles hinter sich gelassen hatten. Die Fans und ihre Träume. Aber es lag auch an ihren Freunden, die ihnen immer wieder Halt gaben.

Die letzten Soundchecks wurden durchgeführt – der Auftritt konnte beginnen.

Kiryu stand schon auf der Bühne. Das hier war seine Welt. Die leere Fläche vor der Bühne würde in spätestens einer Stunde voll sein – und zwar richtig voll! Sie würden ihnen zujubeln – genau wie schon so oft zuvor. Und nach dem Auftritt … würden sie alle wieder in ihr unscheinbares normales Leben zurückkehren. Er freute sich auf den Auftritt, aber er blickte ihm auch mit Wehmut entgegen. Würde es heute genauso enden wie die letzten Male zuvor? Er schloss die Augen und stellte sich alles vor: das Publikum, das ihnen zujubelte; seine Kehle, die sich irgendwann wie Sandpapier anfühlen würde – aber das war nie ein Problem gewesen, um einen guten Auftritt abzuliefern; und natürlich dieses berauschende Gefühl, den Himmel erobern zu können – als ob man fliegen könnte; dieses unbeschreibliche Gefühl puren Glücks. Sie würden heute

Nacht auftreten und es würde der beste Auftritt werden, den sie je gebracht hatten!

»Kiryu!«, wurde er von Yuito aus seinen Tagträumen gerissen. Yuito und er kannten sich schon seit ihrer Kindheit. Sie waren im selben Wohnblock aufgewachsen. Aber während Yuito eine Anstellung als Kfz-Mechatroniker fand, wollte Kiryu schon immer auf die Bühne. Dennoch hatten diese unterschiedlichen Vorstellungen einer Zukunft ihrer Freundschaft nicht geschadet. Kiryu war schon immer ein Träumer gewesen, das wusste Yuito. Kiryu drehte sich zu seinem alten Freund um und sah ihn fragend an.

»Wir können jetzt anfangen.« Kiryu nickte nur darauf und begann gleich eine ihrer Melodien vor sich hinzusummen.

»Okay«, sagte Yuito noch einmal und Kiryu begann: »Und das Einzige, das mir noch … Das klingt komisch, Yuito.« Der Angesprochene sah sich ein weiteres Mal das Mischpult an, stellte ein paar Regler anders und nickte Kiryu dann erneut zu.

»Und das Einzige, das mir … Whuh! Das ist 'n Klang, Leute!« Und dann begann er richtig zu singen. Es war ihm egal, ob es a cappella war, das musste jetzt einfach sein:

> »Und das Einzige, das mir noch bleibt,
> Ist Erinnerung, die nichts mehr heilt …«

»Hey, hey, hey! Wer wird denn da schon ohne uns anfangen?!«, kam Taro mit der restlichen Band im Schlepptau auf die Bühne.

»Hi, Leute«, grüßte sie Yuito gleich. »Wir können gleich loslegen.«

Sie hatten nicht sehr lange gebraucht für den Soundcheck, schließlich hatte sich Yuito um die meisten ihrer Auftritte gekümmert. Sie wussten nicht, was sie ohne ihn getan hätten – und sie wussten es auch jetzt nicht. Geld für Ton- und Lichttechniker hatten sie nicht.

Die ersten Menschen kamen, und Taro und Ryo standen gespannt hinter der Bühne und beobachteten, wie es immer voller im Saal wurde. Kiryu saß währenddessen über ein paar Notizen und biss immer wieder auf das Ende eines Kulis.

»Dein neuer Song?«, fragte Yuito und setzte sich zu Kiryu.

»Ja, ich arbeite gerade am Feinschliff.«

»Hättet ihr den nicht mal proben sollen?« Yuitos Frage war durchaus berechtigt. Aber Kiryu wusste schon, wie es ablaufen sollte. Jeder Ton, jedes Wort, jede Bewegung, die er dazu auf der Bühne machen würde, stand für ihn schon fest.

»Wir hatten ihn schon geprobt, das hier ist nur für meine Performance.«

Yuito sah beeindruckt auf die Noten und lehnte sich dann auf dem Sofa zurück.

»Keine Sorge, das werden wir nicht verhauen. Nicht heute«, und wie zur Bekräftigung lächelte er Yuito wissend an. Yuito hatte die Hände gerade im Nacken verschränkt, als ein aufgeregter Taro hereingestürmt kam und ihnen sagte: »Komm, Kiryu! Es geht los!« Kiryu und Yuito wechselten einen Blick, dann ging Kiryu zum Bühnenaufgang. Die unruhige Masse war hinter der Bühne weniger zu hören als vielmehr zu spüren. Schon jetzt herrschte diese besondere Stimmung, von der auch die Jungs von *Rising Phenix* voll befallen waren.

»Und heute, nach unendlich langer Zeit, sind sie endlich wieder hier!« Die Menge tobte. Obwohl derjenige, der *Rising Phenix* gerade ansagte, nicht ganz recht hatte. Inzwischen war es fast zur Gewohnheit geworden, dass sie mindestens einmal im Monat im Cold's Club auftraten.

»Ich präsentiere – die Unvergleichlichen, die Einzigartigen – *Rising Phenix*!«

Bei diesen Stichworten kamen sie auf die Bühne. Ein »guten Abend, Leute« ließ sich Taro auch nicht nehmen. Aber das war nun mal Taro. Die Menge bejubelte sie natürlich gleich. Als er wieder vom Bühnenrand zurückging, blieb er kurz neben Kiryu stehen, sagte »okay, sie gehören dir« und schnappte sich seine Gitarre.

»Seid ihr gut drauf, Leute?« Die Menge grölte.

»Was? Ich kann euch nicht hören! Seid ihr gut drauf?«, rief Kiryu ihnen zu. Und als Antwort bekam er ein noch lauteres Grölen als gerade eben.

»Okay, dann können wir jetzt anfangen!« Dann sah er einmal kurz zu Yuito, gab ihm ein Zeichen und der Auftritt begann …

Taro schlug sofort in die Saiten und spielte einen ihrer Standardsongs an. Kiryu stand mit geschlossenen Augen vorn an der Bühne und wartete. Es würde wirklich einer ihrer besten Auftritte werden. Die Menge tobte schon jetzt, nach ihrem ersten Song. Aber die vier wussten, dass es auch besser ging.

Am Ende der heutigen Show würden sich die Fans nicht mehr halten können vor Euphorie. Und das brachte Kiryu schon jetzt ein Lächeln auf die Lippen.

Yuito war immer wieder beeindruckt, wie die Jungs es schafften, ihre Fans so dermaßen zu begeistern und zu lenken. Er selbst war mehr der Typ, der aussah, als kümmerte ihn das alles nicht. Aber das störte ihn nicht, denn er wusste, dass er sich niemals so auf einer Bühne verhalten könnte wie die Jungs von *Rising Phenix*. Dieser Abend gehörte Kiryu, und er gönnte es ihm.

Und schon wieder hatten sie einen Song beendet. Sie spielten schon fast eineinhalb Stunden, und jetzt sollte endlich der Höhepunkt des Abends kommen. Yuito hatte diesen Song nie vorher gehört und er war gespannt, was sein bester Freund wieder zu Papier gebracht hatte. Aber so einfach machte es Kiryu dem Publikum nicht. Zuerst wollte er die Spannung etwas steigern.

Nach Luft schnappend stand er jetzt wieder in der Mitte der Bühne. Alle Spots waren allein auf ihn gerichtet. Schweiß stand auf seiner Stirn, aber er schien gerade taub für Erschöpfung zu sein. Es dauerte einen Moment, ehe er wieder sprechen konnte, aber die Menge wartete geduldig. Yuito dagegen wurde immer unruhiger, versuchte, sich nichts anmerken zu lassen, auch wenn ihn niemand sehen konnte.

»So, Leute … hu, also diesmal … habt ihr mich echt geschafft.« Wieder machte er eine kurze Atempause. Seine Schultern hoben und senkten sich mit jedem Atemzug, den er tat. Aber für Kiryu war das LEBEN! Das hier und jetzt war alles, was er wollte. Und was er brauchte.

»Wollt ihr mehr?«, rief Taro dazwischen. Kiryu war immer noch nicht richtig zu Atem gekommen und war deshalb im Moment für jede Hilfe dankbar. Die Fans jubelten, wenn auch etwas zurückhaltend.

»Ne, Taro! … Ich glaub, die haben genug …«, gab Kiryu statt des Publikums zur Antwort.

»Hast recht. Ich glaub, wir gehen besser.«

Das war Yuitos Zeichen. Kiryu, Taro, Haru und Ryo wollten von der Bühne gehen. Aber plötzlich war es stockfinster in der Halle. Die Bühne war nur zu erahnen, die vier Jungs von *Rising Phenix* waren gar nicht mehr zu sehen. Voller Spannung warteten die Fans darauf, was als Nächstes geschehen sollte, und riefen immer wieder den Namen der Band. Der Auftritt konnte noch nicht vorbei sein – nicht jetzt und nicht so! Die Spannung war fast greifbar.

Auf der Bühne waren nach wie vor Bewegungen auszumachen, alle hofften, dass die Jungs jeden Moment einen neuen Song anspielen würden. Aber vorerst blieb es ruhig. Doch dann wurde es wieder heller auf der Bühne. Nur Kiryu war zu sehen. Er stand mit gesenktem Kopf am Mikro und schien auf irgendetwas zu warten. Er sah verändert aus, auch wenn niemand erklären konnte, was genau jetzt anders war. Es war eine Ahnung, aber die Fans wussten, dass diese Band nicht umsonst den Namen *Rising Phenix* trug.

»Irgendwann muss jeder sterben – irgendwann ist alles zu Ende«, begann Kiryu. Er klang sehr ruhig. Niemand traute sich, ihn jetzt zu unterbrechen – nicht einmal einer der Fans. In der Halle war es absolut still. Denn gerade fand eine der beeindruckendsten Showeinlagen der Band statt. Kiryu tat es zwar nur selten, aber wenn er es tat, lag die ganze Welt ihm zu Füßen.

Und mit fester Stimme sprach er weiter: »Auch ein Phönix wird sterben, doch …«, er sah zu Boden und drehte dem Publikum halb den Rücken zu. Dann drehte er sich wieder um.

Seine hellen braunen Augen schienen alles wahrnehmen zu können. Und mit jedem Wort, das er jetzt sprach, schien die Spannung bis ins Unermessliche zu steigen: »Doch aus der Asche steigen wir empor und beginnen ein neues Zeitalter!« Mit jedem Wort war er etwas lauter geworden. Und bei den letzten Worten hob er die Arme. Die Fans jubelten, so laut sie konnten. Taro und Kiryu hatten sich kurz einzig mit Zeichen verständigen können, weil es nicht anders ging. Aber jetzt – jetzt war es endlich so weit: Der neue Song wurde angespielt.

Taro und Ryo sangen Passagen der Strophen mit, aber den Refrain überließen sie ganz Kiryu:

»Und das Einzige, das mir noch bleibt,
Ist Erinnerung, die nichts mehr heilt.
Kann allein sein, will's jetzt nicht,
Erinnerung, die mich erstickt.
Und ich frag:
Was gibt es noch?
Nur Schmerz! Nur Schmerz!«

Die ersten vier Verse waren sehr melodisch. Dann wurde seine Stimme fast schrill und endete bei den letzten Worten in einem Grölen. Die tiefen Akkorde von Ryo ließen aber nicht zu, dass es disharmonisch klang.

Die Menge tobte, Kiryu war glücklich, und ihr Auftritt hier nach dem nächsten Song vorbei … Als sie wieder hinter der Bühne waren, sah man den vieren die Erschöpfung deutlich an. Aber sie sahen alle glücklich aus.

»Wow! Und das hattet ihr **so** echt noch nicht mal geprobt?!«, kam Yuito auf sie zu.

»Ich meine …«, die richtigen Worten waren ihm eben ausgegangen. Aber Yuito war für sie fast so etwas wie ein Bandmitglied. Mit ihm verstanden sie sich genauso gut wie untereinander, manchmal besser.

»Das war der Hammer!«, platzte es dann endlich aus Yuito heraus. Yuito hätte es nie gedacht, aber heute Abend hatten die Jungs wirklich den besten Auftritt geliefert, den er je gesehen hatte. Und er musste es wissen, schließlich hatte er zu den ersten Fans von *Rising Phenix* gehört. Aber jetzt ging es nach Hause. Morgen früh würden sie die Anlage mit allem Drum und Dran abbauen, jetzt wollten sie nur noch schlafen. Sie waren alle erschöpft, und das sah man ihnen jetzt deutlicher an als noch vor einer Minute …

Vorwürfe

Sie wollten sich gleich treffen, um zu proben. Aber er wusste nicht, ob er wirklich hingehen sollte. Ein paar Tage waren seit dem Konzert im Cold's Club vergangen. Und seine Stimmung hatte sich seitdem nicht mehr verbessert. Es war genauso gekommen, wie er es befürchtet hatte. Deshalb saß er jetzt schon eine ganze Weile auf dem Bett seines kleinen, schäbigen Zimmers und dachte nach. Nein, eigentlich versuchte er, einen Ausweg für sich zu finden. Er wusste zwar nicht, was mit ihm los war, aber ihm war klar, dass es etwas Ernstes war. Es konnte ja nicht normal sein, dass er sich manchmal Tage nach einem Konzert so überflüssig vorkam. So richtig unnütz und einfach taub.

Diese Traurigkeit und Taubheit konnte man in seinen Augen ebenfalls sehen. Und um sich aus dieser Spirale von Traurigkeit, Verzweiflung und Selbstvorwürfen zu befreien, hatte er angefangen, Texte zu schreiben. Sie waren nicht besonders gut, das wusste er, aber für ihn dennoch ein wichtiges Ventil. Und wenn er sich heute einige der alten Texte durchlas, überkamen ihn wieder diese schmerzhaften Erinnerungen. So war es auch bei dem Text, den er schon die ganze Zeit in seinen Händen hielt. Er hatte keinen Titel, aber so war es eh bei den meisten Texten, die er schrieb. Für ihn war ein Titel nicht wichtig. Wichtig waren ihm die Worte – und die damit ausgedrückten Stimmungen:

Seh' zurück in dieses Loch,
Nur Abscheu, die mich frisst,
Will weitergehen, bleibe doch,
Vergangenheit verfolgt mich ewig …

Seh' zurück zu diesem Schein,
Heuchler, Blender kommen her.
Ich soll gehorchen, mich verstellen,
Nur ihr Wille, der regiert …

Seh' zurück, kanns nicht ändern,
Vergangenheit zerfrisst mich hier,
Will nicht zurück zu diesen Blendern,
Will nur hier weg, nur fort …

Manchmal war es auch so, dass ihn die Worte nicht mehr erreichten. Sie prallten einfach an ihm ab. War er denn wirklich so kaltherzig geworden? Nein, wahrscheinlich würde er von den meisten Menschen eher als Sensibelchen bezeichnet werden.

Kiryu dachte nicht gerne zurück an seine Kindheit. Und wäre die Band nicht da, würde er wohl mal wieder auf der Straße sitzen. Er war in keinem sehr guten Elternhaus aufgewachsen. Die meiste Zeit des Tages hatte er auf den Straßen Tokyos verbracht. Zu seinen Eltern hatte er nie ein gutes Verhältnis gehabt. Seit er ausgezogen war und auf eigenen Beinen stand, war es ihm finanziell zwar nie wirklich besser gegangen – eher das Gegenteil – aber er würde dennoch nie zurückwollen. Dafür war einfach zu viel passiert. Yuito war mit ihm im selben Wohnblock aufgewachsen. Sie hatten zusammen die Straßen Tokyos unsicher gemacht, als sie noch zur Schule gegangen waren. Aber Yuito hatte ein weitaus besseres Verhältnis zu seiner Familie. Für Kiryu dagegen war die Band jetzt seine Familie.

Er schloss die Augen und lag jetzt ganz ausgestreckt auf seinem Bett. Die Tapete an den Wänden war an einigen Stellen schon verblichen. Ein Tisch mit zwei Stühlen stand gegenüber dem Bett an der Wand unter dem einzigen Fenster im Raum. Ein Bad hatte er ebenfalls, wenn man dieses Kabuff unbedingt so bezeichnen wollte. Darin befand sich so etwas wie eine Dusche, die fast den gesamten Raum einnahm. Aber er hatte fließendes Wasser und meistens auch Strom. Ein paar Tassen, Teller und Besteck gehörten außerdem zu seinem Inventar – alles sauber gestapelt im Fensterbrett. Der Kühlschrank stand direkt darunter. Ein Stück neben dem Bett stand noch ein Schrank. In ihm befanden sich seine ganzen Klamotten. Seine Wohnung war zwar nicht die nobelste, aber sauber und ordentlich. Und er musste wenig Miete bezahlen.

Er wollte sich nichts vormachen, denn im Grunde lebte er immer noch in den schlechten Verhältnissen, die er schon sein ganzes Leben lang kannte. Und Yuito? Der hatte es geschafft. Er hatte ein geregeltes Einkommen, eine schicke Wohnung und, wie es aussah, auch eine Freundin. Alles Dinge, von denen Kiryu bis jetzt nur geträumt hatte. Ob er jemals so weit kommen würde, wie Yuito jetzt war? Er würde so gerne mehr aus seinem Leben machen.

Es klopfte an seiner Tür. Er setzte sich schnell auf seinem Bett auf und bat seinen Gast herein.

»Hi, Kiryu«, grüßte ihn Yuito gleich.

»Yuito! Was machst du denn hier?«

»Ich wollte einfach mal nach dir sehen. Hier.« Yuito reichte Kiryu einen Plastikbeutel.

»Was würde ich nur ohne dich tun?!«

»Ich schätze, du würdest verhungern«, und dann schmiss sich Yuito neben Kiryu aufs Bett.

Kiryu bediente sich gleich mal an einem Sandwich. Er hatte tierischen Hunger. Aber Yuito wunderte das nicht – schließlich war Kiryu dauernd knapp bei Kasse.

»Du kannst mich aber nicht ewig mit durchfüttern«, brachte Kiryu zwischen zwei Bissen heraus.

Yuito winkte ab: »Ist doch kein Problem.« Kiryu sah betreten zu Boden.

»Habt ihr heute nicht Probe?«, wechselte Yuito dann abrupt das Thema. Kiryu wollte eigentlich nicht darauf antworten. Aber dann sagte er mit einem Seufzen: »Ich wollte eigentlich nicht hin …«

»Nicht hin?« Kiryu hatte gewusst, dass Yuito so reagieren würde. Deshalb seufzte Kiryu erneut und nickte vorsichtig. Jetzt würde er sich wieder anhören müssen, dass es doch seine Band war, dass er nicht immer davonrennen könne, dass er mal etwas durchhalten müsse … Und dazu gehörte nun mal auch, zu den Proben zu gehen. Aber Kiryu hatte sich diese Predigt jetzt schon so oft anhören müssen, dass Yuito wusste, dass es jetzt sinnvoller war, nichts zu sagen. Also seufzte Yuito einmal tief, stand auf und ging Richtung Tür. Kiryu sah ihm fragend nach, sagte aber keinen Ton.

Yuito blieb an der Tür stehen und drehte sich zu Kiryu um: »Was ist? Kommst du?«, und öffnete die Tür.

»Wohin?«

»Äh … zur Probe?!« Aber Kiryus Antwort darauf war bloß ein fragender Blick. Mit einem erneuten Seufzer ging Yuito zurück zu Kiryu, packte ihn am Arm und zog ihn zur Tür mit der Begründung: »Du gehst da jetzt hin!«

Eine halbe Stunde später standen sie im Proberaum von *Rising Phenix*. Dieser Proberaum war eigentlich nur ein Keller. Doch zumindest würden sie hier niemanden stören. Als Kiryu und Yuito vor der Tür standen, drangen leise Geräusche durch. Sie probten wohl wirklich. Kiryu hatte ein schlechtes Gewissen … Aber umkehren konnte er jetzt nicht mehr. Außerdem konnte er nicht einfach verschwinden, solange Yuito bei ihm war.

Die Musik verstummte, als Yuito die Tür öffnete. Taro drehte sich um, als er merkte, dass jemand in der Tür stand.

»Kiryu! Bist ja doch gekommen«, sagte er schließlich. Er war nicht sehr begeistert, Kiryu zu sehen.

»Hi, Leute«, brachte Kiryu heraus und trat ein paar Schritte auf sie zu.

»Ich geh dann mal …« Und schon war Yuito wieder verschwunden.

»Wie kommt's, dass du hier bist, Kiryu?«, stichelte Taro.

»Jetzt lass es gut sein, Taro. Er ist da, also können wir auch weiter proben«, schlichtete Ryo. Haru schwieg. Kiryu wusste genau, dass es das Beste wäre, sich jetzt zu entschuldigen oder zu schweigen. Er zog es vor, zu schweigen.

Die ganze Zeit herrschte angespannte Stimmung. Die Probe verlief fast reibungslos. Aber das war nur ein äußerer Schein. Die Band kämpfte wieder einmal um ihre Existenz. Und diesmal schien es wirklich ernst zu werden.

Nach der Probe blieb Kiryu etwas unschlüssig im Raum stehen.

»Ich … Leute, ich … äh …«, druckste er herum.

»Geh nur, Kiryu. Geh nur. Du warst ja schon immer ein Einzelgänger«, fing Taro wieder an.

»Jetzt lass es doch, Taro«, versuchte Ryo wieder zu schlichten.

»Nein, Ryo! Der Kerl soll endlich mal zu dem stehen, was er sagt! Ich meine …«

»Du glaubst, ich würde immer weglaufen?«, unterbrach ihn Kiryu. Taro sah mit einem vernichtenden Blick zu Kiryu, der die Frechheit besessen hatte, ihn so einfach zu unterbrechen. Aber dann fand er seine Sprache wieder und fuhr fort: »Ja! Ja, ich glaubte, dass du immer wegrennst. Du kommst kaum zu den Proben, du ziehst doch nur dein eigenes Ding durch! Du bist ein Einzelgänger, Kiryu! Wieso hängst du eigentlich immer noch mit uns ab? … Weißt du, manchmal zerfließt du regelrecht in Selbstmitleid. Und diesen ewigen Emo-Style kann ich langsam nicht mehr ab!«

»Taro, das reicht jetzt«, klinkte sich Ryo wieder ein.

»Er hat doch aber recht … «, gab jetzt auch Haru von sich. Ryo schien schon am Verzweifeln …

»Denkt ihr wirklich so von mir?« Kiryus Frage war an alle drei gerichtet, was Ryo etwas verdutzte.

Taro schien schon wieder beleidigt. Und obwohl der Trotz in seiner Stimme mehr als deutlich herauszuhören war, achtete Kiryu allein auf seine Worte: »Ja, das denke ich wirklich von dir!« Damit wollte Kiryu nach draußen gehen. Aber an der Tür blieb er doch einen Augenblick stehen, als ob er wüsste, dass noch etwas Wichtiges gesagt werden würde.

Emo-Style – Taro hatte damit nicht sein Äußeres gemeint. Das würde überhaupt nicht zutreffen. Taro hatte eher Kiryus Einstellung und seine Stimmungen gemeint. Er war zwar nicht depressiv, aber manchmal übermannte ihn einfach diese traurige Stimmung. Er wusste selbst nicht, seit wann genau er das hatte, aber zumindest wusste er seit einiger Zeit, dass es eine Vorstufe von Depression war. Einen Namen hatte die auch, aber den hatte er vergessen. Es war nicht ganz so heftig, aber dennoch nicht zu unterschätzen. Und ausgerechnet das störte Taro. Aber sollte er sich etwa verstellen, damit es nicht mehr so auffiel? Irgendwem würde es ja doch wieder auffallen. Und wenn er es schon versuchte, würde er ja doch wieder vor sich selbst davon laufen. Und das wollte er nicht mehr. Wenn ihm Yuito und jetzt noch die Band vorwarfen, er würde vor allem und jedem – in erster Linie vor sich selbst – wegrennen, würde es wohl nicht so gut ankommen, sich jetzt zu verstellen … Was er auch tat – es schien nie der richtige, nie SEIN Weg zu sein …

»Wir wissen, dass wir gut sind, Kiryu«, setzte Taro schon wieder an. »Auch ohne dich!« Das hatte gesessen. Ryo und Haru sahen böse zu Taro. Aber dieser wich ihren Blicken aus, indem er weiter zu Kiryu sah. Er wusste, dass Ryo und Haru gleicher Meinung waren. Sie waren wirklich gut und mit Kiryu als Sänger vielleicht sogar Spitzenklasse. Aber auch ohne ihn würde die Band existieren.

Aber ob sie genauso gut wären wie jetzt, wusste keiner von ihnen zu sagen.

Kiryu verließ ohne ein Wort den Proberaum. Haru wollte ihn zurückrufen, aber Ryo hielt ihn mit einem Kopfschütteln auf. Haru war sich allerdings nicht so sicher, ob es wirklich eine gute Idee war, Kiryu jetzt allein zu lassen … Vielleicht würden sie es ja irgendwann bereuen …

Kiryu irrte durch die Straßen. Eigentlich benötigte er nur eine halbe Stunde zu Fuß zu seiner kleinen Wohnung. Jetzt war er schon über zwei Stunden in der Stadt unterwegs, aber das war ihm gar nicht klar. Er war die ganze Zeit ziellos umher gelaufen und bemerkte erst jetzt, dass es schon dunkel war. Er sollte wohl besser nach Hause gehen, doch da wartete gleichermaßen niemand auf ihn.

Er suchte sich den nächsten U-Bahnhof und wollte die erste Bahn nehmen, die er kriegen konnte. Er würde eh nicht vor Mitternacht zu Hause sein. Aber das war ihm jetzt egal. Sicher dachten alle, er wäre schon längst wieder daheim. Auf der Treppe zu den Gleisen wurde er von einem älteren Mann angerempelt, aber Kiryu entschuldigte sich trotzdem schnell mit einem »sorry«. Der Mann war kurz stehen geblieben und sah Kiryu etwas unschlüssig hinterher. Doch dann schien er eine Chance für Was-auch-immer zu sehen und folgte ihm wieder nach unten.

»Junger Mann«, hatte er ihm auf halbem Wege hinterhergerufen.

»Ich hab doch gesagt, es tut mir leid«, stieß Kiryu hervor. Aber sein Verfolger ließ sich damit nicht so einfach abschütteln.

»Ich glaube, ich kann Ihnen helfen.« Kiryu blieb stehen und drehte sich zu dem Mann um, der vier Stufen über ihm auf der Treppe stand. Sein Grinsen gefiel ihm nicht.

»Was wollen Sie?« Es klang vielleicht etwas unhöflich, aber dieser Kerl schien sich an Kiryus ruppigem Ton nicht zu stören und grinste weiterhin dieses komische Grinsen. Als ob er etwas wüsste, das Kiryu verborgen blieb.

»Ihnen helfen!«, erwiderte er und stieg die Treppe langsam zu Kiryu nach unten. Der schwarze Anzug, den er trug, schien altmodisch, aber gut gepflegt. Er hatte graue, fast weiße Haare, die er streng nach hinten gekämmt hatte. Nur der Dreitagebart störte den Eindruck des durch und durch gepflegten älteren Herren. Er war etwas kleiner als Kiryu, aber neben *ihm* hätte sich auch der größte Hüne klein gefühlt. Diese Augen gaben jedem das Gefühl, ein kleines unbedeutendes Nichts neben diesem Mann zu sein.

»Wieso?«, fragte Kiryu nach einer kurzen Pause, die ihm wie eine Ewigkeit vorkam. Er sah diesem komischen Alten die ganze Zeit in die Augen, auch wenn es ihm schwerfiel. Aber dieser Mann wich seinem Blick nicht aus. Es war, als ob sie kämpfen würden. Ein Duell, das bloß mit den Augen ausgefochten wurde. Wer dem Blick des anderen zuerst auswich, hätte verloren.

»Weil du Hilfe zu brauchen scheinst.«

»Nein, danke. Kein Interesse«, erwiderte Kiryu darauf und wollte sich schon zum Gehen umdrehen. Aber dieser Mann hielt ihn zurück. Wie genau, konnte Kiryu danach nicht mehr sagen. Es war Kiryu ja nicht einmal aufgefallen, dass dieser Kerl in einer sehr vertrauten Form plötzlich mit ihm sprach. Als würden sie sich bereits kennen. Er wusste nur noch, dass etwas in ihm nicht zuließ, dass er jetzt ging.

Dieser Abend würde sein Leben verändern, das wusste er …

Verhandlungen mit allerlei Hindernissen

Es war kurz nach Mitternacht und er saß allein in einem U-Bahnwaggon. Glücklicherweise hatte er einen Zug erwischt, der ihn direkt nach Hause bringen würde. Nach dem, was am Bahnhof passiert war, wollte er nicht noch stundenlang durch Tokyo laufen.

Ihm ging dieses Gespräch einfach nicht mehr aus dem Kopf:

»Ohne einen Wink des Schicksals wirst du deine Ziele niemals erreichen«, hatte dieser komische Typ ihm versucht zu erklären.

»Und das sollen Sie sein?!«, unterbrach ihn Kiryu. Der Typ ihm gegenüber zuckte die Achseln: »Nenn es, wie du willst. Aber eins ist sicher: Ich **kann** dir helfen.« Kiryu sah ihn als Antwort darauf fragend an.

»Lass es mich so ausdrücken, Junge: Was immer du dir wünscht, ich kann dir helfen, es zu bekommen: Geld, Ruhm … oder was du sonst willst.« Die Augen dieses Kerls leuchteten merkwürdig auf. Kiryu glaubte, etwas Rotes darin zu sehen.

»Sind Sie etwa jemand, der Wunder wirken kann oder so? So ein zweiter Jesus?«

»Nenn es, wie du willst, Junge.« Sein Ton war immer noch ganz locker, aber Kiryu spürte, dass sein Gegenüber ungeduldig wurde. Doch er war zu müde und hatte daher keine Lust, sich alles selbst zu denken. Der komische Typ seufzte und fuhr dann fort: »Weißt du, Junge, ich hab's nicht so mit dem Göttlichen. Da gibt es, wie ich finde, Besseres. Aber jetzt mal zum Geschäftlichen …«

»Mo-, Moment mal, ich hab Ihnen doch gar nicht zugestimmt«, unterbrach Kiryu schon wieder. Aber sein Gegenüber fuhr unbeirrt fort: »Aber du bist interessiert, oder?!« Schon wieder war in seinen Augen dieses Leuchten zu sehen. War das Licht hier wirklich so komisch? Sahen seine Augen etwa ebenfalls rötlich aus hier unten? Doch Kiryu sah diesen komischen Kauz weiterhin nur fragend an.

Interessiert war er, und das sah man ihm auch an, es gab allerdings ein großes Aber …

»Ist ja jetzt auch egal. Hör dir erst mal die Bedingungen an, dann kannst du dich entscheiden.« Kiryu sagte wieder nichts darauf. Er befürchtete so langsam, dass jedes Wort von ihm eine Zustimmung sein könnte, egal, wie er es meinte.

»Die Laufzeit beträgt vorerst ein Jahr. Danach kannst du ja immer noch entscheiden, ob du weiter machen willst.« Ein schmieriges Lächeln unterstrich seine Worte. Dieser Mann war brandgefährlich, wurde Kiryu jetzt klar.

Ein Zug fuhr in den Bahnhof ein und ließ kein Wort zu. Kiryu hatte einen Augenblick Zeit nachzudenken.

»Und was soll ich dafür tun?«, fragte Kiryu endlich. Allerdings hatte er jetzt Angst, dieser komische Typ könnte das als eine Einwilligung verstehen.

»Du machst einfach weiter wie bisher«, das sollte Kiryu als Antwort genügen. »Aber ich verlange schon etwas mehr als ein Tschüss, wenn alles vorbei ist.«

»Und wenn ich vorzeitig aussteigen will?«

»Darüber verhandeln wir besser in meinem Büro. Komm doch morgen irgendwann, wenn du Zeit hast, zu mir.« Der Ton war immer noch äußerst freundlich. Dann reichte dieser komische Kauz Kiryu eine Visitenkarte und verschwand. Wohin genau, wusste Kiryu nicht zu sagen. Der Kerl verschwand einfach, während Kiryu die Karte wegsteckte. Und jetzt saß Kiryu allein in einem U-Bahnwaggon und war fast zu Hause. Als er schließlich seine eigenen vier Wände betrat, war es fast eins.

»Irgendwann, wenn du Zeit hast«, hatte dieser Typ gesagt. Aber ob er wirklich hingehen würde, wusste er jetzt nicht.

Er hatte es gerade so geschafft, seine Taschen zu leeren, und ließ sich so, wie er war, auf sein Bett fallen. Er war in einen traumlosen Schlaf gefallen und war mehr als überrascht, dass er um kurz nach sechs wieder wach war. Er konnte nicht mehr schlafen, aus welchen Gründen auch immer. Also stand er auf, nachdem er sich eine Weile hin und her gewälzt hatte, ohne wieder einschlafen zu können. So früh am Morgen war in der Stadt noch nicht viel los. Er schlenderte durch die Straßen und wollte sich irgendwo eine Kleinigkeit zu essen besorgen. Durch die Straßen Tokyos irrte er in letzter Zeit sehr oft. Meistens, um den Kopf frei zu kriegen. Danach würde er direkt auf Arbeit gehen, seine Schicht würde eh bald anfangen. Seinen Chef würde es zwar wundern, dass er schon so früh da war

– schließlich bekam er kein Geld für seine Überstunden − aber er musste jetzt einfach raus hier.

Man konnte allem Möglichen entfliehen, aber nicht seinen eigenen Gedanken. Sie verfolgten einen, sie kamen immer wieder. Und seine Gedanken quälten ihn jetzt schon so lange. Immer und immer wieder zerbrach er sich seinen Kopf darüber, wie er der Band helfen konnte, ob sie nicht doch besser ohne ihn dran wäre … Und plötzlich hatte er die Chance, dass er seinen Bandkollegen wirklich helfen konnte. Wenn er es denn konnte.

Plötzlich fiel ihm etwas ein. Die Visitenkarte hatte er gestern achtlos weggesteckt, ohne sie sich genauer anzusehen. Die Frage war jetzt, ob er sie noch bei sich hatte oder zurück zu seiner Wohnung laufen musste. Nachdem er sämtliche seiner Taschen durchsucht hatte, fand er die Visitenkarte allerdings. Dann sah er sie sich genau an: Dee. MONIO Cooperations

»Wir können alles, so lange **Sie**
auch bereit dazu sind!«

Kiryu stand die ganze Zeit mitten auf dem Fußweg. Einige Leute liefen verärgert murrend an ihm vorbei, andere rempelten ihn an. Doch Kiryu ließ sich davon nicht stoppen, er ging lediglich einige Schritte zur Seite.

Der Slogan war ungewöhnlich. Aber nachdem, was Kiryu erlebt hatte, durchaus passend. Es war zwar ein gutes Stück von hier aus bis ins Zentrum von Shinjuku zu laufen, aber er ging trotzdem los. Das bisschen Kleingeld, das er bei sich hatte, wollte er nicht für den Bus oder die U-Bahn verschwenden.

Um 8.45 Uhr stand er vor dem Bürogebäude, in dem »Dee. MONIO Cooperations« saß. Irgendwie war es ja abzusehen, dass sie ausgerechnet in einem der oberen Stockwerke des Hochhauses waren. Der Pförtner würdigte ihn nur eines kurzen Blickes, beschäftigte sich dann aber weiter mit seiner Zeitung. Und so schlenderte Kiryu zum Aufzug und ließ seine Gedanken ein wenig schweifen.

Ein paar Minuten würde es schon dauern, bis er oben angekommen war. Kiryu wurde allmählich nervös. Es fühlte sich für ihn an, als sei er auf dem Weg zu einem Bewerbungsgespräch. Als Band waren sie bisher erst einmal vorgeladen worden. Ihnen war gesagt worden, dass die Chancen gar nicht so schlecht stünden, dass etwas von ihnen veröffentlicht würde. Damals hatte er sich nicht so unbehaglich gefühlt. Allerdings war er da auch nicht allein. Jetzt war er dabei, etwas zu entscheiden, das die Band ebenfalls betraf. Und das weckte sehr viel Unbehagen in ihm. Als er dann endlich vor dem Büro dieses komischen Kauzes stand, sah ihn dessen Sekretärin genauso an wie der Mann unten im Eingangsbereich. Es war ein Blick, der ausdrückte: »Du bist nicht mein Problem.«

»Haben Sie einen Termin?« Kiryu schüttelte mit dem Kopf. Die Sekretärin seufzte und forderte Kiryu auf, Platz zu nehmen.

»Wen darf ich anmelden?«

»Sugawa, Kiryu Sugawa.«

Erstaunt sah ihn die Sekretärin an, verschwand schnell im Büro, um kurz darauf wieder herauszukommen. Dann bat sie Kiryu gleich hinein.

Von hier aus konnte man ganz Tokyo überblicken. Ein riesiger Schreibtisch dominierte den Raum, der von Grünpflanzen flankiert wurde, die fast bis zur Decke reichten. Der alte Mann saß hinter dem Schreibtisch und hatte mit etlichen Dokumenten zu tun. Er hatte nicht einmal aufgesehen, als Kiryu gerade einen Schritt in das Büro getan hatte und er ihn auch mit »guten Morgen, Kiryu« begrüßte.

Im Nachhinein kam es Kiryu schon seltsam vor, dass dieser Typ, Masahito Tanakawa war sein voller Name, gleich seinen Namen gewusst hatte. Kiryu hatte ihm seinen Namen jedenfalls nicht gesagt. Dennoch nahm er sofort Platz, als ihm ein Stuhl angeboten wurde. Sie saßen sich jetzt genau gegenüber. Kiryu ließ Tanakawa nicht ein einziges Mal aus den Augen. Er konnte sich aber nicht so wirklich erklären, wieso er so misstrauisch war. Tanakawa kümmerte sich noch um ein paar Verträge, wie es aussah. Dann wandte er sich endlich Kiryu zu: »So, da du dich entschieden hast herzukommen, vermute ich, dass du interessiert bist?!« Es war weniger eine Frage als vielmehr eine Feststellung. Kiryu sagte nichts darauf und sah Tanakawa weiter schweigend an.

»Gut, kommen wir gleich zum Geschäftlichen.« Wieder brachte Kiryu keinen Ton heraus. Er saß einfach da und tat nichts weiter, als den komischen Typen, den er in der Nacht zuvor getroffen hatte, anzustarren. Was er hier tat, wusste er selbst nicht zu erklären. Aber eins war klar: Das hier war das unangenehmste Gespräch, das er je geführt hatte.

Tanakawa zog aus einem Papierstapel, wie es für Kiryu aussah, wahllos ein Blatt heraus und schob es vor Kiryu.

»Ich hatte meine Sekretärin vorab schon einmal gebeten, mir diesen Vertrag herauszusuchen.«

»Sie haben das schon mal gemacht?«, fragte Kiryu dazwischen. Sein Misstrauen gegenüber Tanakawa ließ einfach nicht nach. Aber das war gut so – das wusste er. Wenn sein Misstrauen jetzt stärker war als letzte Nacht, würde er Tanakawa nie voll und ganz vertrauen. Sein Instinkt hatte ihn in dieser Hinsicht noch nie im Stich gelassen.

»Ja, aber das ist inzwischen schon lange her.« Wieder hatte Tanakawa dieses komische Grinsen im Gesicht.

»Und was ist aus dem armen Schwein geworden?« Eigentlich hatte er sich diese Frage nur im Geiste stellen wollen. Jetzt war sie ihm doch rausgerutscht …

Tanakawa sah ihn kurz irritiert an, als ob er befürchtete, Kiryu könnte bereits zu viel wissen, antworte ihm aber nicht. Kiryu bohrte nicht weiter nach. Manchmal ließ sich das Ungewisse besser verkraften als die Wahrheit. Das hatte er gestern schließlich am eigenen Leib erfahren. Die Wahrheit konnte wehtun. Und zwar verdammt weh.

Er las sich den Vertrag einmal durch, dann noch einmal. Sollte das denn wirklich ein Vertrag sein?! Die Formulierungen waren an einigen Stellen mehr als zweideutig geschrieben. Zudem konnte er nicht wirklich erkennen, was er für die Vertragserfüllung tun musste. Also fragte er nach: »Was soll das eigentlich mit ›*Der Vertragspartner ist nicht aufgefordert, seine Schuld dann zu begleichen, wenn es von uns gefordert wird, soweit eine Erfüllung vonseiten des Vertragspartners zum gegebenen Zeitpunkt nicht möglich ist. Sollte allerdings der Fall eintreten, dass ein Abschluss des Abkommens unausweichlich ist, müssen beide Vertragspartner, ob sie zu diesem Zeitpunkt in der Lage sind oder nicht, die Beziehungen beenden, soweit es die Bedingungen von Paragraf soundso fordern.*‹ Heißt das, ich hab eine Frist oder so was?«

»Nein, nein«, Tanakawa lächelte das Lächeln eines Mannes, der einem kleinen Kind etwas ganz simples und allgemein Verständliches erklärt. »Wenn ich eine Vertragserfüllung von dir fordere und du kannst sie zu diesem Zeitpunkt nicht bringen, hast du Zeit, bis du so weit bist. Aber dann **musst** du erfüllen. Sollte allerdings einer der besonderen Fälle aus diesem Paragrafen eintreten, müssen wir beide den Vertrag erfüllen, egal, ob wir wollen oder nicht.«

»Aha! Und hier: ›*Die von Dee. MONIO Cooperations gebrachten Leistungen sind in jeder Hinsicht als Vertragserfüllung zu betrachten. Die vom Vertragspartner geforderten Leistungen müssen von Dee. MONIO Cooperations in jedem Fall erbracht werden. Laut Paragraf soundso, Absatz derundder, hat Dee. MONIO Cooperations die Wünsche zu erfüllen. Bei besonderen Forderungen (siehe Faust'sche Klausel) sind die Bedingungen aus Paragraf soundso anzuwenden.*

Die Vorstellungen des Vertragspartners zur Umsetzung des Vertrages müssen berücksichtigt werden.‹ Wenn so etwas hier drin steht, wie wollen Sie das dann umsetzen?«

»Das ist ein Standardvertrag, Junge«, gab Tanakawa entnervt zurück.

»Ich will das aber trotzdem wissen«, bohrte Kiryu ungeduldig. Kiryu hatte zwar nicht den besten Schulabschluss, aber er wollte sich auf keinen Fall übers Ohr hauen lassen. Tanakawa würde mit ihm kein leichtes Spiel haben. Das bemerkte der jetzt auch. Vielleicht würde er Tanakawa doch dazu bringen, sein wahres Gesicht zu zeigen. Aber eigentlich glaubte er selbst nicht daran. Tanakawa war wohl eher ein Mensch, der andere aus der Reserve lockte.

Als Antwort bekam er schließlich: »Das wirst du dann schon sehen.« Für Tanakawa war das Thema damit erledigt. Und Kiryu hörte jetzt auf zu bohren. Er würde hier ja doch nicht weiterkommen.

»Die Details besprechen wir dann ein andermal«, wurde Kiryu vertröstet. Er saß da und sah zum Fenster hinaus. Ganz Tokyo erstreckte sich unter ihnen. Tanakawa wartete geduldig, bis er den Vertrag unterschrieb oder unverrichteter Dinge gehen würde.

»Also, Sie helfen mir, egal, was ich verlange?«

»So steht es im Vertrag, ja«, bekam er von Tanakawa schnell eine Antwort. Dann wurde Kiryu schon nach draußen geschickt.

Kaum hatte er den Vertrag unterschrieben, mit seinem Stempel versehen und war aufgestanden, kam schon die Sekretärin ins Büro: »Darf ich Sie nach draußen bringen?«

So langsam kam Kiryu zu dem Schluss, dass ihn mehr dieser merkwürdigen Dinge erwarten würden. Deshalb machte er sich jetzt keine weiteren Gedanken über den Auftritt der Sekretärin. Er versuchte es zumindest. Doch bevor er Masahito Tanakawas Büro verließ, drehte er sich noch einmal zu ihm um und fragte: »Woher wussten Sie eigentlich, wie ich heiße? Ich habe Ihnen nie meinen Namen gesagt.«

Tanakawa grinste schon wieder dieses überlegene Grinsen wie bei ihrer ersten Begegnung und antwortete dann: »Weiß du, Kiryu, das Wichtigste über meine zukünftigen Klienten bekomme ich sehr schnell heraus.«

War es Kiryu nur so vorgekommen oder hatte sich die Luft bei diesen Worten um ein paar Grad abgekühlt? Ihm lief eine Gänsehaut den Rücken hinunter.

Tanakawa war nicht zu unterschätzen, das stand fest. Wenn er doch wüsste, mit wem oder was – er war sich nicht mehr so sicher wie gestern Abend, das alles hier vernünftig erklären zu können – er es überhaupt zu tun hatte. Aber in seinem Leben war schon zu viel schiefgegangen, als dass er sich nicht an jeden greifbaren Strohhalm klammern würde. Und so verließ er mit einem tiefen Seufzer das Gebäude und trat hinaus auf die überfüllten Straßen Tokyos. Jetzt hatte er sich endgültig dem Kommerz unterworfen – seine Seele gehörte ab heute einem anderen …

Der verhasste Spitzname

Er hatte den Fußweg gerade betreten, als Tanakawas Sekretärin ihm hinterhergerannt kam: »Herr Sugawa!« Er blieb stehen und drehte sich zu ihr um. Sie hatte einen Zettel in der Hand und war leicht außer Atem.

»Ihr nächster Termin«, sagte sie bloß, dann überreichte sie Kiryu den Zettel. In einer kleinen sauberen Schrift war »Do. 15.00 Uhr – Hr. Tanakawa« darauf geschrieben. Kiryu bedankte sich kurz, aber die Sekretärin war schon wieder auf dem Rückweg. Also zuckte er die Achseln und wollte zur Arbeit.

Es kam, wie er es hatte kommen sehen: Kaum hatte er den kleinen, schummrigen Lebensmittelladen betreten, in dem er arbeitete, brüllte ihn sein Chef auch gleich an. Aber dieses Mal prallte das alles von ihm ab. Er war längst taub für das Gebrüll geworden. Und außerdem hatte er bereits gewusst, was passieren würde. Dass er allerdings gleich aus dem Laden geschmissen wurde, und das nicht nur im sprichwörtlichen Sinn, hatte er nicht ahnen können. Kiryu wurde hochgehoben und aus dem Laden katapultiert. Er hatte das seinem Chef gar nicht zugetraut. Die restlichen Angestellten sahen wortlos zu. Aber Kiryu war ihnen nicht böse. Mit diesem Choleriker wollte sich niemand anlegen.

Kiryu war schmerzhaft auf dem Hintern gelandet, und während er wieder aufstand, musste er sich diese Schimpftirade weiter anhören. Ein paar Passanten hatten das ganze Schauspiel mitverfolgt. Eine Frau hatte Kiryu gefragt, ob er in Ordnung wäre.

Er hatte zwar mit einer Standpauke gerechnet, aber dass er direkt gefeuert werden würde, wäre ihm nicht im Traum eingefallen. Schließlich war er heute bloß zehn Minuten zu spät zur Arbeit erschienen.

Sein Lohn wurde ihm noch ausgezahlt, aber eigentlich von der Frau des Ladenbesitzers nach draußen gebracht. Dann war die Sache endgültig erledigt. Die 5.500 Yen würden zwar schnell wieder aufgebraucht sein, aber das war ihm jetzt egal. Er hatte jetzt Besseres damit vor als zu sparen oder seine Miete endlich mal pünktlich zu zahlen. Und so zog er durch die Straßen Tokyos, kaufte sich einen Lebensmittelvorrat, ordentliche Kugelschreiber und Bleistifte, etwas Notenpapier und ein kleines Buch, in das er in Zukunft seine Texte schreiben wollte. Und schon war nur noch ein gutes Drittel seines Lohnes übrig. Damit machte er sich dann auf, nachdem er den Rest nach Hause gebracht hatte, und ging in ein Internet-Café. Er wollte so schnell wie möglich irgendwo auftreten. Er musste einfach auf die Bühne. Denn aus irgendeinem Grund – vielleicht wegen der Gewissheit, dass er in kurzer Zeit auf der Straße sitzen könnte, wenn sie nicht bald Erfolg hatten oder er einen neuen, besseren Job fand – konnte er jetzt nicht tatenlos herumsitzen.

Als er so im Netz herum surfte, drifteten seine Gedanken allmählich ab. Er wollte sein eigener Herr bleiben, er wollte sich nicht verkaufen, seine Texte und die Band erst recht nicht. Und das würde er Tanakawa morgen auch sagen. Dieser Vertrag war eine Sache zwischen Tanakawa und Kiryu – sonst niemandem! Der Band wurde damit nur geholfen, mehr nicht.

Nachdem er seine Gedanken kurz hatte schweifen lassen, atmete er tief ein und konzentrierte sich dann wieder auf den Bildschirm vor ihm. War diese Adresse denn schon vorher da gewesen? Er konnte sich jedenfalls nicht daran erinnern, diese Seite aufgerufen zu haben. Aber was er dann so las, gefiel ihm. Er notierte sich schnell die Adresse und wollte gleich hingehen. Es war ganz in der Nähe. Doch als er so auf der Straße stand und im Kopf schon über die beste Route nachdachte, die ihn zu diesem Klub bringen sollte, meldete sich sein Magen. Die restlichen 800 Yen wollte er jetzt aber nicht für sein Mittagessen ausgeben. Also ging er nach Hause, aß dort eine Kleinigkeit und wollte gerade wieder auf die Straße, als Yuito vor seiner Tür stand.

»Was … äh … Was machst du denn hier?«

»Ich war schon bei deinem Chef, aber der hat mir gesagt, dass er dich gefeuert hat. Da dachte ich mir, du kannst nur hier sein«, erklärte er und schmiss Kiryu etwas zu. Dieser konnte sich schon denken, was es war, stellte es auf den Tisch und beachtete es nicht weiter.

»Hast du gar keinen Hunger?«, fragte Yuito sichtlich überrascht.

»Ich hab schon gegessen.«

Yuito war sprachlos.

»Also, wieso bist du jetzt hier?«, versuchte er Yuito aus dessen Sprachlosigkeit zu helfen.

»Ach so, ja!« Aus seiner Hosentasche zog er einen Zettel, auf dem eine Adresse stand.

»Die brauchen die nächsten Tage eine Band. Besser, du gehst gleich hin.«

»Ja, aber wo ist das? Und woher hast du die Adresse überhaupt?«

»Ich hab zufällig mitbekommen, dass einer unserer Kunden Stammgast dort ist. Und dann kam halt eins zum anderen.« Yuito war wirklich ihr größter Fan. Kiryu wusste nicht, was er jetzt sagen sollte.

»Wir können gleich hingehen. Ich weiß, wie wir hinkommen«, erklärte Yuito. Denn schon als Kiryu die Adresse gesehen hatte, konnte er sie nicht richtig einordnen. Aber in Tokyo gab es unzählige Gassen und versteckte Winkel. Und wenn Yuito schon wusste, wie sie dorthin kamen, wollte er sich diese Chance nicht entgehen lassen. Kurz darauf zogen sie auch schon los. Aber kaum hatte Kiryu die Wohnungstür abgeschlossen, hörte er augenblicklich Tippelschritte hinter sich.

»Oh, nein«, flüsterte er. Das war jetzt wirklich ein ungünstiger Zeitpunkt. Yuitos fragenden Blick sah er nicht, konnte ihn aber zwischen seinen Schulterblättern spüren. Aber ehe er zu einer Antwort ansetzen konnte, schrie eine Kinderstimme: »Kiri-nii-san!«

Yuito drehte sich zu der Kleinen um und hockte sich dann vor sie. Er wollte sie gerade begrüßen und fragen, wer sie überhaupt war, als sich die Kleine schon an Yuito vorbei zwängte und zu Kiryu ging.

»Kiri-nii-san! Kiri-nii-san!«

Kiryu seufzte nur und drehte sich dann zu ihr um: »Du sollst mich doch nicht so nennen, Hanako.« Dann nahm er die Kleine auf den Arm und ging mit ihr den Gang hinunter. Yuito folgte unauffällig. Vor einer Tür ein paar Meter weiter hinten blieb Kiryu dann stehen. Für Yuito war nicht sofort klar wieso. Aber das wurde es, als Kiryu Hanako vor der Tür absetzte und anklopfte.

»Frau Kyoura, ich bringe Ihnen Hanako.« Keine Reaktion.

»Frau Kyoura?« Wieder nichts.

»Mama ist nicht da.« Überrascht sahen die Jungs zuerst zu Hanako und dann sich an.

Vier Augen musterten das kleine Mädchen kritisch. Aber schließlich atmete Kiryu schwer aus und sah auf sein Smartphone. Er hatte wirklich eine Nachricht von Frau Kyoura erhalten – vor ein paar Minuten erst. Mit der Kleinen an der Hand ging er nach draußen. Er sollte mal wieder den Babysitter spielen. Heute war es allerdings wirklich kurzfristig …

Auf einem nahe gelegenen Spielplatz ließ er Hanako los und setzte sich auf eine der Bänke. Yuito blieb die ganz Zeit bei ihm. Auf Hanako aufzupassen war er gewohnt. Ihre Mutter, im Übrigen auch seine Vermieterin, lieferte Hanako oft so kurzfristig bei ihm ab. Aber Hanako mochte Kiryu. Was Babysitter anging, war die Kleine sehr wählerisch. Kiryu war bis jetzt der Einzige, den sie nicht gleich vertreiben wollte. Frau Kyoura war so erleichtert, dass sie Kiryu deshalb nie allzu böse war, wenn er die Miete mal wieder nicht pünktlich zahlen konnte. Hanako war jedenfalls glücklich, dass Kiryu wieder auf sie aufpasste.

»Kiri?!«, brachte Yuito dann lachend heraus. Kiryu sah stur gerade aus zu Hanako.

»Sie konnte meinen Namen nicht richtig aussprechen und hat angefangen, mich Kiri zu nennen …«

»Mann, wenn das die Jungs hören!«

»Na, bloß nicht!« Aber Yuito musste auf Kiryus Protest mehr lachen. Kiryu dagegen war weniger zum Lachen zumute. Um auf andere Gedanken zu kommen, beobachtete er weiter Hanako.

Die Kleine hatte immer wieder zu ihnen gesehen, jetzt kam sie freudestrahlend zu ihnen gerannt: »Kiri-nii-san! Kiri-nii-san!«

»Die hängt ja wirklich sehr an dir.«

»Ja«, aber da half er Hanako schon, die dabei war, an ihm hoch zu klettern.

»Wo ist deine Mama überhaupt, Hanako?«, fragte er die Kleine stattdessen.

»Die ist weg. Muss was erledigen, hat sie gesagt.«

»Hat sie gesagt, wann sie wieder zurück ist?«

Kiryu konnte die Kleine alles Mögliche fragen. Sie würde ihm immer erzählen, was er wissen wollte: »Heute Abend, hat sie gesagt.« Kiryu fragte zwar nicht weiter nach und verbiss sich einen Kommentar, der ihm gerade auf der Zunge lag, aber er verdrehte trotzdem die Augen und seufzte innerlich tief. Yuito sah den beiden amüsiert zu. Er dachte schon, Kiryu hätte gesehen, dass er sich über ihn lustig machen könnte, aber anscheinend hatte Kiryu das gar nicht weiter mitbekommen.

»Kann die Kleine mitkommen?«

»Was? Wohin denn?«, fragte Yuito leicht verwirrt.

»Na, zu … in diesen Klub oder was das ist.«

»Ach so, äh … ja, klar, ich denke mal, schon. Jetzt wird eh nicht so viel los sein, falls die überhaupt schon offen haben.« Yuito war optimistisch wie immer.

»Willst du jetzt auch gehen, Kiri-nii-san?«

Er verzweifelte innerlich fast. Wenn er es nicht bald schaffte, diesen Spitznamen loszuwerden, würde er den wohl sein ganzes restliches Leben tragen.

»Du sollst mich doch nicht so nennen«, sagte er noch einmal mit einem tiefen Seufzen. Dann setzte er Hanako wieder auf dem Boden ab und stand auf.

»Aber warum nicht, Kiri-nii-san?«

»Ich mag es einfach nicht.«

»Aber warum?« Irgendwann hatte es Kiryu aber aufgegeben, der Kleinen erklären zu wollen, dass der Spitzname ihm peinlich war und einfach nicht zu ihm passte. Er war einfach zu … niedlich für einen Einundzwanzigjährigen, der Existenzprobleme hatte. »Kiri« klang in seinen Ohren eher wie eine Beleidigung, wenn es nicht gerade von Hanako kam.

Kurze Zeit später waren die drei dann in Tokyo unterwegs. Yuito führte Kiryu durch einige schäbige Gassen. Kiryu war sich nicht mehr so sicher, ob es eine so gute Idee gewesen war, Hanako mit hierher zu nehmen. Betrunkene torkelten ihnen entgegen – und das am frühen Nachmittag. Das gefiel ihm ganz und gar nicht und weckten böse Erinnerungen ihn ihm. Irgendwann aber erreichten sie eine heruntergekommen aussehende Hütte. Auf einem Schild, das schon bessere Tage gesehen hatte, stand »Cracked Hell«. Der Name gefiel Kiryu schon mal gar nicht. Wenn der Laden genau das versprach, was auf dem Schild stand, konnte das ja heiter werden. Und ganz nebenbei stellte sich für Kiryu auch noch die Frage: Was hatte Yuito da bloß für Kunden?

»Und du bist sicher, dass wir hier richtig sind?«, fragte Kiryu gleich, als sie vor der Tür stehen geblieben waren. Hanako hatte sich, schon als sie diese Gasse betreten hatten, an Kiryus Hand geklammert. Jetzt versteckte sie sich allerdings hinter Kiryu und krallte sich an seinen Hosenbeinen fest. Für eine Fünfjährige hatte Hanako wirklich schon einen ziemlich festen Griff. Wenn sie weiter so an seiner Jeans zerrte, die sowieso schon so einiges hinter sich hatte, würde die den heutigen Tag wohl nicht mehr überleben. Das wäre dann zumindest ein *echter* destroyed Look.

Yuito klopfte kräftig gegen die Tür, aber es schien niemand dazusein. Yuito blieb trotzdem weiter vor der Tür stehen und wartete geduldig. Kiryu wollte sich schon umdrehen und gehen, als plötzlich die Tür aufging.

Ein riesiger Kerl mit einer Schürze, die sicherlich irgendwann mal weiß gewesen war, um den Bauch und einem hässlichen Bart – der Typ sah bestimmt nicht nur so ungepflegt aus – stand plötzlich vor ihnen.

»Ist das der Junge?«, fragte der Hühne Yuito mit unglaublich tiefer Stimmer. Kiryu wurde einfach übergangen, Hanako genauso wenig beachtet. Oder der Kerl hatte sie einfach nicht bemerkt.

»Ja, das ist er«, antwortete Yuito. Dann wurden sie hereingebeten.

»Die Bühne hab ich erst vor ein paar Wochen vergrößern lassen. So langsam muss hier alles mal auf Vordermann gebracht werden«, erklärte er ihnen, während sie zur Theke gingen. »Vor allem du«, dachte sich Kiryu bei diesen Worten. Aber als Kiryu sich in dem Raum umsah, musste er erschrocken feststellen, dass diese Worte nur vorsichtig beschrieben, wie es hier wirklich aussah. Rauch und anderer Dunst hatte die Wände in eine undefinierbare Farbe getönt. Wenn es hier Fenster gab, waren sie wohl so dreckig, dass Licht keine Chance hatte, hier einzudringen. Die Theke sah auch nicht besonders einladend aus, dazu das schummrige Licht von der Deckenbeleuchtung …

»Meine Stammkunden sind jetzt auf diesem Trip, junge Bands hören zu wollen, die noch nicht so bekannt sind. Die wollen wissen, wie die Bands klingen, bevor sie richtig berühmt werden. Das ist so ein »Kannten wir schon, bevor sie cool waren«-Ding. Aber soll mir recht sein, es bringt Abwechslung. Und da ihr ziemlich gut zu sein scheint, dachte ich mir, ihr könntet morgen hier auftreten. Eigentlich sollte 'ne andere Band hier auftreten, aber die haben abgesagt …«

»Hier gefällt es mir nicht, Kiri-nii-san«, unterbrach Hanako den groben Kerl.

»Was?« Der Kerl drehte sich zu Kiryu um und entdeckte jetzt endlich Hanako.

»Sag bloß, das ist deine?!«

»Nei …«, setzte Kiryu zur Antwort an.

»Na, wie auch immer. Kannst du oder kannst du nicht?« Kiryu gefiel es hier nicht, aber das wollte er diesem Kerl so nicht sagen.

»Ich glaube, ich rede vorher noch mal mit den Jungs …« Eine gute Antwort, um seine eigene Meinung zu umgehen, fand Kiryu. Und außerdem musste er so oder so mit der Band reden. Wenn er jetzt einfach etwas über ihre Köpfe hinweg entscheiden würde, würden sie ihm das übel nehmen. Sehr übel. Es reichte schon, dass er im Alleingang einen Vertrag mit Tanakawa ausgehandelt hatte.

»Okay, dann ruf heute an, wenn du dich entschieden hast«, schnell kritzelte er eine Telefonnummer auf einen Zettel, dann schmiss er die drei fast raus.

Kiryu und Yuito sahen sich fragend an, dann gingen sie wieder zurück. Es würde vielleicht nur ein kleiner Auftritt für sie werden, aber er hatte ja noch diese andere Adresse. Da würde er heute ebenfalls hingehen. Yuito wollte er aber nicht dabei haben. Den genauen Grund dafür konnte er nicht nennen. Er hatte das komische Gefühl, dass Yuito ihn eher davon abhalten würde, dorthin zu gehen. Hanako müsste er so oder so mit dahin nehmen, der Nachmittag hatte gerade erst angefangen und Frau Kyoura wäre so schnell nicht wieder zu Hause.

Das Herz der Dunkelheit

Es tat gut, endlich wieder auf den überfüllten und breiten Straßen Tokyos zu sein. Yuito hatte sich schon vorher von ihm verabschiedet, seinen Helm aufgesetzt und war davongefahren. Als er endlich außer Sichtweite war, atmete Kiryu erleichtert auf. Er hatte das Gefühl, er würde etwas Verbotenes tun. Nur die kleine Hanako würde Zeugin sein.

Und so gingen sie wieder ins Zentrum von Shinjuku. Sie blieben diesmal allerdings in diesem Teil der Stadt. Um Hanako in dem dauernden Gedränge nicht zu verlieren, streckte er seine rechte Hand nach ihr aus. Die Kleine ergriff sie auch gleich. Die Blicke waren ab jetzt auf alle Fälle auf ihrer Seite. Aber das war Kiryu egal. Er sollte auf die Kleine aufpassen, und das würde er tun. Sollten die anderen doch denken, was sie wollten. Jetzt musste er sich erst einmal um diesen Auftritt kümmern.

Sie gingen an Kinos, Karaoke-Bars und Kneipen vorbei. Auf den ersten Blick sahen diese wesentlich einladender aus als »Cracked Hell«. Shinjuku war aber auch ein Stadtteil, in dem viele Touristen unterwegs waren.

Er ging jetzt etwas langsamer. Hanako hörte sofort auf, an seinem Arm zu zerren. Mit großen Augen sah sich Hanako die bunten Plakate, grellen Schilder und auffälligen Läden an. Als sie zu Kiryu aufsah, schien der sich ebenfalls seine Umgebung genau anzusehen. Aber Kiryu suchte nach diesem Klub. In einer etwas ruhigeren Straße fand er ihn dann endlich. Aber selbst hier – weit ab von den Touristenzentren – sah es sauberer und lange nicht so schäbig aus wie in der Gasse, in der sich »Cracked Hell« befand. Die Schilder über den Bars und Klubs waren hier weniger auffällig, aber trotzdem gut erkennbar. Hier schienen die Besitzer noch darauf zu achten, dass Touristen – falls sie sich doch einmal hierher verirren sollten – ein gepflegtes Äußeres sahen.

Tokyo war wirklich mehr als … abwechslungsreich. Und da war er heute nur in Shinjuku und Minato unterwegs gewesen. Vor einer Bar, die »Yami no Kokoro« hieß, blieb er stehen.

»Na, wollen wir rein gehen, Hanako?« Sie nickte und versteckte sich wieder hinter Kiryu. Er klopfte einmal an und trat dann ein, ohne hereingebeten worden zu sein.

Der Raum, den er betreten hatte, war dunkel. Dennoch konnte er erkennen, dass er sehr weitläufig war. Hier hatten wirklich viele Menschen Platz. Es roch nach dem abgekühlten Rauch einer Nebelmaschine. Die Bühne war, so wie die Theke und die Tische, bloß zu erahnen. Er sah außerdem zwei Fenster, die zur Straße hinaus gingen, das war alles.

Ein Mann betrat den Schankraum und schaltete das Licht ein. Er war ungefähr so groß wie Kiryu und schien kaum älter zu sein. Seine dunklen Haare waren von hellen Strähnen durchzogen. Kiryu wusste nicht zu sagen, ob das gefärbt oder natürlich war – möglich war beides. Trotzdem sah es nicht so katastrophal aus wie bei anderen.

Mit einem breiten Grinsen im Gesicht kam er auf sie zu: »Hi, ich bin Kaoru Karasuma.« Er reichte Kiryu die Hand, der sie gleich ergriff: »Kiryu Sugawa.«

»Und du bist …?«, wandte sich Kaoru an Hanako. Aber Hanako versteckte sich weiterhin hinter Kiryu. Normalerweise war Hanako nicht so zurückhaltend. Der Kerl im »Cracked Hell« hatte ihr Angst gemacht, weshalb sie sich die ganze Zeit hinter Kiryu versteckt hatte. Dieser Kaoru war aber das genaue Gegenteil. Angst dürfte sie eigentlich nicht haben. Es sei denn … Kiryu nahm eine mentale Abwehrhaltung ein. Vielleicht war es wirklich besser, hier ebenfalls misstrauisch zu bleiben.

»Das ist Hanako.«

Kaoru ging hinter die Theke und fragte gleich, was sie trinken wollten. Aber Kiryu ging gar nicht auf diese Frage ein, setzte Hanako auf einen der Barhocker und stellte sich neben sie.

»Was kann ich sonst für euch tun?«

Kiryu sah Kaoru prüfend an.

»Ich habe das hier gefunden«, sagte Kiryu und schob Kaoru einen Zettel zu.

»Oh, du spielst in ’ner Band?!« Kiryu nickte zur Antwort. Hanako hatte inzwischen einen Saft bekommen und sah sich interessiert von ihrem erhöhten Punkt aus im Raum um.

»Was spielt ihr so?« Inzwischen hatte Kaoru angefangen, ein paar Gläser zu polieren, während er sich mit Kiryu unterhielt.

»Hardrock, Punk, ein bisschen Metal, …«

»Seid ihr ’ne Coverband oder spielt ihr auch eigene Songs?«

»Wir spielen eigene Songs. Aber wir können uns nach euch richten, was die Songauswahl betrifft.«

»Okay … ähm …« Kaoru schien zum ersten Mal ernsthaft überlegen zu müssen, was er als Nächstes fragen sollte.

»Wenn wir hier auftreten dürfen, müsste ich aber noch mal mit den Jungs reden.«

»Oh, da mach dir mal keine Sorgen. Ich glaube, die würden gerne hierher kommen«, sagte Kaoru locker und grinste schief. Bildete sich Kiryu das nur ein oder hatten die Augen von diesem Typen wirklich kurz rot aufgeleuchtet?

»Hier, geht aufs Haus.« Kiryu wurde ein Glas zugeschoben.

»Und Hanako?«

»Das auch. Die kleine Lady muss nicht zahlen«, er zwinkerte ihr zu.

Kiryu gefiel das nicht. Das lief gerade zu glatt. Außerdem fühlte er sich bei diesem Kaoru inzwischen ähnlich wie bei Tanakawa. Kaoru schien etwas Entscheidendes vor Kiryu zu verbergen. Und Kiryu hatte das Gefühl, dass ihn Kaorus Großzügigkeit in eine Falle locken sollte. Und obwohl er keinen Ton herausbrachte, hätten seine Blicke töten können. Er mochte Kaoru nicht, aber Kaoru kümmerte das wenig.

»Was habt ihr so für Texte? Schreibst du sie?«

Dieser Kerl stellte immer genau die richtigen Fragen, um abzulenken. Kiryu beschloss jetzt einfach, dass er diesem Kerl nicht trauen würde. Genau wie Tanakawa. Diese beiden schienen ja eh vom gleichen Schlag zu sein: charmant, intelligent und gefährlich.

»Also, ja, die Texte schreibe ich. Das kann alles Mögliche sein, was mich halt beschäftigt. Aber nicht so was wie … keine Ahnung – Armut in Indien oder Umweltverschmutzung in den Industrieländern. Das Gesellschaftskritische ist nicht so meins.«

»Okay, das wollen hier eh nicht so viele hören«, er grinste Kiryu wieder so schief an. »Hört man ja eh immer irgendwo. Ihr könntet am Samstag auftreten, wenn ihr Zeit habt. Wir zahlen gut.« Dieses Grinsen wurde er heute wohl nicht mehr los.

»Wie gesagt, ich muss erst mit den Jungs reden.«

Das war nur eine dumme Ausrede gewesen. Und Kaoru schien es bemerkt zu haben. Er sah Kiryu nicht mehr in die Augen und konzentrierte sich stattdessen auf das Glas in seiner Hand. Eine Schweigepause entstand zwischen ihnen. Kiryu begann sich jetzt ebenfalls hier umzusehen.

»Die ersten Gäste kommen so gegen 21 Uhr«, platze Kaoru dann heraus. Kiryu sagte nichts weiter darauf.

»Wir gehen jetzt besser. Komm, Hanako«, sagte Kiryu unvermittelt. Er nahm die Kleine vom Barhocker und ging mit ihr nach draußen.

»Du weißt ja, wo du uns findest. Meld' dich dann einfach.« Er winkte Kiryu noch zu, aber das hatte der nicht mehr gesehen. Und deshalb bekam Kiryu auch nicht mehr mit, wie Kaoru sein Smartphone aus der Tasche zog und jemanden anrief.

Hanako hatte sich immer wieder zu Kaoru umgedreht. Sie ahnte, dass es etwas mit Kiryu zu tun hatte, konnte es aber nicht einordnen.

Kiryu rief Haru, Ryo und Taro an, kaum dass sie wieder auf dem Weg nach Hause waren. Sie würden zu ihm kommen. Aber erst später. Also suchte Kiryu Stifte und das Buch zusammen und ging mit Hanako wieder auf den Spielplatz, auf dem sie heute schon einmal waren. Er hatte diese Melodie schon seit gestern im Kopf. Jetzt würde er mal versuchen, einen Text dazu zu finden. Hanako würde er außerdem im Blick behalten können.

Wenn Hanako sagte, dass ihre Mutter abends zurückkäme, konnte das heißen, sie konnte schon um sieben oder erst um elf zurück sein. Aber darüber zerbrach sich Kiryu jetzt nicht den Kopf. Die Zeit bis dahin würde er schon rumkriegen. Es war kurz nach fünf, als die Jungs zu Kiryu kamen. Kiryu rief gleich nach Hanako und sie gingen zusammen in Kiryus Wohnung.

»Oh, du darfst wieder mal Babysitter spielen?«, hatte ihn Taro begrüßt.

Taro hatte sich gleich auf den einzigen freien Stuhl in der Wohnung gesetzt. Haru und Ryo schmissen sich aufs Bett. Hanako kletterte gleich zu ihnen. Kiryu blieb stehen und sah sie ernst an.

»Jetzt komm schon, Kiryu. Was ist los?« Taro sah sich im Zimmer um und fand das Notizbuch.

»Oh, du hast jetzt ein Poesiealbum?«

Wie immer war Taro ziemlich bissig zu Kiryu. Aber Kiryu ging gar nicht weiter darauf ein.

»Du hast ’n neuen Song?«, fragte Ryo stattdessen.

Kiryu nahm das Notizbuch an sich, warf Ryo ein »Ja« entgegen und wollte dann auf den Grund für ihr Dasein zu sprechen kommen.

»Lies den Text doch einfach mal vor«, bohrte Ryo weiter.

»Ich werde hier und jetzt garantiert nicht anfangen zu singen.«

»Nicht singen, einfach nur den Text vorlesen«, erklärte Ryo.

Mit einem Seufzer schlug Kiryu das Buch auf, sagte: »Also, es heißt ›Herz der Dunkelheit‹«. Er begann laut vorzulesen:

Diese Tage, lang und schwer,
Schon vorbei und doch nicht weg,
Versuch zu sehen, doch so sehr
Ich’s versuch, bloß bleibt ein Schreck!

Schwer mein Herz, so sehr wie nie,
Schlägt fast taub, ertrag ich kaum,
Doch kann nichts tun und weiß nicht, wie
Ich dieses Herz bezwinge …

Hindernisse hier und da,
Trau mich nicht allein zu gehen,
Verzweifle fast, es ist DOCH wahr,
Doch will ich fliehen, nicht vergehen …

Es war nicht das Lied, das er schon seit Tagen im Kopf hatte. Aber auch dieser Text hatte große Bedeutung für ihn. Es war nicht irgendein Text zu irgendeiner Melodie. Das hier war sein ganz eigener Text. Ob es jemals eine Melodie dazu geben würde, wusste er jetzt nicht. Er konnte es sich nicht wirklich vorstellen … Sie hatten alle gebannt zugehört. Selbst Hanako hatte ihn nicht unterbrochen.

Kiryu war sich nicht sicher, ob dieses Gedicht wirklich gut war. Ryo hatte seine Texte bis jetzt so oft verfeinert. Aber da hatten sie immer schon eine Melodie gehabt. Diesen hier wollte er genauso lassen, wie er jetzt war. Es sollte nicht verändert werden – nicht ein einziges Komma.

Als er zu Ende gelesen hatte, sah er jedem ins Gesicht. Er wollte wissen, wie sie den Text fanden. Aber er konnte nur Verblüffung in ihren Augen sehen. Sogar bei Taro.

»Das war schön«, unterbrach Hanako schließlich die kurze Stille.

»Klang gar nicht mal so schlecht«, räumte auch Taro ein. Aber Kiryu wollte unbedingt Ryos Meinung hören. Als dieser aber gerade dazu ansetzen wollte, etwas zu sagen, klopfte es an die Tür und eine Frau trat ein, ohne vorher herein gebeten worden zu sein. Aber Frau Kyoura durfte das.

»Guten Tag, Kiryu. Ich hoffe, ich störe nicht?«

»Aber Sie doch niemals, Frau Kyoura«, schmeichelte ihr Kiryu. Die anderen Bandmitglieder begrüßten sie höflich und schwiegen dann. Sie wussten, was diese Frau mit ihnen anstellen würde, wenn sie ihr gegenüber unhöflich oder gar respektlos werden würden. Sie hatten schließlich schon das ein oder andere Mal mit ihr zu tun gehabt. Und Frau Kyoura achtete sehr auf Höflichkeiten. Deswegen traute sich niemand von ihnen, sie zu unterbrechen und einen Rauswurf zu riskieren.

Frau Kyoura war eine kleine Frau von einem Meter fünfzig. Sie hatte kurze, gelockte Haare und war … kräftig gebaut. Und durch ihre Frisur wirkte ihr Gesicht noch runder. Sie war Ende dreißig und streng mit ihren Mietern. Regeln mussten eingehalten werden, war ihr Wahlspruch. Sonst ginge hier alles drunter und drüber. Aber wen sie erst einmal in ihr Herz geschlossen hatte, der würde von ihr nicht enttäuscht werden. Wer ihr Vertrauen genießen durfte, würde als Mieter von ihr ein gutes Leben haben – so wie Kiryu.

Nachdem Kiryu Frau Kyoura versichert hatte, dass es ihm keine Umstände gemacht hatte, auf Hanako aufzupassen, es wirklich kein Problem für ihn war, dass es so kurzfristig war und dass Hanako ihm keine Probleme gemacht hatte, drehte sie sich zur Tür um und ging. Er hatte ihr mehrmals versichert, dass er immer wieder gerne auf Hanako aufpassen würde, was Taro dazu veranlasste, sich ein Lachen zu verkneifen.

»Immer wieder eine Freude, deine Vermieterin zu treffen«, brach es schließlich aus Taro heraus, kaum dass Frau Kyoura gegangen war.

»Ja, aber jetzt mal zurück zu deinem Text«, wandte Ryo ein.

»Der war gut«, bestätigte Haru noch einmal.

»Wirklich?«

»Wir sind jetzt aber nicht hier wegen dieses Textes, oder?« Taro war wieder mal unruhiger, als er zeigen wollte. Aber das kannten die Jungs so von ihm.

»Nein, ich hatte da was gefunden.« Wieder sah Kiryu jedem Einzelnen in die Augen. »Ich hätte da was. Für morgen Abend!«

»Ja und? Hast du zugesagt?«, unterbrach ihn sofort Taro.

» ›Cracked Hell‹ war nicht wirklich … na ja, das war ein Rattenloch.«

»Hast du dann noch was anderes?«, fragte Ryo gleich.

»Ja, der Laden heißt ›Yami no Kokoro‹. Angeblich wurde dort Jille entdeckt.«

»Und? Wo ist das Problem?«, schaltete sich Taro wieder ein.

»Auf den ersten Blick nicht schlecht. Nur der Typ da war komisch …« Er fand nicht die richtigen Worte, um den Jungs zu erklären, dass er bei diesem Barkeeper das gleiche Misstrauen hatte wie bei Tanakawa. Die Jungs wussten ja nicht einmal, dass er einen Vertrag mit Tanakawa ausgehandelt hatte und dass ihrer aller Zukunft wohl davon abhing … Nein, es sollte eine Sache zwischen ihm und Tanakawa bleiben. Deswegen fing er gar nicht damit an, sein Misstrauen erklären zu wollen.

»Ach, wenn sogar Jille dort war, kann es dort doch nicht so schlecht sein?!« Taro war wie immer zuversichtlich.

»Kann ich dem echt zusagen?«

»Ja, mach nur. Und das mit ›Cracked Hell‹ … «, begann Ryo.

»Wann sollen wir da auftreten?«, fragte Taro, ohne auf die anderen zu achten.

»In ›Cracked Hell‹ gleich morgen. Und im ›Yami no Kokoro‹ am Wochenende. Ich schätze mal Samstag.«

»Ich kann morgen Abend nicht«, wandte Haru ein.

Haru arbeitete in einem Hundert-Yen-Laden. Er musste zum Glück nicht oft abends oder am Wochenende arbeiten. Das machte es leichter, solche mehr oder weniger spontanen Auftritte annehmen zu können. Aber es war trotzdem schon vorgekommen, dass Haru erst verspätet zu einem Auftritt kam.

Ihr großes Glück war, dass sie bisher ausschließlich in Tokyo aufgetreten waren und Haru deshalb keinen allzu weiten Weg hatte. Die Wochenenden hielt er sich meistens frei. Aber Kiryu atmete trotzdem auf, als Haru das sagte. Er wollte nicht zurück in diese … »Hölle«!

»Dann sag ich dem Typen für morgen ab. Aber was machen wir mit ›Yami no Kokoro‹? Habt ihr dann Zeit? Oder soll ich da auch absagen?«

»Nein, wieso denn?«, stellte Ryo die Gegenfrage. »Vielleicht ist es da gar nicht mal so übel. Wenn da sogar Jille entdeckt wurde?!« Ryo war ein Fan von ihr – wenn man das denn so sagen wollte. Es war eher so, dass er fasziniert war von Jilles Karriere. Es war wirklich eine Traumkarriere. Vom unbekannten kleinen Sternchen war sie zum internationalen Star aufgestiegen. Und ein Abstieg war noch lange nicht in Sicht.

Kiryu nickte ihm stumm zu. Damit wäre das jetzt geklärt.

Plötzliche Verwandtschaft

Als Kiryu an diesem Abend im Bett lag, musste er wieder an seine erste Begegnung mit Hanako und Frau Kyoura denken.

Er wohnte jetzt fast ein Jahr hier. Durch Zufall hatte er diese Wohnung gefunden. Am Tag seines Einzuges hatte irgendwann ein kleines Mädchen angefangen, ihn zu beobachten. Und als er dabei war, seine Sachen einzuräumen, kam dieses Mädchen einfach in seine Wohnung – die Tür hatte die ganze Zeit offen gestanden, weil er immer wieder Kisten raus und wieder rein räumte – und setzte sich auf sein Bett.

»Hör mal, Kind, du gehst besser nach Hause.« Kiryu war nicht gerade freundlich gewesen. Als Yuito und Haru noch anwesend waren, hatte sie sich bloß bis zu seiner Wohnungstür getraut. Aber kaum waren sie weg, war sie mutiger geworden.

»Wie heißt du?«, fragte das Mädchen stattdessen. Kiryu seufzte, sagte ihr dann aber seinen Namen.

»Ich heiße Hanako.«

»Schön, und jetzt geh nach Hause.« Doch Hanako ließ sich so einfach nicht vertreiben. Sie erzählte Kiryu, dass sie mit ihrer Mutter nebenan wohnte, dass ihre Wohnung größer war als Kiryus und vieles andere, bei dem Kiryu schon gar nicht mehr zuhörte. Er war langsam genervt, sortierte aber weiter seine Sachen, ohne etwas zu sagen. Nach und nach konnte er immer mehr leere Kisten vor die Tür stellen.

»Hast du schlechte Laune?«, fragte ihn Hanako dann unvermittelt. Kiryu seufzte erneut, dann antwortete er: »Ich habe zu tun. Warum gehst du nicht nach Hause? Deine Eltern suchen dich doch bestimmt?!« Doch er bekam keine Antwort. Also hielt er in seiner Tätigkeit kurz inne und sah zu Hanako. Die Kleine fragte fast weinend: »Warum bist du böse auf mich?« Da hatte er ja etwas angerichtet.

Kiryu war überfordert. Was sollte er denn jetzt machen? Kurzer Hand hockte er sich vor Hanako und sprach auf sie ein: »Hey, nicht weinen. Ich bin nicht böse. Ich muss einfach nur …« Er seufzte erneut, dann reichte er Hanako ein Tetrapak Kakao. Sie nahm es dankbar an und beruhigte sich schnell wieder. Zum Glück hatte sich Haru ein paar Päckchen Kakao mitgebracht. Und zu Kiryus größerem Glück hatte er die restlichen bei ihm gelassen.

Kurz darauf klopfte jemand an seine Wohnungstür. Als Kiryu öffnete, stand er einer kleinen Frau gegenüber. Hanako lief sofort freudestrahlend auf sie zu.

»Oh, entschuldigen Sie vielmals. Mein Name ist Hitomi Kyoura. Hanako hat Ihnen hoffentlich keinen Ärger gemacht? Ich war kurz eingenickt, da hat sie sich aus der Wohnung geschlichen.«

»Nein, keine Sorge«, antwortete ihr Kiryu schnell. Dann verabschiedete er sich von Frau Kyoura und Hanako, so schnell es ging. Er hatte keine Lust auf Small Talk.

»Bis bald, Kiri-nii-san«, rief ihm die Kleine beim Gehen noch zu. Kiryu fürchtete, dass er öfter das Vergnügen haben sollte, auf Hanako aufzupassen. Doch im Moment war er einfach nur erleichtert, wieder allein zu sein.

Frau Kyoura stand vor seiner Tür. Sie schien in Eile zu sein. Hanako hielt sie an der Hand.

»Herr …«, sie warf schnell einen Blick auf sein Türschild. »Herr Sugawa, könnten Sie kurz auf Hanako aufpassen? Der Babysitter hat mir abgesagt und …«

»Kiri-nii-san, du passt heute auf mich auf, ja?« Hanako schien diese Entscheidung bereits getroffen zu haben.

Kiryu nickte stumm, Hanako ging sofort in seine Wohnung und setzte sich aufs Bett.

»Vielen Dank, Herr Sugawa. Ich versuche, in einer Stunde wieder da zu sein«, sagte ihm Frau Kyoura, dann verschwand sie.

Kiryu kratzte sich am Hinterkopf und ging ratlos zu Hanako. In einer Stunde … Was sollte er denn die ganze Zeit machen? Eigentlich wollte er den Nachmittag nutzen, um sich nach einem Job umzusehen. Nach einem Aushilfsjob könnte er direkt in einem Café oder Laden fragen. Aber das musste erst mal warten.

Hanako sah sich in Kiryus winziger Wohnung um, dann stellte sie fest: »Dein Zimmer sieht leer aus, Kiri-nii-san.« Er und Hanako musterten sich einen Augenblick gegenseitig.

»Ich bin ja auch erst letzte Woche hier eingezogen.«

Er wusste immer noch nicht, wie er die Zeit, bis Frau Kyoura wieder da war, totschlagen sollte. Doch Kiryu musste sich darüber keinen Kopf machen, weil sich Hanako hingelegt hatte und fast eingeschlafen war. Er deckte sie zu und setzte sich dann an den Tisch. Dann würde er sich jetzt eben um den liegengebliebenen Papierkram kümmern.

Eineinhalb Stunden waren vergangen, bis es wieder an Kiryus Tür klopfte. Hanako schlief noch, also stand er vorsichtig auf, um zur Tür zu gehen.

»Herr Sugawa, ich hoffe, Hanako hat Ihnen keine Probleme bereitet. Sie ist manchmal etwas … wählerisch bei ihren Babysittern.«

»Na ja, sie hat eigentlich die ganze Zeit geschlafen.« Eine sehr überraschte Frau Kyoura sah ihn an. »So? Wo ist sie denn?« Kiryu bat sie herein. Hanako blickte beide aus verschlafenen Augen an.

»Hallo, mein Schatz. Komm, wir gehen nach Hause.«

Als Frau Kyoura wieder Kiryu gegenüberstand, Hanako auf dem Arm haltend, sagte sie: »Vielen Dank, Herr Sugawa. Ich weiß nicht, was ich ohne Sie getan hätte.«

»Ach, kein Problem, wirklich«, erwiderte er verlegen.

So vergingen die Wochen. Kiryu hatte immer wieder auf Hanako aufgepasst. Meistens lief es so ab wie an jenem ersten Nachmittag. Oder aber Hanako erzählte pausenlos über alles Mögliche. Es schien ihr egal zu sein, ob Kiryu richtig zuhörte. Aber einmal, als er über einem neuen Text brütete, kletterte sie plötzlich auf seinen Schoß und fragte mit Blick auf das Blatt: »Was machst du da?«

»Ich schreibe …«, sagte er, unschlüssig, was er sonst darauf hätte antworten sollen. Hanako konnte weder lesen noch schreiben, schließlich war sie erst fünf Jahre alt. Und bis sie Kanji lesen könnte, würde es noch viele Jahre dauern. Aber diese düsteren Texte wollte er ihr nicht vorlesen …

»Mama schreibt auch viel. Aber das da sieht anders aus als das von Mama«, stellte sie fest. Kiryu wusste nichts zu antworten, deshalb wechselte er das Thema: »Hast du Lust, rauszugehen?« Schnell bejahte sie es, sprang auf ihre Füße und rannte zur Tür. Kiryu lief ihr nach, schnappte sich im Gehen seine Schlüssel und ging mit Hanako nach draußen. Er würde heute ja doch nicht mehr dazu kommen, seinen Text zu überarbeiten.

Als Kiryu und Hanako wieder zurückkamen, erwartete sie bereits Frau Kyoura.

»Ah, Herr Sugawa – Kiryu, kann ich gleich noch mit Ihnen reden?«

»Ja, klar«, sagte er bloß darauf. Ein paar Minuten später stand Frau Kyoura wieder vor seiner Tür. Diesmal ohne Hanako.

»Kiryu, es geht um Ihre Miete.« Kiryu ahnte Schlimmes. Er war mit der Miete im Rückstand. Und dadurch, dass er nur einen Aushilfsjob hatte, würde das wohl öfter vorkommen. Er konnte mit Geld einfach nicht gut umgehen … Mit dem Wenigen, das er hatte, erst recht nicht.

»Sie sind mit der Miete im Rückstand.«

»Ja, ich weiß. Es ist …«

»Keine Sorge, Kiryu. Ich will Ihnen ein Angebot machen«, erklärte sie nüchtern.

Das Angebot bestand darin, dass Kiryu ab und an auf Hanako aufpassen sollte. Manchmal auch kurzfristig. Im Gegenzug müsste er nichts zu befürchten haben, wenn er die Miete einmal nicht pünktlich zahlen konnte. Kiryu fand das Angebot verlockend, wollte aber dennoch wissen, wieso er es überhaupt bekam.

»Hanako ist gegenüber ihren Babysittern immer sehr schwierig. Bei Ihnen allerdings … Sie betrachtet sie quasi als ihren Bruder. Normalerweise ist sie nicht so. Glauben Sie mir, sie hat schon mehr Babysitter vertrieben, als Sie ahnen.« Kiryu bekam eine Ahnung, was der wirkliche Grund für Frau Kyouras Anfrage vor einigen Wochen war. Der Babysitter hatte vielleicht nicht kurzfristig abgesagt, sondern Frau Kyoura hatte einfach niemanden finden können, der auf Hanako aufpasste? Aber das waren nur Kiryus Vermutungen.

»Ja, das habe ich gemerkt.«

»Bitte tun Sie mir den Gefallen«, wurde der Ton von Frau Kyoura fast flehend.

»Lassen Sie mich darüber nachdenken, okay?«

»Na gut. Aber bitte nicht zu lange, ja?«

Kiryu würde ihr morgen, bevor er zur Arbeit ging, sagen, wie er sich entschieden hatte. Am liebsten hätte er zwar sofort zugesagt, aber etwas hielt ihn zurück. Bis jetzt waren Hanako und er gut miteinander ausgekommen. Im Grunde stand einer Zusage nichts im Wege. Nachteile hätte er davon jedenfalls nicht.

Kiryu saß im Wohnzimmer von Frau Kyoura. Hanako schlief neben ihm auf dem Sofa. Als sich die Wohnungstür öffnete, trat Frau Kyoura gleich mit einer Entschuldigung ein: »Tut mir leid, dass es so spät geworden ist. Diese Versammlungen ziehen sich immer so in die Länge.«

»Hallo, Frau Kyoura«, antwortete er bloß darauf. Dann trat er ihr schon entgegen.

Er hatte den ganzen Abend auf Hanako aufgepasst. Irgendwann war sie auf dem Sofa eingeschlafen und er konnte sich um einige Texte kümmern. Bei manchen war immer noch der Wurm drin. Sie klangen … nicht flüssig.

Da Frau Kyoura in mehr als einem Haus Wohnungen besaß, musste sie die auch verwalten. Es kam oft kurzfristig zu Terminen, die dann bis in die Nacht dauerten. Für Kiryu war das meistens kein Problem. Wenn Frau Kyoura abends einen dieser Termine hatte, passte Kiryu immer in Frau Kyouras Wohnung auf Hanako auf. Es war schon eine merkwürdige Beziehung zwischen ihnen dreien. Da es bis jetzt aber keine Nachteile für Kiryu gegeben hatte, beschwerte er sich nicht.

Von der Band wusste niemand von seinem Babysitter-Job. Wenn er auf Hanako aufpassen musste und die Band wollte proben, sagte er ihnen, dass er arbeiten musste. Es war zwar nicht sein eigentlicher Job, ganz falsch war die Aussage aber nicht. Er scheute sich davor, den anderen zu sagen, dass er ab und zu auf Hanako aufpasste. Wieso das so war, konnte er allerdings nicht sagen. Vielleicht aus Angst, dass sie sich über ihn lustig machen würden: Er, der sein eigenes Leben kaum auf die Reihe bekam, sollte auf ein kleines Kind aufpassen?! Das klang selbst in seinen Ohren lächerlich.

Eines Nachmittags traf er auf dem Heimweg allerdings auf Haru. Kiryu war die Begegnung äußerst unangenehm, da er ein Geschenk für Hanako dabei hatte. Es waren ein paar Mochis in einer süßen Verpackung. Aber das warf bei Haru einige Fragen auf, das konnte ihm Kiryu vom Gesicht ablesen.

»Hi, Kiryu. Hast du heute frei?«

»Hi, Haru. Ja, wie es aussieht schon.«

»Klasse! Dann haben heute ja alle Zeit zum Proben.« Und mit Blick auf das Geschenk in Kiryus Händen fragte er: »Ist das für deine Freundin?«

»Nein, ich … « Kiryu atmete einmal tief ein und erzählte dann von Hanako. Haru war sichtlich beeindruckt und gestand ihm schließlich: »Wow, hätte ich dir gar nicht zugetraut.«

»Ich mir auch nicht.«

Taro und Ryo erfuhren am selben Abend von Kiryus Zweitjob. Überrascht waren sie alle, aber niemand hatte einen dämlichen Spruch herausgehauen, wofür Kiryu sehr dankbar war. Und jetzt konnte er endlich offen sagen, wenn er auf Hanako aufpassen musste. Das machte vieles unkomplizierter.

Die letzten zwölf Monate waren schnell vergangen. Hanako war inzwischen ein fester Teil seines Lebens – oder vielmehr: Er war ein fester Teil von Hanakos Leben. Manchmal fragte er sich allerdings, ob es wirklich so gut für die Kleine wäre, dass sie so viel Zeit mit ihm verbrachte. Er konnte sich geradeso diese winzige Wohnung leisten, war trotzdem meistens klamm bei Kasse und hatte keinen festen Job – kein sonderlich gutes Vorbild. Aber Hanako mochte ihn trotzdem. Sie konnte das alles noch gar nicht begreifen und fand es einfach großartig, dass ihr Wahlbruder so viel Zeit für sie hatte. Die Kleine hatte wirklich einen Narren an ihm gefressen.

Die ersten Wochen hatte es Kiryu gestört, von Hanako so bezeichnet zu werden. Inzwischen fand er diese plötzliche Verwandtschaft gar nicht so schlecht. Denn oft genug wurde er dadurch aus einer Schleife der immer gleichen Gedanken gerissen. Und besser als seine eigentliche Verwandtschaft war es allemal.

Noch mehr Verhandlungen

Wieso musste er in letzter Zeit immer so früh wach werden?! Wieso konnte er denn nicht einmal ausschlafen … Als er auf sein Smartphone sah, war es kurz vor zehn. Eigentlich nicht wirklich früh. Sonst musste er immer schon viel früher auf den Beinen sein. Für ihn kam das jetzt schon fast an »ausschlafen« ran. Dennoch fühlte er sich, als hätte er nicht länger als fünf Stunden geschlafen.

Er lag zusammengerollt in seinem Bett. Alles war ruhig. Niemand war da. Sollte er wirklich aufstehen? Schließlich hatte er keinen Job mehr und zu Tanakawa musste er erst am Nachmittag. Aber er stand dennoch auf. Er wollte ein bisschen durch die Stadt streifen. Und während er sich anzog, fiel ihm ein, dass er sich ja einen besseren Job suchen wollte und musste. Also aß er eine Kleinigkeit und zog dann los.

Bisher hatte er nur immer Gelegenheitsjobs gehabt. Was er bräuchte, war aber eine Ausbildung oder so etwas. Er war jetzt 21 und hatte bisher noch keinen festen Beruf gehabt. Aber was sollte er machen? Für was sollte er sich bewerben? Er war Musiker mit Leib und Seele. Aber welches Label würde schon einen kleinen, heruntergekommenen Punk wie ihn unter Vertrag nehmen?! Bisher hatten sie nur Absagen erhalten.

Er würde es ja doch wie sonst auch immer machen: Den erstbesten Job, der ihm vor die Füße fiel, würde er annehmen. Aber davon musste er jetzt loskommen. Wenn er etwas Besseres finden wollte als einen Aushilfsjob in einem kleinen Lebensmittelladen, musste er länger suchen. Aber wo anfangen? Und noch wichtiger: Wonach genau sollte er suchen? Ein Aushilfsjob kam schon mal nicht infrage. Die Arbeit in einem Hundert-Yen-Laden war hart und warf nicht gerade viel ab. Außerdem würde er wohl nur als Aushilfe eingestellt werden – schließlich hatte er bis jetzt keinen Beruf erlernt und auch nicht wirklich viel Arbeitserfahrung.

Mit einem tiefen Seufzer ging er eine Straße Richtung Hafen entlang. Hier gab es keine auffälligen Läden, Bars oder Klubs. Hier war es ruhiger. Touristen gab es hier gar nicht. Es war wie eine andere Welt, nachdem er gestern so lange in Shinjuku unterwegs gewesen war.

Gegen Mittag war er dann am Hafen angekommen. Menschen drängten an ihm vorbei oder kamen ihm schwer beladen entgegen. Er wurde ein paarmal fast umgerannt, sagte deswegen aber nichts. Er ging einfach weiter. Eine Hafenpromenade konnte man das hier zwar nicht gerade nennen, aber Kiryu kam trotzdem gut auf andere Gedanken. Seine Ängste konnte er einen Augenblick vergessen.

Der Wind zerzauste seine Haare und der Geruch von Meeresluft, gemischt mit Maschinenöl und Metall, drang zu ihm.

Die meiste Zeit, die er jetzt unterwegs war, hatte er seinen Blick auf den Boden geheftet. Und auch jetzt wich er jedem Blick aus. Im Grunde versteckte er sich. Er war jetzt unter Menschen, aber er ließ niemanden an sich heran. Niemand sollte seinem Blick begegnen und er wollte niemandem in die Augen sehen. Und so ging er an den Hafenkneipen vorbei.

Er wusste nicht mehr so genau, wo er jetzt war. Der Hafen hinter ihm war immer noch zu sehen. Aber wie genau er wieder nach Shinjuku kommen würde, wusste er nicht. Aber er hatte ja Zeit, das herauszufinden.

Kiryu blieb unschlüssig, in welche Richtung er weitergehen sollte, in einer Gasse stehen. Er stand jetzt vor einem kleinen Plattenladen, der hier sehr deplatziert zu sein schien. Da er sowieso nichts Besseres zu tun hatte, ging er hinein.

Er stand in einem schummrigen Verkaufsraum. Wie es aussah, war er allein hier – nicht mal ein Verkäufer war zu sehen. Er sah sich ein paar der Platten an und bekam den Eindruck, dass hier das absolute Chaos herrschte. Er fand alles Mögliche: Schlechte Weihnachtsplatten standen direkt neben einem Album von Kra. Mehr als einmal stieß er deshalb ein »oh, wow!« voller Bewunderung und kurz darauf ein »oh, Mann …« voller Unglaube aus. »Was für eine Auswahl«, war sein abschließendes Fazit.

»Hey, Junge! Hey, du da«, wurde er plötzlich angesprochen. Kiryu hielt inne. Er sah sich im Laden um, aber er konnte niemanden sehen.

»Ja! Du da, Weißkopf«, hörte er die Stimme noch einmal, dann ertönte Gepolter. Kiryu sah zum Verkaufstresen. Das Gepolter schien aus dem Raum dahinter zu kommen. Doch er konnte immer noch nicht denjenigen ausmachen, der dafür verantwortlich war. Dann kam ein Mann auf ihn zu.

»’tschuldigung, wie kann ich helfen?«

Kiryu warf kurz einen Blick auf die Platte, die er in der Hand hielt. Dann antwortete er: »Äh … ich seh mich eigentlich nur um.«

»Okay, wenn du Hilfe brauchst …«

»Danke, aber ich gehe jetzt besser.« Kiryu stellte die Platte zurück und wandte sich schon zum Gehen.

»Hey, ich brauch dringend Hilfe«, sagte ihm der Mann unvermittelt.

»Wer sind Sie überhaupt?«, fragte er unhöflich. Es war ihm einfach so heraus gerutscht. So unhöflich kannte er sich eigentlich gar nicht. Aber etwas in Kiryu ließ nicht zu, dass er diesen Mann ernst nahm. Er kam Kiryu einfach verplant und völlig überfordert vor.

»Takahashi mein Name«, entgegnete ihm der Mann. Und Kiryu dachte bei sich, ist ja ein ganz seltener Name. Er machte einen weiteren Schritt Richtung Tür.

»Hätten Sie einen Moment Zeit?«

»Wofür denn?« Kiryu wurde schon halb zurück in den Laden gezogen.

»Sie können mir doch sicherlich helfen? Sie sind genau der, nach dem ich gesucht habe.«

»Ach ja? Und wofür?«, fragte Kiryu ein weiteres Mal.

»Ich brauche dringend Hilfe. Was diese ganzen neuen Bands angeht, kennen Sie sich doch bestimmt aus, oder nicht?« Der Mann, der ihn in den Laden gezogen hatte, war vielleicht Mitte 40. Er hatte braune Haare und braune Augen. Er sah eigentlich ziemlich durchschnittlich aus. Er führte Kiryu durch einen schmalen Gang hinter dem Tresen entlang, dann standen sie plötzlich in einem kleinen Raum.

»Soll das jetzt vielleicht ein Scherz sein?«, platzte es aus Kiryu heraus, als er sich im Raum umsah.

»Ich denke nicht. Nein, Jungchen.«

Mit großen Augen sah sich Kiryu hier um. Er stand genau gegenüber dem Tresen. Es sah alles ziemlich verstaubt aus. An der Tür standen ein paar Instrumente: Gitarren, Bässe, … Aber deswegen hatte es Kiryu nicht die Sprache verschlagen – nicht nur. Der ganze Raum war vollgestopft mit Schallplatten und CDs. Die Wände waren hinter den deckenhohen Regalen gar nicht mehr zu sehen. Der Laden sah schon vollgestopft aus, aber alles, was sich hier hinten befand, stand offensichtlich gar nicht zum Verkauf!

Kiryu begann, die Platten etwas genauer anzusehen. Eins musste er dann aber zugeben: Wer auch immer sich diese Sammlung angeeignet hatte, hatte einen guten Geschmack, was Musik anging – fand Kiryu. Er fand Schallplatten von Happy End – einer japanischen Band, die von 1970 bis 1973 existierte. Oder auch Sabbat, Ruins – eine Zeuhl-Band – und Cobra. Dass er Cobra hier fand, überraschte ihn nach all den anderen alten Bands nicht zu sehr. Schließlich hatten sich Cobra 1982 in Tokyo gegründet. Aber nicht nur Alben von japanischen Bands fand er hier. Er hatte außerdem welche von Kansas, einer amerikanischen Band, die in den 70ern und 80ern große Erfolge gefeiert hatte, oder Joy Division, die Ende der 70er Welterfolg erreicht hatten, sich aber Anfang der 80er auflösten, weil ihr Sänger sich selbst getötet hatte. Und er fand Platten von jüngeren Bands. Mucc oder Nightmare hatte er ebenfalls gefunden. Dann natürlich noch Simple Plan, Linkin Park oder My chemical Romance. Es war eine bunte Mischung aller möglichen Stile und Genres. Eins wusste er jetzt schon: Hier würde er sich wohlfühlen.

»Und wobei soll ich Ihnen jetzt genau helfen?«, fragte er, als er sich ein Album von X-Japan etwas genauer ansah.

»Kennen Sie sich damit aus? Es klang eben so, als sie sich umgesehen hatten.«

»Sicher«, antwortete Kiryu schlicht darauf. Er gewann mehr und mehr den Eindruck, dass er hier nicht den Besitzer vor sich hatte, sondern bloß einen der Angestellten. Wahrscheinlich hatte dieser Kerl – genau wie er – durch Zufall diesen Job bekommen.

»Mein Sohn hat mir ein neues Computerprogramm gegeben. Sie müssen wissen, ich will hier endlich mal ausmisten und den Laden etwas aufpeppen. Aber ich allein würde Monate dazu brauchen …«

»Ja, gut möglich«, antwortete Kiryu ausweichend. Seinen Blick ließ er weiter umherschweifen.

»Ja, aber nicht nur das. Wissen Sie, ich habe den Laden einfach übernommen …«

Kiryu sah fast erschrocken aus. Er hatte schon oft davon gehört, dass sich Leute irgendwas gekauft hatten, womit sie ihren Lebensunterhalt verdienen wollten. Aber das hatten sie sich einfacher vorgestellt, als es wirklich war …

Kiryu sah den Mann genauer an. Und es fiel ihm immer noch schwer, zu glauben, dass hier der Besitzer vor ihm stand.

»Ich habe einen festen Kundenstamm, aber das wird wohl nicht mehr lange so bleiben … Ich bin nicht sehr musikalisch. Mein Sohn auch nicht. Ich kenne mich lediglich mit diesen amerikanischen und britischen Bands aus …«

»Und jetzt glauben Sie, dass ich Ihnen da weiterhelfen kann?!« Es war weniger eine Frage als vielmehr eine Feststellung.

»Und wieso, wenn ich fragen darf?«

Leicht verlegen drehte sich der Mann etwas zur Seite: »Sie waren heute der Erste, der den Laden betreten hat. Und Sie machen auf mich einen kompetenten Eindruck. Verstehen Sie? Jemand, der zu wissen scheint, was die Leute hören wollen.«

»Na großartig«, seufzte Kiryu. Ungebrochener Optimismus, gepaart mit einer fraglichen Menschenkenntnis. Das konnte ja heiter werden …

»Wie meinen?«

»Nichts. Ach, äh … wieso gerade ich? Ich meine, haben Sie hier keine Freunde, die Ihnen helfen könnten?«

Wieder wirkte dieser Mann so verlegen. »Ich bin noch nicht lange in der Stadt. Und na ja … so viele Freunde habe ich hier auch nicht …«

»Verstehe.« Kiryu sah sich einmal im Raum um. »Ich kanns ja mal versuchen.« Es klang wirklich zu verlockend, sich hier alle Platten anzusehen und zu sortieren und dafür auch noch Geld zu bekommen.

Der Mann kam auf ihn zu gestürmt und wollte ihn wohl umarmen, ließ es aber dann doch bleiben: »Danke. Vielen, vielen Dank, äh … Wie heißen Sie eigentlich?«

»Kiryu Sugawa.«

»Nochmals vielen Dank. Könnten Sie morgen früh gleich kommen? Ich werde Sie natürlich bezahlen.«

»Klar, wieso nicht?«

»Gut«, dann ging er zurück an die kleine Theke, nahm einen Zettel und schrieb etwas darauf. »Hier, wenn Sie mich morgen früh hier nicht finden, fragen Sie nach Kazuro.« Kiryu nickte zur Antwort und ging dann Richtung Ausgang.

Als er vor der Tür stand, sah er sich das Schild an. »Rockecke« stand über der Tür. Besser, sie würden sich einen anderen Namen einfallen lassen.

Er war zurück in Shinjuku. Bis er Tanakawa traf, hatte er noch Zeit. Also hielt er nach einem Café oder Fastfood-Restaurant Ausschau. Sein letztes Geld war so gut wie aufgebraucht. Aber seine Vorräte müssten noch eine Weile halten.

Einen Job hatte er jetzt zumindest. Und er schien besser zu sein als sein alter. Zumindest was die Tätigkeit anging, war es tausendmal interessanter als ein Aushilfsjob. Auch wenn er bis jetzt keine Ahnung hatte, wie sein Kontostand in Zukunft aussehen würde. Aber wenn Tanakawa ihm wirklich helfen konnte, wäre das in nächster Zeit wohl kein Problem.

Er wollte sich nicht zu viele Hoffnungen machen. Die Sache mit Tanakawa konnte ganz leicht nach hinten losgehen. Aber noch konnte er umkehren. Aber irgendwie hatte er das ungute Gefühl, dass Umkehren nicht so einfach sein würde.

Mit einem Seufzer betrat er das Hochhaus, in dem Tanakawas Büro war. Alles war genauso ruhig – schien genauso verlassen – wie schon gestern. Als er in den Vorraum kam, stand Tanakawas Sekretärin gleich auf und verschwand ins Büro.

Kiryu war ausnahmsweise mal pünktlich. Sonst war er nicht so oft pünktlich. Wofür denn auch? Für den Job, der ihn von Anfang an angekotzt hatte? Oder die Proben, bei denen er sich so überflüssig vorkam? Oder … er musste damit aufhören. Jetzt ging es um andere Dinge. Er wollte der Band helfen. Nur ein Schritt, und es wäre getan.

Er wurde zu Tanakawa gebeten. Plötzlich erfasste ihn eine Unruhe, die er vorher nie gespürt hatte. Das war nicht einfach Nervosität, das war fast schon Angst.

»Guten Tag, mein junger Freund«, wurde er von Tanakawa begrüßt.

»Tag.«

»Setzen Sie sich doch. Wollen Sie etwas trinken? Kaffee, Wasser?« Doch Kiryu schüttelte den Kopf. Er wollte das hier so schnell wie möglich hinter sich bringen.

»Gut, dann kommen wir gleich zur Sache.«

Kiryu war froh, dass Tanakawa gleich zum Punkt kam.

»Das hier …«, er schob Kiryu ein Blatt Papier zu. Es war der Vertrag, der über das weitere Schicksal von *Rising Phenix* entscheiden würde. Dieser war aber deutlich unkomplizierter geschrieben als der erste. Es ging darum, dass die Band unterstützt und gefördert werden würde. Sie würden einen Manager bekommen und ein festes Gehalt. Dazu kam noch ein Plattenvertrag und sie würden eine Tour machen. Aber das war erst einmal zweitrangig.

»Müssten die anderen nicht auch unterschreiben?«

»Das kommt dann alles beim Plattenvertrag«, erwiderte Tanakawa schlicht. Kiryu nickte zum Zeichen, dass er verstanden hatte.

»Und Sie wollen mir wirklich einfach so helfen? Ich meine, ohne Gegenleistung von mir?«, fragte er. Er wollte nicht glauben, dass es so leicht sein würde.

»Wie schon gesagt: Im Moment musst du nur so weiter machen wie bisher. Schreib deine Lieder, geh deinem Job nach oder was immer du sonst machst.« Er lächelte Kiryu schon wieder so überlegen an wie bei ihrer ersten Begegnung.

»Und wenn ich vorher aussteigen will?«, fragte Kiryu kleinlaut. Sein Mund war auf einmal so trocken. Seine Stimme war nur noch ein Krächzen. Kiryu kam sich jetzt so klein und unbedeutend vor wie schon lange nicht mehr. Er wollte hier weg. Er wollte sich wieder sicher fühlen. Aber auf der anderen Seite stand er kurz davor, sein Ziel zu erreichen. Oder zumindest wäre er ihm einen Schritt näher.

»Du hast eine zweiwöchige Kündigungsfrist, wenn du vorher aussteigen willst. Selbst wenn dir morgen einfallen sollte, dass du den Vertrag auflösen willst, musst du mindestens zwei Wochen für mich arbeiten.« Tanakawas Grinsen verschwand nicht. Und seine Augen schienen außerdem jetzt wieder rot aufzuleuchten. Aber als Kiryu genauer hinsehen wollte, war es schon verschwunden, der Augenblick war vergangen.

»Wieso bloß zwei Wochen?«, fragte Kiryu, um sich abzulenken. Dabei tat er die ganze Zeit so, als würde er sich den Vertrag noch einmal durchlesen.

»Wir haben bessere Erfahrungen mit der Zweiwochenfrist gemacht. Das ist alles.« Mehr sagte er nicht dazu. Kiryu gab ein

»okay« von sich, dann unterschrieb er den Vertrag. Aber in jenem Augenblick rang er mit sich, ob er wirklich das Richtige tat. Doch kaum hatte er unterschrieben, zog Tanakawa den Vertrag schon weg. Er packte ihn sofort in eine Schreibtischschublade, gab Kiryu aber noch eine Kopie. Dann sagte er: »Nur, damit du es nicht vergisst: Die Band wird auch ohne dich Erfolg haben. Du bist jeder Zeit ersetzbar.«

Er begann plötzlich so eigenartig zu lachen. Es klang in Kiryus Ohren, als hätte sich der Teufel persönlich eine arme Seele gefangen. Dann wurde ihm schwarz vor Augen …

Rockecke vs. …?

Er war in einem Keller, wie es aussah. Alles schien schon lange verlassen. Wo war er hier? Dann sah er Tanakawa. Die Temperatur kühlte sich schlagartig ab. Er spürte schon wieder diese Angst. Und dann … Plötzlich war Tanakawa wieder verschwunden. Alles um ihn herum war dunkel. Aber die Angst war nicht weg. Er wollte weg hier. Er wollte nach Hause. Doch dann tauchte Tanakawa wieder auf. Er hatte ein Messer in der Hand. Und um ihn herum schien jetzt nicht mehr alles schwarz, sondern in tiefes Rot getaucht. Tanakawa kam langsam auf ihn zu, reichte ihm die Hand, aber er wusste, dass er sie nicht ergreifen sollte. Aber sein Körper war wie ferngesteuert. Er nahm Tanakawas Hand, und dieser begann gleich wieder so eigenartig zu lachen. Er hob seine Linke, in der er immer noch das Messer hielt, und …

Schweißgebadet wachte er in seinem Bett auf. Das Zimmer lag in tiefer Dunkelheit. Sollte das wirklich alles ein Traum gewesen sein? Er sah an sich herab und tastete sich nach irgendwelchen eventuellen Wunden ab. Aber da waren zum Glück keine.

Wie war er aber hierher gekommen? Er konnte sich überhaupt nicht mehr daran erinnern, wie er nach Hause gekommen war. Alles, was passiert war, nachdem er den Vertrag unterschrieben hatte, war weg. Er konnte sich an überhaupt nichts mehr erinnern. Hatte er denn irgendwelche Drogen bekommen? Aber er hatte ja nichts bei Tanakawa getrunken oder gegessen. Was war also passiert?

Er stand auf und ging zum Fenster. Es war eine sternenklare Nacht. Die Stadt sah jetzt so ruhig aus, so friedlich. Aber das war ein trügerischer Schlaf. Tanakawa verfolgte ihn jetzt schon in seinen Träumen. Und Kiryu hatte das ungute Gefühl, dass das erst der Anfang war. Ein Schauer lief ihm über den Rücken.

Es war 8.30 Uhr, als er vor der verschlossenen Tür der »Rockekke« stand. Also klopfte Kiryu kräftig an und wartete. Im Laden schien sich etwas zu tun. Und dann ging die Tür auf.

»Ah, ich hatte gar nicht mehr damit gerechnet, dass du kommst«, wurde er von Herrn Takahashi begrüßt.

»Ihnen auch einen guten Morgen«, entgegnete Kiryu lediglich darauf. Er hatte gestern nicht den Eindruck gehabt, dass Takahashi gescherzt hatte mit seinem Angebot. Und Kiryu war nicht der Typ, der andere hängen ließ. Er kam öfter zu spät, als dass er pünktlich war, aber er war immer da, wenn er gebraucht wurde. Und Takahashi – und vor allem sein Laden – brauchten dringend Hilfe!

Kiryu trat ohne ein weiteres Wort ein und ließ seinen Blick einmal über die ganzen Plattenregale schweifen. Wenn sie diesen Laden auf Vordermann bringen wollten, musste er erst mal wissen, was es hier alles gab. Das allein zusammenzutragen, könnte schon Wochen dauern. Dabei müssten sie nebenbei neue Kunden anlokken. Und das hieß ausmisten, Werbetrommel rühren und, und, und … Er wusste nicht, woher es so plötzlich kam. Eigentlich müsste er sich jetzt freuen. Er konnte sich schließlich nichts Besseres vorstellen, als sein Geld damit zu verdienen, durch diese ganzen Schallplatten und CDs zu stöbern. Aber innerlich kotzte Kiryu gerade ab. Denn im Grunde mussten sie den Laden ganz neu aufbauen …

»Kannst du schon mal eine Liste von den Platten machen, die wir aussortieren müssen?«

»Klar«, antwortete Kiryu. Und in Gedanken fügte er hinzu: »Das wird aber ’ne verdammt lange Liste.« Aber er schnappte sich trotzdem einen Stift und einen Schreibblock und begann, die Interpreten mit ihren Albumtiteln aufzuschreiben. Einiges davon würde er sich sicher noch mal anhören müssen, weil er überhaupt nicht wusste, ob ihre zukünftigen Kunden kaufen würden, was er ausgesucht hatte. Am besten, er würde mal bei den Jungs nachfragen. Taro war immer ziemlich gut, wenn es um Trends und Dauerbrenner ging. Ihrer Musik konnte das sicher auch nicht schaden, dass er sich ein paar andere Sachen anhörte. Und so, wie es aussah, mussten sie hier wohl umräumen. Gegen ein paar helfende Hände mehr hatte Takahashi sicher nichts einzuwenden. Und für die Alben, die aussortiert würden, könnten sie bestimmt neue Besitzer finden.

Kiryus Zuversicht stieg wieder ein wenig. Und ihm kam jetzt eine Idee: Sie könnten die aussortierten Platten auf einem Flohmarkt verkaufen. Oder hier gleich am Hafen vor dem Laden. Sicher könnten sie so gleich ein paar neue Kunden anlocken. Und etwas Startkapital hätten sie damit ebenfalls.

Während er sich Platte um Platte ansah, sprudelte sein Kopf geradezu vor Ideen. Er hatte hier wirklich Spaß bei der Arbeit – etwas völlig Neues für ihn. Die Alben sortierte er schon ganz nebenbei, als er sich die einzelnen Titel aufschrieb. Einiges davon würde er zu gern selbst mitnehmen. Aber das konnte er aus mehreren Gründen nicht. Die Alben, die ihn interessierten, liefen ganz gut oder waren gar nicht lange auf dem Markt. Und wenn eine CD von einer Band wie X-Japan hier war, mussten sie die an den Mann bringen. X-Japan waren einfach immer noch zu bekannt und erfolgreich. Und wenn sie aus dem Laden einen An- und Verkauf machen würden?! Schlecht klang es in seinen Ohren nicht. Aber ob Takahashi da mitmachen würde?

Auf einen Versuch kam es sicherlich erst einmal an: »Herr Takahashi?« Aber sein neuer Arbeitgeber schien verschwunden. Er war nicht mehr im Verkaufsraum, also ging Kiryu nach hinten. Keine der Türen war verschlossen. Alle waren nur angelehnt. Er war fast am Hintereingang angelangt, als Takahashi aus einer der Seitentüren auf den Flur trat. Er sah nervös aus und schien entsetzt, Kiryu hier zu sehen.

»Was machst du denn hier?« Panik war in seiner Stimme.

»Ich hab Sie gesucht.« Darauf wusste sein Gegenüber keine Antwort. Er warf einen nervösen Blick zurück in den Raum, aus dem er gerade gekommen war, und schob Kiryu dann zurück in Richtung Verkaufsraum.

Aus einem für Kiryu unerfindlichen Grund schien Takahashi außer Atem geraten zu sein. Oder hatte er vor etwas Angst? Er sah immer wieder hinter sich, als ob ihn jemand verfolgen würde. War dieser harmlos erscheinende Mann etwa doch nicht so harmlos? Oder hatte er ein anderes schmutziges Geheimnis?

Kiryu fühlte sich von dieser Paranoia plötzlich angesteckt. Auch er blickte in den dunklen Gang hinter ihnen. Allerdings war es bei ihm weniger die Angst, verfolgt zu werden, als vielmehr die Neugier, wissen zu wollen, warum sich Herr Takahashi so verhielt. Aber im Zwielicht konnte er nicht wirklich viel erkennen. Deshalb fragte er Takahashi schließlich: »Ist da hinten irgendwas Besonderes?« Und Takahashi wirkte bei seiner Antwort schon wieder so unruhig: »Was? Nein! Was soll schon sein?« Kiryu zuckte mit den Achseln. Er würde früher oder später noch herausbekommen, was mit Herrn Takahashi los war. Dann ging er zu dem Regal, in dem die angefangene Liste lag.

»Was halten Sie davon, wenn wir die aussortierten Platten etwas billiger verkaufen würden? So würden wir bestimmt zu ein paar neuen Kunden kommen. Und dann könnte …«

»Du meinst so etwas wie einen Garagenverkauf?!«

Kiryu fand es verdammt unhöflich, von diesem Kerl schon wieder unterbrochen worden zu sein. Aber er ignorierte das vorerst. Ein entnervtes Schnauben konnte er allerdings nicht unterdrücken … Kiryu gefiel es ganz und gar nicht, dass Takahashi offensichtlich keine Ahnung hatte, wie er seinen Laden führen sollte, und gleichzeitig keinerlei Anerkennung für Kiryus Vorschläge hatte. Stattdessen fiel er Kiryu immer wieder ins Wort – so was Unhöfliches! Gedanklich zählte Kiryu bis zehn, dann widmete er Takahashi wieder seine volle Aufmerksamkeit.

»Und was sagst du eigentlich hierzu?«

Kiryu hatte Takahashi die ganze Zeit nicht zugehört, weil er zu sehr damit beschäftigt war seinen Ärger zu unterdrücken. Vielleicht konnte Takahashi mit der Buchhaltung des Ladens besser umgehen als er. Wobei es nicht sonderlich schwer war, in dieser Sache besser zu sein als Kiryu. Aber Takahashi war in seinen Ansichten doch etwas eingestaubt. Genau wie der Laden.

Jetzt wurde ihm ein altes Plakat von einer ihm gänzlich unbekannten Band hochgehalten. Die Farbe war ausgeblichen, die Worte waren sehr schwer für ihn zu lesen. Aber auch wenn er sich noch so viel Mühe gab, einen Sinn ergaben diese Zeichen für ihn trotzdem nicht. Er fand ein »no«, dann etwas, das »Dunkelheit« oder »Orchidee« heißen konnte. Er schüttelte den Kopf und Takahashi brachte das Plakat mit resigniertem Blick dorthin zurück, wo er es gefunden hatte. Dieser Typ schien überhaupt keine Ahnung zu haben, auf was er sich da eingelassen hatte.

»Sagen Sie mal, was halten Sie eigentlich von einem neuen Namen für den Laden?«, wechselte Kiryu jetzt das Thema. Takahashi sah ihn fragend an. »Einen neuen? Ist der alte denn nicht gut?«

Kiryu kratzte sich am Hinterkopf und wich Takahashis Blick aus: »Na ja, eigentlich nicht. Das klingt so … so harmlos.«

»Ach ja? Ich fand ihn ganz gut.«

Diese Antwort kam für Kiryu zwar nicht überraschend, ein bisschen mehr Wille zur Veränderung hatte er sich trotzdem bei Takahashi erhofft. Er konnte hier doch nicht alles allein herrichten, um dann die Anweisung zu bekommen, dass alles beim Alten bleiben sollte?! Und gerade beim Namen mussten sie sich etwas einfallen lassen. Schließlich ging damit ein gewisses Image einher. Welcher Dämon hatte ihm denn diesen Kerl auf den Hals gehetzt?! Aber eigentlich war er ja selbst in diese »Falle« getappt. Schließlich war er selbst hierher gekommen, hatte zufällig einen Job bekommen und … War das denn überhaupt alles Zufall? So langsam zweifelte Kiryu daran. Es klang im Nachhinein alles so geplant.

»Na ja, *ganz gut* reicht jetzt aber nicht mehr. Und wenn Sie nicht weiter nur von ihren Stammkunden leben wollen, müsste was anderes her …«

»Und was schlägst du vor?« Die Frage klang ehrlich. Kiryu konnte keine Herablassung oder so etwas heraus hören. Dieser Typ vertraute ihm doch wirklich voll und ganz.

Allmählich begann sich Kiryu zu fragen, wem dieser Laden später gehören würde: Ihm oder Takahashi? Es war schleierhaft für Kiryu, dass Takahashi den Laden wer weiß wie lange schon am Laufen halten konnte.

»Mmh …«, wenn er ehrlich war, hatte er selbst keine Idee, wie der Plattenladen heißen konnte. Aber »Rockecke« war nun wirklich nicht das Passende. Der neue Name musste einschlagen wie eine Bombe. Oder besser noch – wie ein Blitz! Ja, das war doch schon mal ein guter Anfang. Aber trotzdem fehlte etwas. Er müsste kurz darüber nachdenken und …

»Wie wärs mit »Black Thunder«?!«

»Meinst du wirklich?«, Takahashi sah ihn wieder so skeptisch an. Da wusste er es selbst nicht besser und hatte trotzdem etwas gegen einen neuen Namen. Hanako war gegen diesen Typen echt einfach.

»Ja, klingt doch gut.« Kiryu war von seiner Idee überzeugt.

»Also, ich weiß nicht …«

Bei Takahashi musste er echte Überzeugungsarbeit leisten …

»Ja, sehen Sie es vor sich: »Black Thunder«-Musik, die richtig einschlägt!«, sagte er mit einer ausladenden Geste. Ja, das war es. Aber Takahashi wollte ihm wohl immer noch nicht glauben. Entweder Takahashi klammerte sich zu sehr an das Alte oder Kiryu war nicht besonders gut darin, andere überzeugen zu können. Er vermutete Ersteres. Er seufzte tief und wollte schon wieder neu ansetzen, aber Takahashi schien sich alles einmal durch den Kopf gehen zu lassen. Er hatte sich im Laden umgesehen und antwortete Kiryu schließlich: »Mmh … also gut …« Aber Überzeugung klang in Kiryus Ohren anders … Trotzdem wollte Kiryu diese Zustimmung erst einmal annehmen.

Es kam ihm selbst etwas seltsam vor, er sah Takahashi an und fragte, was er für Ideen hatte. Aber er bekam eine mehr als magere Antwort – wenn man es denn überhaupt so nennen wollte. Genau genommen sagte Takahashi nichts weiter und schüttelte überfordert den Kopf.

Kiryu notierte sich den Namen über seiner Liste und wollte sich schon wieder um die Alben kümmern, als ihm noch eine andere Idee kam: »Könnten ein paar Freunde von mir hier helfen? Also, wenn wir hier umräumen, könnten wir …«

»Wie – umräumen?« Wieder klang tiefes Entsetzen aus Takahashis Stimme. Schon wieder war er so harsch unterbrochen worden. Und Kiryu fand das jetzt schon entnervend.

»Sie wollen mir jetzt nicht sagen, dass Sie das alles hier so lassen wollen, oder?!«

Er bekam keine klare Antwort. Stattdessen druckste Takahashi herum, dass später Zeit dafür wäre. Und dass es vielleicht ausreichen würde, wenn sie hier erst einmal aussortiert hätten. Für Kiryu stand fest, dass er sich ein paar andere Namen einfallen lassen würde. Doch er wusste jetzt schon, dass er auf keinen so passenden Namen wie »Black Thunder« kommen würde.

Die »Rockecke« war hiermit geschlagen. Es war ein eindeutiger K.-o.-Sieg für den Newcomer »Black Thunder«. Mit einem gezielten

Schlag auf den guten Geschmack hatte sich »Black Thunder« den Sieg geholt. Der Gegner hatte keine Chance für einen Gegenangriff. Und für die »Rockecke« würde es wohl kein Comeback geben …

Mit einem Lächeln verließ er am späten Nachmittag den Laden. Diese Zuversicht kannte er sonst gar nicht von sich. Eigentlich wollten sie heute proben, aber bis jetzt sah es nicht danach aus. Wahrscheinlich würden sie sich heute Abend oder morgen früh doch zusammensetzen. Lange würden sie zumindest nicht für die Probe brauchen. Da war er sich sicher. Er konnte es sich nicht genau erklären, aber er konnte spüren, dass es bergauf ging. Und morgen der Auftritt im »Yami no Kokoro«.

Er konnte wieder auf die Bühne. Es kam ihm jetzt vor, als ob der letzte Auftritt schon Monate her wäre. Dabei waren es lediglich zwei Wochen. Aber jetzt ging er erst einmal nach Hause.

Glückliche Fügung – oder?

Kaoru brachte ihnen ein paar Getränke, um sie gleich wieder allein zu lassen. Die Jungs von *Rising Phenix* waren angespannt. Aber diese Anspannung war keinesfalls quälend. Angst war schon dabei – schließlich würden sie hier vor einem ganz neuen Publikum spielen. Sie hatten keine Ahnung, was sie erwarten würde. Und so ging es sicher auch den Menschen da draußen im Schankraum.

Die Stimmung dort war ausgelassen. Die meisten Bands, die bis jetzt aufgetreten waren, hatten hier keine besonders große Fangemeinde. Sie wurden während ihres Auftritts aber nicht ausgebuht, sondern eher als nette Hintergrundgestaltung wahrgenommen. Kiryu und den Rest der Band hatte das mehr als überrascht. Schließlich traten die unterschiedlichsten Künstler heute hier auf. Das Einzige, das sie gemeinsam hatten, war wirklich nur die Tatsache, dass sie alle relativ unbekannt waren. Aber so hatte wenigstens niemand Starallüren.

»… und jetzt kommen wir zu einer jungen Band aus unserer wunderschönen Hauptstadt. Manch einer von Ihnen mag sie vielleicht kennen – hier sind *Rising Phenix*!«

Das Niveau hier war einfach etwas höher als in den Bars und Klubs, in denen sie bisher immer aufgetreten waren. Und Kiryu zweifelte schon wieder daran, ob die Wahl ihrer Songs passen würde. Vor so einem Publikum wie diesem hatten sie noch nie gespielt. Und den gewohnten Beifall würden sie hier wohl auch nicht bekommen. Aber nichtsdestotrotz ging Kiryu entschlossenen Schrittes auf die Bühne. Taro, Haru und Ryo folgten ihm … ja, fast schüchtern.

Man hatte sie gleich am Anfang hinter die Bühne gebracht. Und dort hatten sie die letzten zwei Stunden gewartet und so den ganzen Abend beobachtet. Sie wurden versteckt. Und sie hatten sich nicht getraut, nach vorn zu gehen. Und so warteten sie einfach weiter. Die Reaktion des Publikums auf die verschiedenen Bands war ihnen natürlich nicht verborgen geblieben.

Jeder saß in seine Gedanken vertieft da und wartete. Aber Kiryu wusste, dass ihnen allen das Gleiche durch den Kopf ging: Passten ihre Songs, ihr Stil – passten sie überhaupt hierher? Das »Yami no Kokoro« war so viel anders als die Lokale ihrer anderen Auftritte. Es fing ja schon damit an, dass das Ambiente hier nicht gerade nach einem kleinen Lokal aussah. Alles war schlicht und edel gehalten, es gab sehr wenig Dekoration. Dafür viele klare Kanten.

Als sie hergekommen waren, war nichts los gewesen. Die schwarzen Fliesen des Fußbodens glänzten ihnen entgegen. Die Theke hob sich durch ihre Beleuchtung davon ab. Die Bühne sah nicht besonders groß aus, was allerdings an ihrer Positionierung im Raum lag. Als Kiryu auf ihr stand, musste er feststellen, dass sie um einiges größer war als die Bühnen ihrer bisherigen Auftritte. Und diesen Raum würden sie heute Abend füllen müssen. Würden sie hier überhaupt Zuspruch bekommen? Oder würden sie genauso leise von der Bühne verschwinden, wie sie gekommen waren?

Aber dann – inmitten der Menge – entdeckte Kiryu ein vertrautes Gesicht. Das Mädchen war ihm schon bei einigen ihrer vorherigen Auftritte aufgefallen. Aber seine Sorge darüber, was sie hier zu suchen hatte, wurde schnell von Zuversicht überschattet, dass sie hier nicht gänzlich unbekannt waren.

»Okay … einige kennen uns vielleicht. Wir sind *Rising Phenix*«, begann er ungeschickt. »Und … jetzt legen wir los – Taro?«

Der begann gleich die Melodie von »Sora to Ito« anzuspielen. Nach reiflicher Überlegung waren sie zu dem Schluss gekommen, dass ein Song von Mucc als Auftakt gut passen würde. Darauf folgten dann zwei weitere Songs von bereits bekannten japanischen Bands. Nachdem sie dann »DIRTY« von Nightmare zu Ende gespielt hatten, war es aber Zeit für ihre eigenen.

Ryo verstummte mit seinen Drums gänzlich. Nur Taro spielte immer wieder die gleichen Töne in einer Endlosschleife. Haru stieg irgendwann mit ein.

»Jetzt kommt ein Songs von uns. Den spielen wir schon lange. Ich hoffe, er gefällt euch.«

Und kaum dass Taro und Haru angefangen hatten zu spielen, begann Kiryu zu singen. Eine sanfte Melodie erfüllte den Raum:

Ein Tag, der nicht kommt,
Und doch längst … vorbei
Geh nicht mehr weg,
Werde frei – so frei!

Das Intro war sehr ruhig, sein Gesang fast schon zurückhaltend. Bei der ersten Strophe sang er mit sehr viel kräftigerer Stimme, aber immer noch sehr melodisch.

Tränen gleich des unverhohl’nen Wahnsinns
Schreit mir schon entgegen dieser Schmerz.
Lasst mich frei, vergeh hier noch, werd rasend
Und der Schmerz so tief, zerreißt mein Herz.

Der Refrain war das genaue Gegenteil zum Intro und der ersten Strophe. Kiryu verfiel immer wieder ins Growling, als er weitersang:

Ein Schmerz so tief, er drückt mich nieder.
Vergraben in Gedanken steck ich fest.
Ein Ausweg – nein, er ist nicht hier,
Was mich noch mehr erschaudern lässt.
Ein Fluchtweg bleibt mir stets verwehrt,
Ich kann nicht flieh'n, kann nur hier steh'n.

Nach dem Refrain überließ er dann Taro und Haru kurz das Feld. Dieses kleine Zwischenspiel gehörte einfach dazu. Es war nicht mehr aus dem Song wegzudenken. Bei der zweiten Strophe blieb es allerdings nicht mehr bei diesem melodischen Gesang:

Und der Tod so klar, ist ständig vor mir,
Will mein Herz verbrenn', doch bleibe hier.
Schreit, so laut ihr könnt, ich greif den Wahnsinn
Und werd endlich flieh'n so weit von hier!

Mit jedem Vers wurde er lauter und lauter. Seine Stimme ging in ein Growling über. Töne waren bei seinen letzten Worten gar nicht mehr auszumachen. Die Bridge war wieder melodischer und Kiryu sang sie genauso kraftvoll wie die Strophen:

Mein Herz so schwer und so zerrissen
Dem Wahnsinn gleich, verloren hier.
Nur Dunkelheit und Tod versprechen
Und offenbaren diese Tür.
Ein Ausweg bleibt mir doch versperrt,
Ich bin allein und so verlor'n,
Weiß ganz genau, es ist verkehrt.
Kann doch nicht umkehr'n, bloß hier steh'n.

Als er den Refrain dann ein letztes Mal sang, war seine Stimme klar und kräftig. Und diesmal stieg Taro mit ein. Kiryu war es inzwischen egal, ob sie vor unbekanntem Publikum spielten. Das hier war sein Song, seine Seele. Dieser Moment gehörte ihm allein. Aus diesem anfangs so ruhigen Song war eine große, kräftige Stimme erwachsen. Haru und Taro ließen die letzten Akkorde verklingen und traten einige Schritte vom Bühnenrand weg. Das Gleiche tat auch Kiryu. Aber bevor er sich zurückzog, verbeugte er sich.

Die Menschen, scheinbar überrascht über diese Geste, blieben vorerst still. Nach einigen Augenblicken ertönte aber heftiger Applaus. Kiryu, Taro, Haru und Ryo sahen sich fassungslos an. Nie hätten sie mit so einer Reaktion gerechnet. Dann wurde es auf der Bühne kurz dunkel.

Plötzlich wurde alles wieder in gleißendes Licht getaucht. Kiryu und Taro gingen gleich wieder nach vorn.

Dieser Abend war wirklich besser, als sie es sich erhofft hatten. Und sie spielten direkt das Intro des nächsten Songs. Und es lief so, wie sie es gehofft hatten: Schnell hatte das Publikum »After Light« von HYDE erkannt. Kiryu hatte sich zuerst ein Stück im Hintergrund gehalten, war aber mit Beginn der ersten Strophe nach vorn gekommen und hatte angefangen, hin- und herzulaufen. Taro übernahm wie üblich die Zweitstimme. Für den Refrain war Kiryu zurück zur Bühnenmitte gegangen. Während der zweiten Strophe vergaß Kiryu endgültig, dass sie sich auf einer völlig neuen Bühne befanden und vor Publikum spielten, dass *Rising Phenix* vorher nie gesehen hatte. Er forderte die Masse immer wieder auf, mehr Stimme zu zeigen. Während des Refrains war er dann eine Einheit mit den Menschen vor ihnen geworden und sang aus voller Kehle Vers um Vers mit ihnen.

Gegen Ende des Songs war er kurz davor gewesen, von der Bühne zu springen. Kiryu war begeistert von allem – und gab das an ihr Publikum weiter. Er war vollkommen berauscht.

Als die letzten Töne verklungen waren, stand Kiryu völlig außer Atem am Mikrofon. So etwas hatte er sonst nur bei ihren eigenen Songs erlebt. Dieses Gefühl, voll und ganz in dem Moment zu versinken. Ohne gestern oder morgen – einzig und allein der Augenblick bestand, der ihm allein gehörte. Die Masse, die ihnen zujubelte, kam ihm ebenfalls überrascht vor.

Er kündigte ihren nächsten Song an, als er wieder halbwegs bei Atem war. Die letzten zwei Songs waren wieder ihre eigenen und etwas ruhiger. Und als die letzten Töne verklungen waren, war ihr Auftritt beendet. Alles in allem fanden sie ihre eineinhalb Stunden hier auf der Bühne gelungen. Mit jedem weiteren Song, den sie nach »Wahnsinn in mir« gespielt hatten, schienen sie auch in der Gunst des Publikums immer weiter aufgestiegen zu sein, und mit »After Light« hatten sie den Höhepunkt des Abends.

Als sie von der Bühne gingen, nahm ihn Taro beiseite und fragte: »Was war das denn vorhin?«

»Was meinst du?«

»Bei ›After Light‹! Was hast du bitte gemacht, dass die Leute so abgingen?« Kiryu sah ihn verdutzt an, also änderte Taro seine Worte: »Das war der Wahnsinn!«

Haru und Ryo schalteten sich ebenfalls ein, als sie Taro hörten. Ihre Verblüffung über Kiryu war ihnen mehr als anzusehen.

Kiryu sah noch einmal zurück zum Bühnenaufgang. Ein Lächeln stahl sich in sein Gesicht. Sie hatten es an diesem Abend als einzige Band geschafft, nicht bloß die Aufmerksamkeit des Publikums zu bekommen, sondern sogar die Masse zum Mitmachen zu bewegen. Dann folgte er den anderen. Es war Zeit, etwas zu trinken. Die Theke hatte schon viel zu lange auf sie warten müssen.

Kiryu wartete allein auf ihre Getränke, als er plötzlich angesprochen wurde: »Ihr seid gut.«

Erst jetzt sah Kiryu, dass neben ihm jemand stand, und drehte sich zu ihm um. Er war fast einen Kopf kleiner als Kiryu. Aber ein

Blick in diese Augen, die viel zu alt für diesen Kerl schienen, sagten Kiryu, dass er sein Gegenüber besser nicht unterschätzen sollte.

»Danke«, brachte er deshalb in einem distanzierten Ton heraus. Er war sich nicht einmal sicher, ob der andere das verstanden hatte bei dem ganzen Stimmengewirr an der Theke.

»Weißt du, Kiryu, ich wollte mir schon lange mal einen Auftritt von euch ansehen. Man hat mir echt nicht zu viel versprochen«, erklärte er begeistert.

Ein Lächeln, dass er so ähnlich von Tanakawa kannte, zierte das Gesicht seines Gesprächspartners. Es war Tanakawas Lächeln wirklich ähnlich, aber dennoch …… anders. Kiryu konnte es nicht beschreiben, und obwohl er übervorsichtig sein wollte, sagte ihm doch etwas in seinem Inneren, dass ihm bei diesem Kerl so schnell nichts passieren würde. Tanakawa wäre gefährlicher. Trotzdem fragte er aber noch voller Skepsis: »Woher weißt du, wie ich heiße? Und wer bist du eigentlich?« Die letzte Frage war ihm unfreundlicher herausgerutscht, als er es eigentlich beabsichtigt hatte.

»Oh, ich bin Takuhiro Higuri. Und ich habe schon viel von euch gehört. Eure Namen herauszubekommen war gar nicht mal so schwer.« Takuhiro klang sehr euphorisch. Und ein bisschen so, als würde er endlich seine Lieblingsband persönlich treffen. »Und auf Instagram seid ihr ja immer namentlich erwähnt«, fügte er dann hinzu. Daran hatte Kiryu gar nicht mehr gedacht, was ihm ein bisschen peinlich war.

Takuhiro musterte ihn interessiert. Es schien, als wollte er jedes Detail in Kiryus Gesicht studieren. Kiryu wich dem Blick dieses Kerls aus.

Higuri – irgendwo hatte er diesen Namen schon gelesen. Aber worum ging es da? Er wusste es nicht mehr. Aber wahrscheinlich war es jetzt eh unbedeutend.

»Zurzeit bin ich freier Fotograf. Ich probier mich etwas aus, und jetzt … da hab ich es eben auf die Jungbands Japans abgesehen.« Seine Augen sahen plötzlich violett aus und schienen zu leuchten und er schien glücklich zu sein mit dem, was er da tat. Kiryu konnte es nicht anders sagen: Das Lächeln von Takuhiro Higuri war einfach nur ehrlich. Aber dennoch schien er traurig über irgendetwas zu sein. Dass Kiryu das erkannt hatte, lag vielleicht daran, dass er selbst diese Traurigkeit in den Augen hatte. Allen anderen, den »normalen Menschen«, schien das nämlich nicht besonders aufzufallen. Und doch war es bei Kiryu etwas anderes als bei Takuhiro. Takuhiro schien einfach damit abgeschlossen zu haben oder hatte sich zumindest damit abgefunden, was ihm einst passiert war. Und Kiryu … Manchmal dachte er wirklich, die ganze Welt wäre gegen ihn. Und plötzlich war er neugierig auf sein Gegenüber geworden. Wie hatte er es geschafft, diese Traurigkeit loszuwerden? Wann hatte er es geschafft? Kiryu hätte ihm am liebsten das alles augenblicklich gefragt. Er wollte auch schon dazu ansetzen, Takuhiro etwas in dieser Richtung zu fragen, aber der kam ihm zuvor: »Ich glaube, deine Bandkollegen wollen nicht länger warten.« Er wies an einen Tisch. Kiryu schnappte sich gleich alle Drinks und wollte schon zu ihnen, als er noch einmal kurz innehielt: »Hast du heute Abend von uns Fotos gemacht?«

Takuhiro schien auf diese Frage gewartet zu haben. Anders konnte sich Kiryu diese überschwängliche Freude nicht erklären: »Klar! Ich kann sie euch vorbei bringen.« Daraufhin stellte Kiryu sämtliche Gläser wieder ab, schrieb die Adresse ihres »Proberaumes« auf und gab sie Takuhiro mit den Worten: »Montagabend müsstest du uns da finden.« Takuhiro nickte und Kiryu ging endgültig weg vom Tresen.

Als Kiryu an ihren Tisch kam, saßen da nicht mehr nur Taro, Ryo und Haru. Taro hatte die beste Laune. Sein Grinsen reichte von einem Ohr zum anderen. Die Anspannung des Abends war vollends von ihnen abgefallen. Und am stärksten war das bei Taro zu sehen.

»Da bist da ja endlich! Wo warst du denn so lange?«

»Äh … ich war an der Theke. Weißt du noch: Du hattest Durst«, erwiderte Kiryu und stellte die Gläser ab.

»Ja, schon gut. Wie es aussieht, sind wir hier wirklich goldrichtig.«

Als Kiryu sich dann endlich zu ihnen setzte, musterte er zuerst ausgiebig den Mann, der bei der Band saß.

»Das ist übrigens Herr Urukawa. Er hat uns spielen gesehen und meinte, da ist echt was draus zu machen.« Taros Begeisterung war ungebrochen.

Kiryu war skeptisch. Von seiner Hochstimmung nach »After Light« war nichts mehr zu spüren. Dieser Urukawa kam ihm suspekt vor, weshalb sein Hochgefühl schneller verflogen war als sonst. Ein bisschen machte er Urukawa dafür verantwortlich.

»In euch steckt eine Menge Potenzial. Mit etwas Hilfe könntet ihr richtig erfolgreich werden. Vielleicht sogar über die Landesgrenzen Japans hinaus.«

Trotz dieser verlockenden Worte blieb Kiryu weiterhin misstrauisch. Dieses Angebot war einfach zu gut. Das war zu einfach.

»Na, was ist jetzt, Kiryu? Urukawa kann uns ganz groß rausbringen! Das ist DIE Chance, für uns!«

Leider konnte Kiryu Taros Begeisterung nicht teilen. Er musste immer wieder an den mit Tanakawa geschlossenen Vertrag denken. So einfach wollte er es Tanakawa nun wieder nicht machen. Aber wenn er jetzt ablehnte, würde ihnen das nichts nützen. Er musste sich jetzt entscheiden. Oder er würde gar nicht mehr vorankommen. Egal, ob er sich richtig oder falsch entscheiden würde, alles war besser, als weiterhin darüber nachzudenken, was passieren könnte.

»Ich verstehe ihr Misstrauen, Herr Sugawa. Und wie auch immer Sie sich entscheiden – Herr Tanakawa wird Ihnen jederzeit meine Kontaktdaten aushändigen.«

»Sie kennen Tanakawa?!«

Es war etwas unhöflich, aber Kiryu war nicht wirklich überrascht, dass dieser Herr Urukawa Tanakawa kannte. Andererseits hatten sie so etwas Zeit.

»Ja, er meinte, dass ihr eine vielversprechende Band wärt. Und der Meinung bin ich ebenfalls, nachdem ich euch gesehen habe.«

Kiryu war zwar klar, dass Taro, Ryo und Haru dem Angebot am liebsten zustimmen würden. Und sie würden Kiryus Zweifel nicht verstehen. Aber zum Glück hatten sie sich nicht in das Gespräch eingeschaltet. Kiryu wusste nämlich nicht, ob dieses Treffen wirklich so gut für sie war.

Und das mit diesem Takuhiro Higuri … dem wollte er etwas Zeit geben. Zuerst einmal wollte er sich die Fotos von heute Abend ansehen. Für Misstrauen war dann immer noch Zeit … Und selbst, wenn Takuhiro doch nicht zu den Menschen gehörte, denen er trauen wollte – die er zu seinen Freunden zählen könnte – Beziehungen waren wichtig. Und wie es aussah, hatte Takuhiro nicht einmal etwas mit Tanakawa zu tun. Er nahm sich vor, dass er das aber mit Sicherheit heraus bekommen würde. Und zwar so schnell wie möglich.

Künstlernamen

Sein Smartphone zeigte kurz nach acht. Also drehte er sich auf die Seite und wollte weiter schlafen. Das Schönste am Wochenende war, dass er sich seine Zeit einteilen konnte, wie er wollte. Meistens zumindest.

Er war gerade wieder am Eindösen, als ihn jemand anrief. Genervt suchte Kiryu sein Smartphone, um es auszuschalten. Aber dann fiel ihm plötzlich wieder etwas Wichtiges ein: Urukawa wollte sie heute treffen. Und Kiryu war jetzt noch weniger begeistert davon als gestern Abend.

»Ja?«, fragte er verschlafen.

»Äh … ich geh jetzt mal davon aus, dass du verschlafen hast. Du kommst doch, oder?« Wie immer ließ Ryo den Diplomaten heraushängen. Aber Kiryu war das nur recht. Er hatte keine Lust, sich mit der Band zu streiten. Also sagte er: »Ich bin auf dem Weg« und legte auf. Jetzt musste er doch früher raus. Und das an einem Sonntag.

Eine halbe Stunde später war er bei den anderen in Shibuya. Urukawa war schon da. Alle warteten auf Kiryu.

In einem Café nahe dem Touristenzentrum fand ihr Treffen statt. Aber Kiryu kümmerte das im Moment wenig. Noch war es ruhig hier – er konnte das alles ganz langsam auf sich zukommen lassen. Schließlich war er nach Ryos Anruf direkt aufgesprungen und losgelaufen. Er hatte weder Zeit für eine Dusche oder einen Kaffee gehabt.

Das Gespräch verfolgte er halbherzig. Urukawa versuchte sie zu überreden, bei seinem Label unter Vertrag zu gehen. Angeblich würden sie daraus viele Vorteile ziehen. Ihre Songs würden landesweit bekannt werden, und sie wären zunächst abgesichert. Aber Kiryu traute dem Braten nicht.

»Wie ist das mit den Songs? Können wir dann nur noch das schreiben, was Sie wollen?«

Urukawa grinste genauso fies, wie es Kiryu schon bei Tanakawa gesehen hatte.

»Nein, das bleibt euch überlassen. Außer wenn es um die Veröffentlichung geht. Du weißt schon: Wir haben ein Wörtchen mitzureden, wenn es darum geht, welche Songs auf ein Album kommen.«

»Und bei der Tour? Die wird doch von euch unterstützt, oder?«, schaltete sich Taro jetzt ein.

»Wir zahlen für die gesamte Tour. Unterkunft, Techniker und was sonst noch anfällt.« Und wieder grinste er so. Urukawa sah sich als überlegen. Was er im Grunde auch war.

Kiryu sah Ryo, Haru und Taro ins Gesicht. Sie konnten sich mittlerweile ohne Worte verstehen. Die Jungs waren alle der Meinung, dass sie auf der sicheren Seite waren. Also wollte Kiryu dem zustimmen. Aber vorher hatte Urukawa etwas zu sagen: »Da wir euch international bekannt machen wollen, müssten wir noch etwas mit euren Namen machen.«

»Was ist denn damit?«, fragte Taro.

»Oh, mit deinem nicht. Es geht zunächst nur um eure Vornamen. Du und Haru habt nichts zu befürchten, wenn ihr so wollt«, er grinste zwar, aber Kiryu wurde dennoch fast schlecht.

»Ryo, bei dir sollten wir eventuell einen Künstlernamen verwenden. Einen, den Amerikaner und Europäer leichter aussprechen können.«

»Und wie sieht es bei mir aus?«, brachte Kiryu hervor. »Und? Was wollen Sie daraus machen?«, hakte er in angriffslustigem Ton nach.

»Ich dachte an Kilian«, sagte ihm Urukawa nüchtern ins Gesicht.

»Was?«, entgegneten die Jungs von *Rising Phenix* wie aus einem Mund.

»Kilian? Auf keinen Fall!«, erwiderte Kiryu bestimmt.

»Was schwebt dir vor, wenn ich fragen darf?« In Urukawas Ton schwang sehr viel Herablassung mit. Kiryu war klar, dass er dem nicht entgehen konnte, also beschloss er, Urukawa einfach zu ärgern: »Keine Ahnung. Wie wäre es mit ›Best Singer of all Time in the Universe‹?« Kiryus Tonfalls blieb herausfordernd. Und er musste zugeben, dass es ihm Spaß machte, an Urukawas Nerven zu zerren. Taro musste lauthals loslachen. Ryo und Haru konnten sich ein Grinsen nicht verkneifen. Urukawa dagegen begann sich die Nasenwurzel zu massieren. Dann sagte er genauso trocken wie Kiryu zu vor: »Du wirst dich schon daran gewöhnen. Ich hätte dir ja noch Kallin anzubieten. Aber meiner Meinung nach passt Kilian besser.«

Die Band war sprachlos. Urukawa hatte ihnen das alles gesagt, als ginge es um die Frage, ob sie während einer Tour lieber in Hotelzimmern oder im Tourbus schlafen würden.

»Muss das echt sein? Ich meine – unsere Namen sind doch gut so, wie sie sind. Wieso ändern?« Haru hatte das ausgesprochen, was ihnen allen durch den Kopf ging.

»Ich halte diese Künstlernamen für notwendig. Natürlich könnt ihr eure richtigen Namen behalten. Aber aus meiner Sicht würden euch die geänderten Namen besser stehen. Auch wenn ihr im Ausland bekannt seid.«

»Das ist doch aber gar nicht gesagt«, haute Kiryu heraus.

»**Wir** werden euch so weit bringen«, antwortete Urukawa entschieden. Er ließ kein Wort des Widerspruchs zu.

Kiryu erhob sich von seinem Stuhl, sagte allen »also, mir wird das hier zu blöd« und ging. Verblüfft sahen ihm alle hinterher, aber niemand versuchte, ihn aufzuhalten.

Seine Wut steigerte sich bei jedem Schritt. Was nahmen die sich denn heraus, einfach seinen Namen ändern zu wollen?! Er fand seinen Namen jetzt nicht herausragend gut. Aber ändern wollte er ihn auch nicht unbedingt. Und Künstlernamen, wie sie bei vielen japanischen Bands üblich waren, fand er einfach überflüssig. Außerdem hätte Tanakawa damit noch mehr Macht über ihn.

Diese Künstlernamen waren doch nicht notwendig, sondern lediglich Beiwerk. Als würde es im Ausland besser ankommen, wenn sie als japanische Band westliche Namen hätten … Und so fand er schließlich wieder zurück nach Hause. Inzwischen war die Stadt vollständig erwacht. Er war immer langsamer vorangekommen. Aber das hatte er am Rande mitbekommen. Denn kaum hatte er die anderen verlassen, hatte er gleich wieder auf taub geschaltet. Nein, eigentlich schon vorher. Schon während Urukawa all ihre Vorteile aufgezählt hatte, hörte er schon gar nicht mehr richtig zu. Und jetzt saß er am Tisch in seiner Wohnung und ließ seinen Blick immer wieder zum Fenster hinaus schweifen. Er kam einfach nicht mehr von diesen Gedanken los. Seine Wut war immer noch nicht verraucht. Und da war außerdem etwas anderes. Es hatte gedauert, bis ihm endlich klar wurde, was er hatte. Erst, als er einige Verse zu Papier gebracht hatte, war ihm klar geworden, dass er im Moment nicht nur Wut hatte. Er hatte Angst. Nackte Angst. Wovor wollte er sich allerdings nicht eingestehen. Es war einfach »Angst«:

Angst − dieser Schmerz wird nie verschwinden,
Gib nicht auf− was glotzt du so?

Wasser trüb im Lichterglanz
So zart der Schein, doch –
Nur noch Hass!!!

Schmerz ergreift mich – kann nicht mehr fliehen.
Angst so stark – verschwinde!

Ganz allein in Schattens Glanz
Werd nicht gehen, Flucht
Unmöglich!

Blatt und Stift fegte er vom Tisch und vergrub sein Gesicht dann in seinen Händen. Tränen stiegen ihm in die Augen, die er mit Mühe zurückhalten konnte. Wie lange er so dasaß, konnte er nicht sagen. Es konnten ein paar Minuten gewesen sein oder auch eine Stunde.

Seine Welt … Seine Welt war mit der Realität nicht immer zu kombinieren. Seine Wünsche, seine Träume … und eine Zukunft … die gab es nicht. Er lebte im Hier und Jetzt. Es war ein Leben im Augenblick. Kompromisse gab es nicht. Und musste er nicht befürchten. Aber das waren naive Vorstellungen, und das war ihm klar. Aber wenn er auf der Bühne stand, zählte der Augenblick. Es gab kein vorher und kein nachher. Nur der Rhythmus und die Texte zählten. So erging es den Fans und auch ihm. Und diese »Welt«, dieses Gefühl konnte ihm zum Glück niemand nehmen.

»Seine Welt« unterschied sich ja so stark von der anderer in seinem Alter. Von den Ansichten der anderen im Allgemeinen. Manchmal wünschte er sich aber, dass ihn jemand aufwecken würde – einfach aus diesem quälenden Traum reißen würde. Diese Träume schmerzten manchmal einfach. Und wenn er sich die Texte ansah, die er schrieb, würde er am liebsten schreien. All den Schmerz wollte er hinausbrüllen.

Ein Lächeln stahl sich auf sein Gesicht. Aber das war kein freundliches Grinsen. Er fand es lächerlich. Sich, seine dummen, kleinen Träume und dass er die Chance, die ihm Urukawa bot, nicht annehmen wollte. Und diese Kurzschlussreaktion im Café war die Krönung gewesen.

Seine Welt würde er jetzt zum Leben erwecken. Er war nur einen Anruf davon entfernt. Also zog er sein Smartphone aus der Hosentasche und rief Tanakawa an. Dieser wollte sich gleich um einen Termin zwischen der Band und Urukawa kümmern. Smartphones waren doch etwas ungemein Praktisches.

Am Abend streifte er wieder durch die Stadt. Er war allein unterwegs – so wie immer. Aber heute war es so, dass ihn das störte. Er wollte nicht in die Klubs und Bars. Danach war ihm eh selten. Also fand er sich irgendwann, mitten in der Nacht, im Ueno-Park wieder. Kein Mensch kam ihm entgegen. Nur er und die Dunkelheit.

Aber so blieb es nicht lange.

Eine Gestalt kam sicheren Schrittes auf ihn zu. Die Silhouette kam ihm merkwürdig bekannt vor. Aber kannte er diese Gestalt denn wirklich?

»Hi, Kiryu«, wurde er wenige Augenblicke später von Takuhiro begrüßt. »Was verschlägt dich denn zu so später Stunde hierher? Oder bist du wie ich ein Nachtmensch?«

Kiryu war jetzt nicht danach zu reden. Auch nicht mit Takuhiro. Er hatte es ja gerade so geschafft, ein »hi« herauszubringen, und wollte weiter. Takuhiro ließ sich aber nicht so einfach abwimmeln.

»Hast du jetzt Zeit? Dann könnte ich dir die Fotos von gestern Abend gleich geben.«

Kiryu überlegte. Sollte er erst einmal mitgehen und dann so tun, als ob er noch etwas vorhatte, oder sollte er es gleich bleiben lassen?

»Ich würd ja gern, Takuhiro. Aber …«

»Hey, es war nur ’n Vorschlag.« Abwehrend hatte er die Hände gehoben und drehte sich schon zum Gehen. »Na, dann. Bis morgen«, sagte er, dann war er schon wieder verschwunden.

Kiryu brachte vor Verblüffung keinen Ton mehr heraus. Das war echt ein komischer Kauz. Er hatte genau so reagiert, wie Kiryu das erhofft hatte. Als hätte er seine Gedanken gelesen. Aber so merkwürdige Leute hatte er in letzter Zeit ja häufig kennengelernt …

Er ging noch eine Weile ziellos durch den Park und machte sich dann wieder auf nach Hause.

Er befand sich schon wieder in einem Büro hoch oben über Tokyo. Die Aussicht war hier grandios. Aber darüber konnten er und die Jungs von *Rising Phenix* sich nicht freuen. Die Stimmung war angespannt. Dabei schien alles so einfach. Theoretisch hätten sie lediglich den Vertrag unterschreiben müssen, der sie dann an das Label band. Praktisch sah das allerdings etwas anders aus.

Zuerst hatten sie sich mit ein paar Anzugmenschen hier befunden. Urukawa ließ auf sich warten. Nach einer halben Stunde kamen weitere Anzugmenschen zu ihnen. Von Urukawa war weiterhin keine Spur.

»Hey, wo bleibt eigentlich dein Chef?«, wollte Taro irgendwann wissen. Er erhielt keine Antwort.

»Meinst du, das können wir uns einfach so bieten lassen?«, gab dann auch Haru von sich. Aber Kiryu war im Moment ratlos.

Doch gerade als er den Jungs sagen wollte, dass sie gehen würden, betrat Urukawa den Raum.

»Es tut mir ja so leid, dass ich Sie habe warten lassen«, begrüßte er sie überschwänglich. Sein bedauernder Tonfall war schlecht gespielt. Er war sich keiner Schuld bewusst. Und die Jungs von *Rising Phenix* wussten das.

»Es ist heutzutage nun mal schwer, die richtigen Angestellten zu finden, die … Aber was rede ich?« Sein Blick schweifte wie zufällig durch den Raum und blieb an Kiryu hängen. Dass Urukawa ihn so ansah, wie Tanakawa schon des öfteren, hielt Kiryu aber nicht für Zufall. War da gerade etwas in Urukawas Augen rot aufgeleuchtet? Ob die Jungs das ebenfalls gesehen hatten? Fragen konnte er sie nicht, denn Urukawa verlangte ihre gesamte Aufmerksamkeit.

»In Zukunft werden wir wenig miteinander zu tun haben. Herr Akirou hier wird sich die meiste Zeit um Sie vier kümmern. Er wird ab heute Ihr Manager sein. Seine Sekretärin, Frau Yumeka, gehört ebenfalls dazu.« Die beiden Angesprochenen verbeugten sich knapp, sagten aber kein Wort.

»Die anderen hier sind für Sie eigentlich unwichtig«, schloss Urukawa.

»Interessiert mich aber trotzdem«, brachte Kiryu leise hervor. Er war bei Urukawa angriffslustig und wollte sich keinesfalls von ihm einschüchtern lassen.

»Wie meinen?«, fragte Urukawa nach. Kiryu war sich nicht sicher, ob er laut genug gesprochen hatte, damit ihn jemand verstand. Urukawa hatte es also wirklich mitbekommen.

Für Kiryu gab es jetzt zwei Möglichkeiten: Entweder er hielt die Klappe und entschuldigte sich für seine Unhöflichkeit. Oder er ließ es darauf ankommen. Kurzer Hand entschied er sich dann für die zweite Möglichkeit. »Ich sagte: Es würde mich aber trotzdem interessieren, wer die anderen sind.« Urukawa seufzte, setzte sein Vorzeigelächeln auf und ratterte die Namen der restlichen Anwesenden herunter. Sie hatten keine Chance, sich auch nur einen Namen oder eine Position zu merken.

Kiryu hatte gar nicht gewusst, dass Urukawa so viele Anwälte brauchte. Und dann war da noch irgendwo ein Praktikant unter ihnen …

»Danke schön«, sagte Kiryu aber trotzdem mit einem Zahnpastalächeln. Urukawa und er würden nie miteinander auskommen, das wusste Kiryu jetzt sicher. Denn wenn sie beide einen mehr oder weniger höflichen Ton beibehielten, waren es einfach keine Nettigkeiten, die sie austauschten.

Takahashi hatte er gesagt, er hätte einen wichtigen Termin – was ja stimmte. Er würde später im Laden vorbeischauen. Ohne ihn würde Takahashi wohl gar nicht wissen, was er im Plattenladen machen sollte. Zum Glück hatten sie genug Sachen, die noch gelistet werden mussten. Und dann sortiert.

Sicherlich würden sie hier nicht mehr lange sitzen. Hoffte er zumindest.

»Wenn ihr hier, hier und hier unterschreiben würdet …« Urukawa zeigte auf einige Lücken.

Sie hatten schon alles durchgesprochen, was als Vertragsbruch galt, wie und wann sie aussteigen konnten und diversen anderen Kram. Auch hier hatte Kiryu nur halbherzig zugehört …

»Ach, und Kiryu, Ryo …«, die beiden Angesprochenen sahen kurz auf. »Bei euch gibt es diesen Zusatzvertrag.«

Kiryu und Ryo wurde ein weiteres Blatt zugeschoben.

»Da ihr einen Künstlernamen bekommen werdet, wollen wir uns einige damit verbundene Rechte sichern.«

Kiryu hob darauf skeptisch eine Augenbraue. Ryo gab keinen Ton von sich, sondern las sich diesen Zusatzvertrag gründlich durch.

»Kilian – das ist ab heute dein neuer Name. Und du, Ryo, wirst ab heute als Rick bekannt sein. Nachnamen sind bei keinem von euch nötig, wenn ihr als *Rising Phenix* in der Öffentlichkeit steht.« Kiryu sagte immer noch nichts. Kilian … in seinen Ohren klang der Name weiterhin komisch. Aber der andere Name, den ihm Urukawa vorgeschlagen hatte, war schlimmer.

Kiryu hatte sich den Zusatzvertrag gut durchgelesen. Und was er da las, ging ihm gewaltig gegen den Strich.

»Und als Kiryu darf ich mich überhaupt nicht mehr vorstellen?! Nicht mal hier in Japan?«

»So lange es um Geschäftstermine wie Interviews, Auftritte und so weiter geht, ist dein richtiger Name unwichtig. Dann zählt nur Kilian. Was dein Privatleben betrifft – und da sind deine Social-Media-Accounts inbegriffen – darfst du weiterhin Kiryu heißen. Es ist so, dass du dich als Kilian vorstellen musst, sobald du die Band repräsentierst.«

»Toll, mir wurde meine Identität genommen«, brachte Kiryu heraus. Aber das war so leise, dass es außer Taro und Haru, die neben ihm saßen, niemand gehört hatte.

Kiryu sah es schon vor sich: Irgendjemand, der sein Gesicht kannte, sprach ihn an, kannte ihn aber mit japanischem Namen. Aber damit durfte Kiryu sich ja nicht mehr vorstellen. Kilian Sonstwie – so würde man ihn dann noch kennen.

Er fühlte sich ja so unterdrückt. Wohl oder übel musste er jetzt aber da durch … Wohl war ihm dabei aber überhaupt nicht. Aber was tat er nicht alles für die Band?!

Eingriff ins virtuelle Leben

Kiryu telefonierte mit Takahashi: Er würde es heute wohl nicht mehr in den Laden schaffen. Das alles hier zog sich hin. Was die Erklärung anging, blieb Kiryu vage. Die Pause wäre eh bald zu Ende. Also versprach er Takahashi, dass er ihm morgen alles erklären würde.

Als er wieder mit den anderen am Tisch saß, eröffnete Urukawa sofort das Gespräch: »Da ihr bereits Social-Media-Accounts habt, müsst ihr hier noch unterschreiben«, mit diesen Worten schob er ihnen einen weiteren kurzen Vertrag zu.

»Wir dürfen unsere Accounts nicht mehr selbst betreuen?«, fragte Haru, der sich bisher um ihre Posts bei Instagram gekümmert hatte.

»Doch, natürlich dürft ihr das. Die Inhalte müsst ihr aber vorher mit uns abklären. Wir wollen doch nicht, dass ihr aus Versehen etwas zum neuen Album veröffentlicht, bevor wir die Freigabe erteilt haben!«

»Und wenn ich etwas bei Twitter schreiben will?«, meldete sich Taro zu Wort.

»Da gilt das Gleiche«, antwortete Urukawa schlicht. »Aber keine Sorge, mit der Zeit werdet ihr schon wissen, was ihr wann posten könnt«, erklärte er weiter.

»Na, so ein Glück, dass wir unsere Facebook-Seite schon so lange vernachlässigen«, haute Kiryu zynisch heraus. Urukawa ging aber voll darauf ein und erklärte ihnen: »Auch darum werden wir uns ab jetzt kümmern. Wie gesagt – ihr habt weiterhin Zugriff auf die Accounts.« Kiryus Zynismus hatte er entweder nicht bemerkt oder ignoriert. Dass Urukawa so etwas entging, konnte Kiryu allerdings nicht glauben.

»Was ist mit meinem privaten Account? Wenn ich dort schon weiterhin Kiryu heißen darf, kann ich doch sicher posten, was ich will?!«

»Natürlich. Vorausgesetzt, es ist nichts, das mit *Rising Phenix* zu tun hat«, antwortete ihm Urukawa. Kiryu seufzte. Das schränkte ihn stärker ein, als Urukawa wahrscheinlich ahnte.

Sie ließen sich von Urukawa genau erklären, was mit ihren Social-Media-Accounts als Nächstes geplant war, was genau sie posten durften und sollten und was absolut tabu für sie war. Ihnen rauchten die Köpfe nach dieser ewig langen Auflistung von Dos und Don'ts.

Und das war ihnen wohl auch anzusehen. Urukawa beendete seine Erklärungen mit: »Deshalb ist es gerade am Anfang so wichtig, dass ihr mit uns klärt, was ihr posten wollt.« Sein Ton war fast schon wohlwollend. Dann verfiel Urukawa allerdings wieder in seinen vorherigen Ton und sagte ihnen noch: »Wir werden übrigens ein paar eurer Posts löschen lassen. Vorrangig solche, die nicht ins Bild passen.« Entsetzen und fragende Blicke waren in ihren Gesichtern zu sehen.

»Keine Sorge, es sind nur einige wenige Bilder.« Er winkte einen der Anzugmenschen zu sich, die die ganze Zeit im Hintergrund stehen geblieben waren. Als er neben Urukawa stand, fragte dieser: »Wie viele Posts waren es noch gleich?«

»Alles in allem 24, Herr Urukawa«, antwortete die Frau, deren Namen Kiryu schon wieder vergessen hatte, nüchtern.

»Da seht ihr es. Eine überschaubare Anzahl. So, und da jetzt alles geklärt ist, will ich mich verabschieden. Oder habt ihr irgendwelche anderen Fragen?«

Sie waren alle zu perplex, um darauf zu antworten. Denn was auch immer sie von dem heutigen Treffen erwartet hatten, es war anders gelaufen.

Abends, als er wieder zu Hause war, sah sich Kiryu den Instagram-Account von sich und der Band an. Er selbst hatte fast 500 Follower, die Band stand aktuell bei etwas über 1.000. Es war eine solide Fangemeinde, wie er fand. Er sah sich ein paar der Bilder an. Die meisten zeigten die Band auf der Bühne oder wie sie im Proberaum zusammensaßen. Ihre Bilder wurden meistens von Yuito gemacht. Die Qualität war dadurch nicht immer die beste, aber die Erinnerung daran ließ ein Lächeln auf seinem Gesicht erscheinen.

Auf Instagram sah es so aus, als würden sie sich immer gut verstehen. Dabei gerieten besonders er und Taro oft genug aneinander. Aber das waren schließlich nur Hintergrundgeschichten. Die Band stand mit Spaß auf der Bühne – das war auf allen Bildern zu sehen. Und das war es, womit Kiryu seinen Lebensunterhalt verdienen wollte: Auf der Bühne stehen und andere mit seiner Musik unterhalten.

Irgendwann legte er sein Smartphone weg und versuchte zu schlafen. Der Tag war lang und anstrengend gewesen.

Früh am Morgen wurde er durch einen Anruf aus dem Schlaf gerissen. Blind tastete er nach seinem Smartphone, schob es aber stattdessen vom Fensterbrett herunter. Mit einem Laut, der seine Frustration über diesen Weckruf ausdrückte, schlug er die Decke beiseite und suchte den Fußboden ab. Sein Smartphone lag halb unter dem Bett. Er schnappte es sich und nahm den Anruf entgegen, ohne nachzusehen, wer ihn geweckt hatte: »Was ist?« Er klang immer noch verschlafen. Aber auch sehr genervt. Einen Augenblick war es ruhig am anderen Ende. Dann antwortete ihm Ryo: »Hallo Kiryu, hast du unseren Instagram-Account gesehen?«

Kiryu rieb sich den Schlaf aus den Augen und erwiderte dann: »Ich hab gestern Abend mal nachgesehen. Hatte sich nicht weiter verändert. So 1.000 Follower halt.«

»Dann sieh jetzt mal nach! Wir stehen jetzt schon bei über 2.500. Heute Mittag haben wir vielleicht schon die 3.000 voll!« Ryo war sonst nicht der Typ, der sich zu übermäßiger Begeisterung hinreißen ließ, jetzt schien er Luftsprünge machen zu wollen.

»Was?«, fragte Kiryu mit einigem Unglauben nach.

»Es ist wahr! Und so weit ich das richtig sehe, sind das keine Bots.«

»Okay, ich sehe es mir mal an«, sagte Kiryu immer noch verschlafen.

»Sorry, dass ich dich geweckt habe. Es ist nur … so viele Follower auf einmal!« Kiryu gab als Antwort ein undefinierbares Grummeln von sich. Dann verabschiedete sich Ryo schon wieder. Er wollte Taro und Haru anrufen.

Kiryu wollte ein wenig weiter schlafen. Doch gerade als er sich wieder hingelegt und die Augen geschlossen hatte, wurde ihm klar, was Ryo ihm gerade gesagt hatte: Sie hatten über Nacht die Anzahl ihrer Follower mehr als verdoppelt! Kiryu schlug die Augen wieder auf, griff nach seinem Smartphone und öffnete Instagram.

Ryo hatte nicht gelogen. Sie waren plötzlich sehr beliebt geworden.

Und es schienen wirklich keine Bots zu sein. Wie hatte Urukawa das gemacht? Woher kamen plötzlich all diese Follower? Die kamen ja nicht mal alle aus Japan. Viele waren aus Südkorea und Hongkong. Aus Neugier sah er sich ihren Twitteraccount an. Dort war es das Gleiche: Statt knapp 400 Follower hatten sie jetzt über 2.000. Kiryu fand das alles sehr merkwürdig, hielt es aber nicht für unmöglich. Und Urukawas Leute schienen wirklich Ahnung von Social Media zu haben.

Er rieb sich den letzten Schlaf aus den Augen, wollte aber immer noch nicht richtig wach werden. Also trug er sich eine Erinnerung in seinem Kalender ein und versuchte, einmal mehr einzuschlafen.

Ihm ging plötzlich so viel durch den Kopf. Aber all diese Gedanken fühlten sich so zäh an … Er brauchte unbedingt ein wenig Schlaf. Irgendwie schaffte er es, schnell wieder einzuschlafen.

Ein paar Stunden später saß er in einem Internet-Café. Eine Tasse Kaffee stand neben der Tastatur. Der Bildschirm vor ihm zeigte den Youtube-Account von *Rising Phenix*. Auch dort waren sie plötzlich sehr beliebt. Dabei war ihr letztes Video schon Monate alt. Und die Qualität war nicht sehr gut. Er konnte sich einfach nicht erklären, wieso sie so plötzlich so viel Aufmerksamkeit bekamen. Deshalb hatte er sich die Webseite ihres Plattenlabels angesehen. Und dort wurden sie als neue interessante Band geradezu angepriesen.

Sie hatten weder ein Album geschweige denn eine Single noch eine Tour vorzuweisen. Es gab bloß ein paar Videos ihrer Auftritte. Und die waren nicht auf dieser Seite verlinkt. Dennoch war der Text über sie erstaunlich ausführlich. Und natürlich wurden Ryo und Kiryu dort unter ihren Künstlernamen aufgeführt. Kiryu rief zum Schluss seine E-Mails ab, dann wollte er gehen. Allerdings fand er in seinem Posteingang eine äußerst unangenehme Überraschung: Irgendwelche Vollpfosten hatten seine private E-Mail-Adresse herausgefunden und beschimpften ihn hier. Es war eine Vielzahl ähnlicher Nachrichten. Der Inhalt bestand bei manchen nur aus Beleidigungen, andere wurden konkreter in dem, was er tun sollte. Er sollte beispielsweise die Bühne guten Musikern überlassen. Und wenn er schon solche Emo-Stimmung verbreitete, sollte er der Welt doch einen Gefallen tun und sich von einer Brücke stürzen.

Kiryu war geschockt über den Hass, der ihm entgegenschlug. Dabei hatte er doch gar nichts gemacht, seit sie bei Urukawa unter Vertrag waren.

Wie in Trance zog er sein Smartphone aus der Hosentasche und rief Tanakawa an.

»Einen wunderschönen guten Morgen, Kiryu. Was kann ich für dich tun?«, begrüßte ihn Tanakawa überschwänglich.

»Hi, Herr Tanakawa. Ich hab ein kleines Problem«, eröffnete ihm Kiryu. Dann erklärte er die Situation und las ein paar der Mails vor.

»Oh, das ging schnell«, antwortete ihm Tanakawa. Er schien nicht sonderlich überrascht darüber, dass Kiryu solche Hass-Mails bekam. Er war lediglich verwundert darüber, dass es schon jetzt passierte.

»Finden Sie das nicht bedenklich?«

»Ich werde Urukawa darüber informieren. Mach dir keine Sorgen, Kiryu. Je bekannter ihr werdet, desto mehr Neider wird es auch geben.«

»Herr Tanakawa, das sind Morddrohungen und Selbstmordaufforderungen, die ich da bekommen habe! Das können Sie doch nicht einfach so gutheißen?!« Kiryu musste aufpassen, dass er hier nicht zu laut wurde. Seine Nerven lagen blank.

»Jetzt beruhige dich, Kiryu. Das heiße ich keinesfalls gut. Ich werde mich darum kümmern. Aber du musst nicht untätig herumsitzen. Geh auf deine Fans zu. Sie sind jetzt deine größte Stütze. Wenn sich die Fans schützend vor *Rising Phenix* stellen, werden die Hassnachrichten nachlassen.«

»Meinen Sie wirklich?«

»Vertrau mir, Kiryu. Geh in die Offensive und versuch nicht weiter über diese … Wie nanntest du sie so treffend?«

»Hirnverbrannte Vollidioten«

»Ja, genau! Denk nicht weiter über die und ihre Nachrichten nach. Ach, und ganz nebenbei: Du solltest deinen Spamfilter anpassen.« Dann hatte Tanakawa das Gespräch schon beendet. Vertrauen – ausgerechnet Tanakawa sollte er vertrauen? Das konnte doch nur ein schlechter Scherz sein.

Er schloss den Browser und verließ dann das Café. Die Sonne schien ihm ins Gesicht. Der Tag war viel zu schön für solche furchtbaren Nachrichten. Und wenn er so über Tanakawas Worte nachdachte, hatte dieser wahrscheinlich recht. Kiryu gab es ungern zu, aber Tanakawas Rat, sich verstärkt an ihre Fans zu richten, war genau das, was sie jetzt tun sollten. Also schrieb Kiryu den anderen, dass er eine Nachricht an die neuen Fans posten wollte. Heute Abend würden sie den genauen Inhalt dafür besprechen.

Diese E-Mails hatten aber dennoch eine Wirkung auf Kiryu. Die waren schließlich nicht an die Band, sondern direkt und ausschließlich an ihn gerichtet. Und jedes Wort, das er gelesen hatte, verursachte noch immer Angst in ihm. Er fühlte sich allein. Ungeschützt. Und hilflos.

Jetzt, wo ihm das alles ein weiteres mal durch den Kopf ging, wären ihm fast die Tränen gekommen. Noch nie war ihm solcher Hass entgegengeschlagen. Anfeindungen kannte er. Die kannten sie alle. Schließlich fielen sie ja schon allein mit ihrem Äußeren auf. Diese E-Mails waren jedoch ein ganz anderes Level! Das wollte er nicht noch einmal durchmachen. Er atmete tief ein und aus und machte sich dann auf den Weg zum »Black Thunder«. Die Arbeit dort brachte ihn hoffentlich auf andere Gedanken.

Erste Schritte

Sein Zeitgefühl ging ihm so langsam, aber sicher, abhanden. Gestern waren sie bis spät nachts im Tonstudio gewesen. Und heute Morgen ging es seit 8 Uhr schon weiter. Und dabei hatten sie gerade mal fünf Songs aufgenommen. Aber selbst das waren nur Probeaufnahmen. Wie lange sie jetzt schon hier waren, konnte Kiryu nicht sagen. Er hatte jetzt schon so oft »Wahnsinn in mir« gesungen, dass er – genau wie gestern Abend – nicht mehr wusste, wie viel Zeit inzwischen vergangen war. Er hatte Hunger. Und seine Kehle fühlte sich wie ein Reibeisen an. Das machte keinen Spaß.

»Kann ich mal was anderes singen?«

»Also, eigentlich wollte ich den Song hier erst fertig machen«, erwiderte Hayashi mit tonloser Stimme. Er war ein Perfektionist und das bedeutete, dass er ihnen erst eine Pause gewährte, wenn ihm der Klang eines Songs gefiel. Und wenn er einmal angefangen hatte, hörte er so schnell nicht wieder auf. Selbst ein Erdbeben oder ein Tsunami dürften Hayashi nicht aus dem Tonstudio vertreiben, wenn er gerade an einem Song arbeitete. Und wenn die Welt untergehen würde?! … Schwierige Frage …

»Also, ich brauch mal ’ne Pause«, sagte Kiryu müde.

»Hey, wir haben doch gerade erst angefangen. Ich lass mir doch von dir nicht meine Arbeit ruinieren! Pause wird erst dann gemacht, wenn ich es sage. Deine Starallüren kannst du dir sonst wohin stekken«, entgegnete Hayashi wütend. Hayashi war wirklich eingeschnappt. Aber Kiryu dachte gar nicht daran, ihm nachzugeben.

Wäre Urukawa mit ihrem Manager im Schlepptau nicht aufgetaucht, hätte sich Kiryu schon zurückgenommen und weiter gesungen. So allerdings … Die Verlockung war einfach zu groß. Er sah seine Chance auf eine Unterbrechung gekommen.

»Gibt es Probleme? Wie kommst du voran, Hayashi?«, fragte Urukawa ganz ungeniert.

»Hallo, Herr Urukawa. Na ja … also …«, setzte Hayashi an.

»Wir wollten gerade eine Pause einlegen«, wurde er schnell von Kiryu unterbrochen. Urukawa sah zuerst zu Hayashi, der wütend zu Kiryu blickte. Dann fragte er, wie lange sie denn schon hier waren. Er war wirklich überrascht zu hören, dass sie fast vier Stunden ohne großartige Pausen an den Aufnahmen der Songs gearbeitet hatten.

»Ja, unser Hayashi ist nun mal ein Arbeitstier. Aber was er anpackt, wird auch gut, darauf könnt ihr euch verlassen«, sagte ihnen Urukawa und klopfte Hayashi freundschaftlich auf die Schulter.

»Morgen fangen wir an, euch landesweit bekannt zu machen. Aber das wird euch Herr Akirou genauer erklären.« Dann ging Urukawa wieder und ließ Akirou bei ihnen zurück.

Morgen würden sie im Center Gai, der größten Einkaufsstraße in Shibuya, sein. So würden sie zumindest erst einmal aus dem Untergrund herauskommen. Dennoch hatte Kiryu ein mulmiges Gefühl. Der Vertrag, den er mit Tanakawa geschlossen hatte, kam ihm immer wieder ins Gedächtnis. Nur deshalb blieb er so misstrauisch. Nur deshalb konnte er den Menschen hier nicht vertrauen. Vielleicht war das aber ganz gut so?!

Als Kiryu am späten Nachmittag wieder zu Hause war, dachte er wieder an ihr letztes Konzert. Takuhiro hatte ihnen am Montag einen USB-Stick vorbeigebracht. Kurz entschlossen hatten sie sich die Bilder direkt angesehen. Takuhiro Higuris Fotos waren wirklich gut. Sie gefielen Kiryu. Tanakawa oder Urukawa hatten keine Ahnung davon, dass Kiryu eigene Pläne schmiedete, um von ihnen unabhängig zu werden. Er wollte auf eigenen Beinen stehen, selbst entscheiden, mit wem sie zusammenarbeiteten. Aber das waren bis jetzt bloß vage Vorstellungen. Dennoch waren diese Fotos sein Geheimnis – seine Aussicht auf einen Ausweg … Wie genau der aussehen sollte, war ihm zwar nicht klar, aber er hatte das Gefühl, dass Takuhiro ihm helfen könnte.

Auf einem Foto war nur Kiryu klar zu erkennen. Der Hintergrund und der untere Bildrand waren verschwommen. Kiryu beugte sich gerade vor zum Bühnenrand. Die Menschen vor ihm jubelten ihnen zu. Es war, als wollte die Menschenmasse mit Kiryu – mit *Rising Phenix* – verschmelzen. Das musste während »After Light« aufgenommen worden sein.

Dann war da eins vom Anfang des Konzerts. Der Vordergrund war schwarz, die Bühne dagegen hell erleuchtet. Auf diesem Foto sah Kiryu erst richtig, wie nervös sie alle waren. Das nächste Foto zeigte das Publikum ganz deutlich. Die Band dagegen war verschwommen zu sehen. Aber bei »Sora to Ito« passte das. Dann kam ein Bild, das während des Intros von »Wahnsinn in mir« aufgenommen worden war. Nur Kiryu stand im Licht, die restliche Bühne lag im Schatten. Das Publikum war gerade so zu erahnen. Und als sich Kiryu das Bild näher ansah, war es fast so, als könnte er jenen Moment noch einmal erleben.

Die Fotos passten perfekt zu jedem einzelnen Song. Es sah alles so gut aus. So professionell. Und da hatte Takuhiro gesagt, dass er sich mit dieser Art Fotos noch gar nicht gut auskannte und sich lediglich ein wenig ausprobierte. Eine grenzenlose Untertreibung in Kiryus Augen. Aber wenn er diese Fotos jetzt so sah … die sahen echt aus wie von einem Profi und nicht wie von einem Hobby-Fotografen.

Die Menschenmenge war enorm. Kiryu hatte gar nicht damit gerechnet, dass wirklich so viele Leute kommen würden. Ein Großteil waren zwar Journalisten und ein paar Blogger, aber trotzdem hätte Kiryu niemals mit diesem Zulauf gerechnet.

»Ja, Social Media verhilft uns doch immer wieder zu neuen Fans«, meinte Taro so am Rande. Keiner antwortete ihm.

Sie standen hinter einer Bühne, hinter der Taro hervorlinste und sich die Ansammlung ansah.

Als Kiryu las, zu was sie hier eingeladen worden waren, hätte er am liebsten protestiert. Es war eine reine Werbeveranstaltung. Aber nicht für sie, sondern für ihr Label. Er selbst hätte sich das wahrscheinlich nicht angesehen, weil eh immer die gleichen Fragen gestellt und die gleichen Antworten gegeben wurden. Es hätte ihn einfach gelangweilt. Und es hatte ihm nie zugesagt, dass immer und immer wieder neue Künstler von irgendwelchen großen Labels bekannt gemacht – ja, fast vorgeführt wurden. Jetzt aber auf der anderen Seite zu stehen, brachte eine neue Sichtweise. Als er das erste Mal von dieser Art Werbeauftritt gehört hatte, war er wütend. Wütend und neidisch. Aber dass er darauf einst eifersüchtig gewesen war, würde er niemandem auf die Nase binden. Er hatte es endlich geschafft, was interessierte da die Vergangenheit?! Sie standen zwar ganz am Anfang, aber jetzt und hier konnte es ja nur noch bergauf gehen, so hoffte er. Ein mulmiges Gefühl hatte er dennoch, wenn er daran dachte, die Fragen zu beantworten. Würde ihm dann wieder so viel Hass entgegenschlagen? Würden sie ausgebuht werden? Tanakawa hatte ihm zwar versichert, dass er sich um dieses Problem gekümmert hätte, trotzdem fürchtete Kiryu, dass er solche Nachrichten weiterhin bekommen würde.

»Und wieder einmal hat es Herr Urukawa geschafft, vielversprechende Künstler in Tokyo zu finden …«, der Moderator hatte schon über alles Mögliche gesprochen. »Der musste sich den Mund doch irgendwann mal fusselig geredet haben«, ging es Kiryu durch den Kopf, als er wieder zuhörte und auf ihr Stichwort wartete. Urukawa stand mit dem Manager von *Rising Phenix* im Schlepptau auf der Bühne und schien ein lockeres, improvisiertes Gespräch mit dem Moderator zu führen. Dabei hatten sie das alles stundenlang einstudiert. Herr Akirou würde die meiste Zeit schweigend neben ihnen stehen. Und so ein ganz klein wenig tat er Kiryu sogar leid.

»Hier sind sie – *Rising Phenix!*« Das war ihr Stichwort. Schnellen Schrittes kamen sie auf die Bühne. Sie hatten kein Gejubel oder tosenden Applaus erwartet. Aber nur Blitzlichtgewitter auch nicht. War denn nicht wenigstens ein Fan unter der Menschenmasse?! Doch wie es aussah, nicht.

Sie hatten sich an einen Tisch auf der Bühne zu setzen und mussten wieder warten. Ihr Manager und Urukawa hatten ihnen eingeschärft, nichts zu sagen, bevor sie nicht ein Zeichen zum Reden bekommen hatten.

Es herrschte betretenes Schweigen. Man hätte die Luft schneiden können. Und Kiryu konnte gerade nicht anders und stellte es sich bildlich vor. In seiner Vorstellung sah es ein wenig aus wie in einem Großraumbüro. Jeder hatte seine quadratische Zelle. So nach dem Motto: Das ist mein Stückchen Luft und das ist dein Stückchen.

»Darf ich vorstellen: Das sind Taro, Rick, Haru und Kilian. Zusammen bilden sie die Band *Rising Phenix*«, waren sie von Urukawa vorgestellt worden.

»Wie haben Sie die Jungs gefunden?«, traute sich der erste Journalist zu fragen. Urukawa grinste zuerst wieder so überlegen, dann erzählte er, wie er *Rising Phenix* »entdeckt« hatte.

»Woher kommen Sie? In welchen Verhältnissen sind Sie aufgewachsen?«, wurde zum ersten Mal eine Frage direkt an die Band gestellt. Vorher war bloß Urukawa interessant gewesen. Seine Entdeckung der Band war so etwas wie eine Trophäe gewesen.

Sie sahen zuerst Urukawa an, dann erzählte jeder von ihnen kurz und knapp, dass sie nicht gerade in den besten Verhältnissen groß geworden waren, aber dennoch gerne in Tokyo lebten. Für sie kam es nicht infrage wegzuziehen.

Manch einer war überrascht, das zu hören. Aber der Großteil hatte es ganz einfach hingenommen.

Dieses Frage-und-Antwort-Spiel ging fast eine Stunde. Dann durften sie endlich wieder gehen. Den restlichen Tag hatten sie frei. Dabei hätten sie wohl weiter an den Songs arbeiten sollen, die Hayashi noch nicht vollendet hatte. Aber dieser freie Nachmittag würde Kiryu ganz guttun. Ab jetzt würde es verdammt stressig werden. Da wollte er jede freie Minute entspannen. Wer wusste schon, wie viel er davon in Zukunft hatte?!

Kiryu versuchte am selben Abend, an einem Song zu arbeiten. Aber ihm fielen nur ein paar Verse ein:

> Mein Herz so schwer,
> Mein Atem schwach …
> Angst durchfährt mich,
> Ein Moment hält wach,
> Und niemand anders hier!

Vielleicht würde ihm mehr einfallen, wenn Taro erst einmal eine Melodie geschrieben hatte. Das war schließlich schon öfter so gewesen. Er lag jetzt schon so lange auf seinem Bett und grübelte über den Text nach. Aber er hatte gerade eine absolute Denkblockade.

Wie schafften es die anderen japanischen Bands, so viele Lieder zu schreiben? »The GazettE« brachten im Jahr zwei oder sogar drei Alben heraus – und da klang nicht ein Song wie der andere. Und Kiryu?! Bis jetzt hatte er zwar schon genug Texte für zehn Alben geschrieben. Das Problem war daran, dass diese Texte:

1. nicht alle gut waren und
2. einige davon ZU persönlich waren.

Es ging andere Menschen einfach nichts an, was er in bestimmten Momenten durchgemacht hatte. Und selbst, wenn sie genügend Texte hatten, ohne Melodien nützten die ihnen gar nichts.

Aber bei diesem Text jetzt … sonst war es immer so, dass er wenigstens eine grobe Vorstellung davon hatte, welche Melodie auf welchen Text passte. So war es bei »Wahnsinn in mir« gewesen. Kiryu wusste lediglich, dass es ein ruhiger Song werden würde. Diese Idee hatte er auch Taro gesagt. Mit dem Ergebnis waren sie zufrieden.

Jetzt lag er auf dem Rücken auf seinem Bett und las sich wieder und wieder seinen Text durch. Irgendwann schlief er ein. Das Blatt mit dem angefangenen Text hatte er kurz auf seinem Bauch abgelegt, um besser nachdenken zu können. Aber ihm waren die Augen immer schwerer geworden. Mitten in der Nacht wachte er aus einem traumlosen Schlaf auf. Als er nachsah, wie spät es war, stellte er fest, dass er bloß eine Stunde geschlafen hatte – es war nicht mal 23 Uhr. Die Verse hatte er die ganze Zeit über festgehalten. Er las sie sich noch einmal durch, legte das Blatt dann auf seinen Tisch. Auch jetzt fiel ihm nichts ein. Aber etwas anderes hatte er gar nicht erwartet. Er brauchte jetzt Ablenkung, irgendetwas, um den Kopf freizubekommen. Dass er eine halbe Stunde später in Shibuya unterwegs war, hatte er nicht wirklich geplant. Es war mehr ein Automatismus, der ihn hierher gehen ließ. Theoretisch hätte es gereicht, wenn er sich um einige andere Songs gekümmert hätte, die sie ebenfalls aufnehmen wollten. Aber ob er heute Abend wirklich etwas zustande gebracht hätte, bezweifelte er. So versuchte er jetzt, das Beste daraus zu machen. Wie, wusste er auf die Schnelle nicht … Er ging schließlich in ein Internet-Café. Dort stöberte er in einigen Foren und fand nach einigem Suchen etwas über ihren »Auftritt« im Center Gai. Er hatte nicht damit gerechnet, dass sie plötzlich bei allen beliebt waren. Aber ein Eintrag war gar nicht mal so schlecht:

»Herr Urukawa hat wieder einmal ein gutes Gespür bewiesen. Seine neuste Entdeckung, eine junge Band aus Tokyo, verspricht, großen Erfolg zu haben […]« In diesem Ton ging es weiter. Da setzte wirklich jemand großes Vertrauen in sie. Kiryu hatte kurz das Verlangen, jetzt einfach aus dem Vertrag auszusteigen. Das war zum einen eine Trotzreaktion, zum anderen war er so zuversichtlich wie nie, dass sie es ab hier allein schaffen würden. Das war natürlich ein Trugschluss, und das wusste er. Dennoch war es für ihn gerade sehr verlockend, sich jetzt von Tanakawa und Urukawa loszusagen. Bevor er diesen Gedanken weiter nachhing, fand er etwas von einem anderen Blogger.

Schlechte Kritik war manchmal ganz hilfreich, jedoch im ersten Moment für den Kritisierten verletzend. Kiryu bildete da keine Ausnahme und er war eingeschnappt, als er den Text las. Eine gewisse Chiaki war ebenfalls im Center Gai gewesen. Ein einzelner Blogger war in dieser Masse von Journalisten natürlich untergegangen. Und wenn er sich den letzten Stand der Aktualisierung so ansah, hatte sie sich wohl gerade erst dazu durchgerungen, über diesen Nachmittag zu schreiben:

»Wie einige Journalisten der Boulevardpresse schon richtig bemerkt haben, bewies uns Herr Urukawa mal wieder ein »gutes« Gespür für Newcomer. Die Band, die er diesmal aus dem Untergrund gezogen hat, schien vollkommen unter seiner Kontrolle zu stehen. Jede Antwort wurde erst nach reichlicher Überlegung und einem Blick

zu Urukawa beantwortet. Von Spontaneität keine Spur. Selbst auf die Frage, ob die Band eigene Wege gegangen war oder noch gehen wollte, war die von Urukawa gewünschte Antwort gekommen.

Die vier Jungs der Band Rising Phenix *hatten am Anfang sehr deplatziert gewirkt. Das war insofern überraschend – oder auch irritierend – da sie, wie sie selbst gesagt hatten, wohl schon einen beachtlichen Stamm an Fans haben.*

Urukawa hatte bis jetzt immer ein glückliches Händchen damit bewiesen, etwas zu finden, das die große Masse begeistert hatte. Und sicher wird es diesmal nicht anders sein. Bei dieser Pressekonferenz stand schließlich Urukawa anstatt seiner Entdeckung Rising Phenix *im Vordergrund. Und sicher hat er diesmal wieder so eine Band gefunden, die den Geschmack der Masse trifft. Doch es bleibt fraglich, ob die Jungs von* Rising Phenix *länger als ein Jahr im Rampenlicht durchhalten oder nicht schon eher wieder in der Versenkung verschwinden [...]«*

»Der Geschmack der Masse« − sollte das wirklich stimmen? Waren sie wirklich so massentauglich? Das hätte ihnen kurzfristig Erfolg gebracht, aber keine anständige Fangemeinde.

Am liebsten hätte er sofort protestiert; dieser Chiaki gesagt, dass sie falschlag. Doch wenn er es recht bedachte, waren ihnen wirklich alle Antworten in den Mund gelegt worden. Und Urukawa würde ihnen sicher nicht die Freiheit lassen, alle Songs so zu schreiben, wie sie wollten. Aber wie könnten sie dem entgehen? Sie würden kämpfen müssen. Und es würde ein langer, harter Kampf werden.

Kiryu ging wieder nach Hause. Zweifel packten ihn jetzt wieder. Konnte es denn wirklich nur bergauf für sie gehen? Nach unten war es schließlich schon jetzt weit genug.

Trotz all der positiven Nachrichten zog ihn die kritische Auseinandersetzung ihres Auftritts im Center Gai herunter. Doch schließlich fasste er den Entschluss, dass sie mehr Freiheiten bei öffentlichen Auftritten brauchten.

Die Artikel, die sie und Urukawa in den höchsten Tönen gelobt hatten, beschäftigten ihn schon gar nicht mehr. Den genauen Wortlaut hatte er ebenfalls schon wieder vergessen. Es klang einfach alles so gut. Ein bisschen zu gut, um wahr zu sein. Besser, er ging noch einmal zu Tanakawa. Wenn er den ein kleines bisschen ausquetschen konnte, was das weitere Vorgehen und seine genauen Pläne für *Rising Phenix* anging, würde ihnen das sicher schon weiterhelfen. Denn, wie hieß es immer so schön: Wissen ist Macht. Und Tanakawa wusste eindeutig mehr über ihn als Kiryu über Tanakawa. Das musste er ändern.

Obwohl er nach Hause wollte, streifte er durch den Shinjuku-Gyoen, Tokyos zweitgrößten Park. Hier war er oft. Das weite Gelände bot ihm immer Möglichkeiten, allen Menschen zu entgehen. Hier konnte er meistens wirklich allein sein. Und im März sah es hier einfach schön aus mit all den Kirschblüten. Heute Abend allerdings war es ihm nicht vergönnt, allein durch den Park zu streifen. Takuhiro Higuri begegnete ihm hier wieder. Er hatte einen Teil seiner Ausrüstung bei sich und Kiryu vermutete, dass er gerade arbeitete oder eben erst Feierabend gemacht hatte.

»Hey, Kiryu. Na, wie gehts dir?« Es war nicht das, was er gefragt hatte, sondern vielmehr die Art, wie er es tat. Sein Tonfall hatte ernstes Interesse ausgedruckt, trotz dieser banalen Frage. Takuhiro schien eine wirklich gute Menschenkenntnis zu haben. Oder er hatte gerade einfach Glück.

»Na ja, eigentlich könnte es nicht besser sein …« Kiryu wollte ihm schon wieder ausweichen. Aber Takuhiro schien ihn mit seinem Blick zu hypnotisieren. Seine violetten Augen schienen »erzähl's mir« zu schreien. Takuhiro selbst hatte nichts weiter gesagt, sondern ihn auffordernd angesehen.

Kiryu drehte sich ein Stück zur Seite und seufzte. Er wollte Takuhiro nicht in die Augen sehen. Er hatte Angst, dass sein Gesicht – seine Augen – viel zu viel von dem verraten könnten, was wirklich in ihm vorging.

»Es ist nicht so, wie du es dir vorgestellt hast, oder?«

Kiryu nickte nur zur Antwort. Takuhiro klopfte ihm daraufhin auf die Schulter: »Ihr steht ja noch am Anfang.« Dann zog er Kiryu einfach mit sich. »Komm, ich wohne ganz in der Nähe, und in meiner Wohnung lässt es sich besser reden als hier«, sagte er.

Kiryu sagte wieder nichts darauf. Aber so langsam fasste er Vertrauen zu Takuhiro. Es war einfach dessen Art, die ihm Zuversicht gab. Der Kerl schien in anderen Menschen lesen zu können wie in einem Buch. Aber anders als bei Tanakawa, der ebenfalls diese Fähigkeit zu haben schien, hatte Kiryu bei Takuhiro nicht den Eindruck, dass es für ihn gefährlich wäre, Takuhiro blindlings zu vertrauen. Er konnte – er wollte – einfach nicht glauben, dass dieser schmächtige, kleine Kerl mit den ungewöhnlichen Augen ihm gefährlich werden könnte …

Neue Beziehungen

Takuhiro hatte seine Wohnung in luftiger Höhe. Und das Beeindruckendste an der Wohnung war die Fensterfront im Wohnzimmer. Eine ganze Wand schien nur aus einer einzigen Glasscheibe zu bestehen. Und das hatte Kiryu im ersten Moment sogar geglaubt. So eine präzise Arbeit hatte er vorher noch nie gesehen. Das Panorama war, nebenbei bemerkt, atemberaubend – der Blick ging Richtung Tokyo Tower und Hafen.

Aber Kiryu hatte ja schon gestaunt, als sie das Haus betraten. Es war eine ganz andere Welt als die, die er bis jetzt kennengelernt hatte. Das Gebäude war ein schlichter Bau. Das Innere war allerdings sehr edel gehalten. Für Kiryu sah es aus, als wäre die komplette Eingangshalle aus Marmor gebaut. Die Aufzüge erkannte er erst auf den zweiten Blick.

Als sie nach oben gingen – den Aufzug hatte Takuhiro gekonnt ignoriert und war geradewegs zur Treppe gelaufen – war ihnen eine ältere Frau entgegengekommen. Takuhiro schien sie gut zu kennen und grüßte sie freundlich.

»Ah, Takuhiro, Ihr Freund war vorhin schon da. Sie wissen schon – der Große mit den blauen Augen«, entgegnete sie. Kiryu konnte in diesem Moment nicht anders als sie auf Anhieb sympathisch zu finden. Sie hatte so etwas … sehr Herzliches an sich. Wieso musste er in letzter Zeit immer entweder totale Ablehnung oder auf Anhieb Sympathie für einen Fremden empfinden?! Es war zum Verrücktwerden.

»Ah, danke Frau Yasakuwa. War Heiji auch schon da?«, erwiderte Takuhiro.

»Nein, tut mir leid. Wie gesagt, ich habe nur Gil gesehen.«

»Trotzdem vielen Dank«, und dann gingen sie in die Wohnung. Wer dieser Gil war – Kiryu hatte keine Ahnung, was er mit dieser Information anfangen sollte. Ein Fremder mehr, der in sein Leben trat.

Diese Frau Yasakuwa wohnte genau nebenan. Kiryu fand jedenfalls, dass er schlimmere Nachbarn hatte, bei denen man immer aufpassen musste, was man wann und zu wem sagte – oder über wen. Deshalb war er seinen Nachbarn bisher immer aus dem Weg gegangen. Takuhiro schien sich hingegen sehr gut mit seinen Nachbarn zu verstehen. Oder zumindest mit dieser Frau Yasakuwa. Kiryu kam zwar gut mit Frau Kyoura klar, seine anderen Nachbarn kannte er allerdings gar nicht. Er fand diese Anonymität gar nicht so schlecht. Jetzt hier zu sehen, dass es ganz anders sein könnte, war für ihn etwas Ungewohntes.

Kiryu war außer Puste, als sie endlich im achten Stock ankamen. Takuhiro dagegen schien das Treppensteigen nichts ausgemacht zu haben. Als sie die Wohnung betraten, schien alles verlassen zu sein. Doch kaum hatten sie das Wohnzimmer betreten, erwartete sie ein Hüne mit ein paar Drinks. Es sah so aus als, hätte er genau gewusst, wann sie hier sein würden. Und, dass Takuhiro nicht allein auftauchen würde. Als er ihm dann aber gegenüberstand, hatte Kiryu schlagartig das Gefühl, er stünde Tanakawa gegenüber. Allerdings war es ein Tanakawa, der ihn bloß neugierig beäugte.

Kiryu war ja nicht gerade klein. Gil war aber noch einen knappen Kopf größer als er. Und das allein flößte ihm schon Respekt ein. Dann ein Blick in diese eiskalten blauen Augen, und seine Ehrfurcht war perfekt.

»Sieh an, sieh an, was das Kätzchen da nach Hause schleppt«, wurden sie begrüßt.

»Hallo, Gil«, erwiderte Takuhiro bloß. Er klang plötzlich sehr genervt.

Hatte er sich das eingebildet oder war es im Raum wirklich merklich kühler geworden? Kiryu beschloss, vorerst nichts zu sagen. Takuhiro und Gil sollten dieses Duell allein ausfechten.

»Jetzt sag schon, Taku: Ist er das?«, fragte Gilbert hocherfreut.

Kiryu schaute irritiert auf. Was wusste dieser Gil denn bereits über ihn?

»Ja, das ist er. Kiryu, das ist Gil«, wurden sie von Takuhiro einander vorgestellt.

»Hi«, Gil wirkte plötzlich sehr freundlich. Seine Stimme war nicht mehr so eiskalt wie eben bei Takuhiro. Kiryu ergriff die ihm gereichte Hand. Er war von dem plötzlichen Umschwung in Gils Stimme so irritiert, dass er kein Wort herausbringen konnte. Er war hier hoffnungslos überfordert.

»Takuhiro hat mir schon etwas von dir erzählt.«

»Was heißt hier *erzählt*?! Du hast mich ausgequetscht!«, hatte sich Takuhiro schnell eingeschaltet.

»Erfahren hätte ich es ja so oder so von dir«, erwiderte Gil mit einem äußerst charmanten Lächeln.

Kiryu hatte es geschafft ein »ähm …« von sich zu geben und die beiden weiterhin verwirrt anzusehen. Scheinbar war es ganz normal, dass sie sich zofften. Und auch wie sie es taten. Kiryu ging die jetzige Situation ein paar Mal in Gedanken durch. Und er kam immer wieder zu dem Schluss, dass diese beiden sich wohl die Köpfe einschlagen würden, wäre er jetzt nicht hier. Oder aber sie würden ganz ruhig miteinander reden.

»Hier, trink«, wurde er von Gil aus seinen Gedanken gerissen. Kiryu bedankte sich schnell und nahm das Glas, das Gil ihm entgegenhielt.

»Was auch immer Gil dir vorsetzt, du weißt zwar nicht, was es ist, aber es ist gut«, sagte ihm Takuhiro.

»Ich nehme das jetzt mal als Kompliment«, entgegnete Gilbert darauf.

Von einem Moment auf den nächsten kamen die beiden wieder blendend miteinander aus. Eine merkwürdige Freundschaft … Von so einer Beziehung hatte Kiryu bis jetzt nie gehört – geschweige denn sie hautnah miterlebt. Sein Leben hielt in letzter Zeit wirklich viele Überraschungen für ihn bereit. Und da waren seine beiden neuen Bekannten wohl die harmlosesten.

Er hatte keine Ahnung, was er da trank, aber Takuhiro sollte Recht behalten: Was immer er da hatte – es schmeckte wirklich gut.

Kiryu ließ seinen Blick durch das Wohnzimmer schweifen. Er saß genau gegenüber der Glasfront – mit direktem Blick auf den Tokyo Tower. Einen Fernseher oder Computer konnte er nirgendwo entdecken. Dennoch sah dieses Zimmer moderner aus als seines – was an sich keine große Kunst war. Im Fußboden konnte er sich spiegeln. Das Sofa, auf dem er saß, war in dunklem Stoff gehalten. Links von ihm, am Ende des Raumes, befand sich eine Bar. Dort hatte Gil gewartet, als er mit Takuhiro das Wohnzimmer betreten hatte. Die dort an der Wand hängenden Schränke schienen allein aus Glas und Licht zu bestehen.

Gil saß auf einem Sessel links von ihm, Takuhiro rechts neben ihm auf dem Sofa. Das Wohnzimmer wirkte zwar nicht verlassen, aber dennoch irgendwie … kühl. Als ob hier nicht oft Menschen zusammen sitzen würden.

Eigentlich wirkte die gesamte Wohnung so, als wäre sie zum Ansehen da. Ein Muster für zukünftige Designer und Menschen, die nicht wussten, was sie mit dem Geld, das sie zu viel hatten, anfangen sollten.

An den Wänden hingen wenige Bilder oder Ähnliches. Er sah einige Fotos an der Wand hinter ihm. Wer auch immer die gemacht hatte, der hatte wirklich Ahnung von dem, was er da tat. Ein Glastisch stand direkt vor ihm. Darauf waren über die ganze Glasplatte Fotos verstreut. Genaues konnte er aber nicht erkennen, deswegen wollte er sein Glas kurz abstellen. Er fand leider keine Stelle, die ihm genug Platz bot. Also schob er ein Foto vorsichtig beiseite und wollte sein Glas abstellen. Aber da wurde er schon von Takuhiro mit »**nicht** dahin stellen« angefaucht. Hatte er sich das jetzt eingebildet, oder waren Takuhiros Eckzähne eben spitzer gewesen, als sie es normalerweise sein dürften?! Aber das hieße ja, dass … Nein! Unmöglich! Das muss an dem Licht gelegen haben! Das konnte gar nicht anders sein.

Kiryu war sofort zur Salzsäule erstarrt bei diesen Worten und traute sich nicht einmal mehr zu atmen. Gil sah ihn amüsiert an und erklärte ihm dann: »Wenn es um seine Fotos geht – da ist Taku sehr empfindlich. Aber du kannst ruhig wieder atmen, er meint es nicht böse.« Takuhiro schenkte Gil dafür einen Blick, der hätte töten können. Dann verdrehte er entnervt die Augen.

Kiryu hatte daraufhin kurzerhand beschlossen, dass es das Beste wäre, wenn er sein Glas in der Hand behalten würde. Neugierig war er jetzt aber noch mehr. Wenn jemand so an seinem Werk hing, konnte es ja gar nicht so schlecht sein. Das kannte er zumindest so von sich.

»Darf ich?«, fragte er Takuhiro dann kurzerhand. Er kam sich gerade so unendlich klein vor. Und das hatte ihm Takuhiro wohl angesehen: »Ja, klar.« Er schob die Fotos ein wenig auseinander, dann nahm er eines in die Hand.

»Kirschblüten bei Nacht – was gibt es Schöneres?«, warf Gil dann ein, als er sah, welches Foto Takuhiro in Händen hielt. Kiryu verstand zuerst nicht ganz. Aber als er ebenfalls ansah, was Takuhiro in der Hand hatte, verschwand endlich das Fragezeichen über seinem Kopf. Er nahm sich jetzt wahllos eines der Fotos, um es genauer betrachten zu können.

Die Fotos waren wirklich gut, und alle in Tokyo aufgenommen, soweit Kiryu das beurteilen konnte.

»Die habe ich alle dieses Jahr gemacht. Das da …«, Takuhiro zeigte auf das Bild in Kiryus Händen, »… ist am Shinto-Schrein. Aber ich habe aufgehört, die Tempel und Schreine mit aufs Motiv zu nehmen …«

»Die sind …« Er wollte »wunderschön« sagen, hielt aber einen Augenblick inne. Schließlich sagte er: »… wirklich gut – soweit ich das beurteilen kann.«

»Keine Sorge, Kiryu. Taku hätte längst aufgehört, wenn er nicht wirklich gut wäre.«

»Gil!«, erwiderte Takuhiro in einem sehr genervten Ton.

»Ich hab doch recht. Oder etwa nicht?« Darauf hatte Takuhiro nichts zu erwidern. Kiryu war mit seinen Gedanken schon wieder ganz woanders. Er wusste nicht, ob er richtig lag. Und auch nicht, ob er das jetzt einfach fragen konnte. Gil und Takuhiro waren für ihn Bücher mit sieben Siegeln. Selbst er fand sich nicht so unnahbar. Besonders Gil gab ihm zu denken. Mal war er eiskalt und im nächsten Moment warmherzig und freundlich. Und das allein in der letzten halben Stunde. Und wie es aussah, hatte Gil Spaß daran, die Menschen in seinem Umfeld so ratlos zu sehen. Er schien immer etwas zu wissen, was allen anderen entgangen war. Das bewies er jetzt wieder: »Jetzt frag es schon, Kiryu.« Der und Takuhiro sahen verwirrt zu Gil.

»Was hast du auf dem Herzen?«, fragte Gil erneut. Seine Stimme hatte sich nicht wieder so abgekühlt wie am Anfang bei Takuhiro, und Kiryu schöpfte neuen Mut. Er holte tief Luft und beugte sich nach vorne. Vor Gil hatte er Respekt. Und zwar sehr viel. Und das, obwohl Gil wenige Jahre älter zu sein schien als er. Dazu kam, dass er keine Ahnung hatte, wie Gil auf seine Frage reagieren würde.

Wieso musste das alles so kompliziert sein? Wieso musste man ihm denn immer ansehen, wenn er etwas wissen wollte? Und wieso hatte es ausgerechnet Gil sein müssen, der ihn darauf angesprochen hatte? Wäre es Takuhiro gewesen, hätte er bestimmt leichter die richtige Entscheidung treffen können. Aber bei Gil?! Er hatte das Gefühl, dass seine neuen Bekannten ihm so einige Probleme machen könnten. Trotzdem konnte er nicht behaupten, dass er hier so schnell wie möglich wieder verschwinden wollte. Denn wenn er sich heute Abend schon ein wenig deplatziert gefühlt hatte, genoss er es einfach, seinen Kopf mit anderen Dingen als Tanakawa oder seinem Terminkalender zu beschäftigen. Und Gil hatte die ganze Zeit darüber gewacht, dass sie weiter mit Getränken versorgt wurden. Dabei hatte er ihnen immer wieder eine Auswahl an alkoholischen und nichtalkoholischen Getränken gebracht. Er nahm einen großen Schluck aus seinem Glas und schloss kurz die Augen. Das Beste war jetzt wohl einfach: Augen zu und durch. »Kann es sein, dass du aus Frankreich kommst?«

»Wie kommst du denn jetzt darauf?«, fragte Gil ungerührt. Aber diese Ahnungslosigkeit war gespielt – das war allen Anwesenden klar.

»Es ist dein Akzent. Aber es fällt kaum auf. Entschuldige diese Frage …« Kiryu starrte geknickt in sein Glas. Er wollte Gil nicht zu nahe treten und brachte daher kein weiteres Wort heraus.

»Du hast wirklich gute Ohren. Ich dachte, ich hätte ihn endlich abgelegt. Aber da habe ich mich wohl getäuscht. Ich komme wirklich aus Frankreich. Mein voller Name ist Gilbert Desjardins. Aber ich lebe jetzt schon eine Ewigkeit hier in Japan.«

Gil hatte das Ganze locker gesehen. Und dadurch fasste Kiryu wieder neuen Mut, ihn weiter zu fragen. Gil schien diese Aufmerksamkeit zu genießen und erzählte ausführlich über sein Leben und die Umstände, wegen derer er jetzt hier war. Kiryu war nur nicht immer klar, wie viele Jahre er jetzt schon hier lebte. Was Zeit anging, blieb Gil vage. Oftmals wusste Kiryu nicht, ob Gil dieses

Jahrhundert meinte oder irgendein vergangenes. Und als Kiryu einmal versucht hatte, an so einer Stelle weiter zu bohren, schweifte Gil schnell zum nächsten Thema ab. Seitdem hatte es Kiryu nicht noch einmal versucht. Dieser Gilbert war einfach ein Mysterium.

Takuhiro hatte die meiste Zeit geschwiegen. Auch jetzt schien er sich nicht abgeschoben vorzukommen, sondern hörte genau wie Kiryu aufmerksam zu.

Dann und wann hatte Kiryu das Gefühl, dass Gil in einer ganz anderen Zeit aufgewachsen war als er – und das nicht um einige Jahre betrachtet. Es klang eher nach Jahrzehnten, die sie altersmäßig auseinanderlagen. Es lag an Gils Beschreibungen und zum Teil an seinen Formulierungen – seiner Wortwahl. So … gewählt drückten sich heute sehr wenige Menschen aus. Und weniger diejenigen, die gerade einmal Mitte 20 zu sein schienen. Gil blieb mysteriös und unnahbar. Und er genoss es sichtlich. Aber Takuhiro war ein mindestens genauso großes Rätsel. Dennoch gefiel es Kiryu sehr, mit Takuhiro und Gil hier zu sitzen.

Plötzlich, aus heiterem Himmel, erfasste ihn eine innere Unruhe. Er konnte es sich nicht erklären, aber tief in seinem Inneren ahnte er, dass er besser von hier verschwinden sollte. Sein Verstand – und sein Herz – sagten ihm allerdings, dass er hier sicher war.

Zumindest sicherer als bei *ihm*. Tanakawa war einfach nur falsch. Dem konnte man absolut nicht trauen. Egal, wie sehr man es versuchte, Vertrauen würde es bei *ihm* wohl nie geben, nicht zu 100 Prozent.

Und plötzlich hatte er etwas Weiches, Warmes auf seinem Schoß. Hatte ihm Takuhiro ein Kissen gegeben?

»Chiko, runter da, los«, wurde das schwarze Kätzchen von Takuhiro angefahren. Gleich sprang es von Kiryu und versteckte sich unter dem Tisch.

»Tut mir leid. Normalerweise ist er bei Fremden ganz scheu«, entschuldigte sich Takuhiro gleich.

Eine schwarze Katze hatte Kiryu eigentlich als Letztes hier erwartet. Eine Katze schien irgendwie gar nicht hierher zu passen. Die Wohnung sah viel zu steril aus, um eine Katze zu beherbergen. Außerdem hatte er nirgendwo einen Kratzbaum oder Hinweise darauf entdeckt, dass es hier eine Katze gab.

Er beneidete Takuhiro um das Kätzchen. Irgendwann würde er sich eines holen. Irgendwann, hoffte er.

Takuhiro hatte Chiko zu sich gerufen, und der Kleine war gleich zu ihm gekommen. Dieses Bild passte schon eher: Takuhiro mit einer schwarzen Katze schnurrend auf seinem Schoß. Obwohl ihn das jetzt wieder an Yakuza erinnerte. Hatten die denn nicht auch immer Katzen? Und ließen diese Katzen sich denn nicht so streicheln?! War er jetzt tatsächlich an die Yakuza geraten?

Kiryu schüttelte den Kopf, um endlich diese Gedanken loszuwerden. Der Alkohol begann langsam, aber sicher auf seinen Verstand zu wirken. Das war natürlich nicht unbemerkt geblieben. »Stimmt etwas nicht?«, wurde er von Gil gefragt.

»Nein, nein. Es ist alles in Ordnung. Mir ging gerade etwas durch den Kopf …«

»Wenn du irgendwelche Probleme haben solltest, können wir dir sicher helfen. Aber die Probleme, von denen ich rede, wirst du bestimmt nicht haben.« Jetzt wurde er von Gil genauso angesehen, wie dieser schon zu Takuhiro geguckt hatte. Was hatte Kiryu denn gesagt? Konnte er das jetzt wirklich ernst nehmen?

»Na ja, was nicht ist, kann ja noch werden«, sagte Gil mit einem Lächeln.

»Gil!«, versuchte Takuhiro einzugreifen.

»Ich will ihm nur alle Möglichkeiten offenhalten. Und sag jetzt bloß nicht, das würdest du nicht ebenfalls wollen?« Darauf hatte Takuhiro nichts zu sagen. Kiryu im Übrigen auch nicht. Er verstand kein Wort.

Und Kiryu kam sich im Moment wieder vor, als ob er Luft für die beiden wäre … Sollten das wirklich Freunde sein? Aber wenn Gil nun mal so gute Beziehungen hier in der Stadt zu haben schien, wieso sollte er die nicht nutzen? Die Yakuza würde ihn bestimmt nicht verfolgen, weil er die beiden kannte. Oder etwa doch? … Er verstrickte sich schon wieder in irgendwelche Gedankengeflechte und hatte gar nicht bemerkt, dass Takuhiro einen weiteren Gast bekommen hatte. Dabei hatte er gehofft, allmählich wieder verschwinden zu können.

Als wären seine Gedanken schon wieder klar lesbar, bemerkte Gil: »Es nimmt dir niemand übel, wenn du jetzt gehst. Wahrscheinlich tätest du Taku damit sogar einen Gefallen.« Er hatte wieder dieses charmante Lächeln aufgesetzt, das Kiryu jetzt noch mehr irritierte. Doch ehe er etwas entgegnen konnte, war Gil zu Takuhiro gegangen und eröffnete ihm, dass Kiryu gehen würde. Das war wirklich ein merkwürdiger Kerl. Aber Kiryu war ihm im Moment dankbar dafür, dieser Situation entfliehen zu können. Er war Gil etwas schuldig …

Don't wanna think about

Ursprünglich hatte er dieses Wochenende nichts geplant. Und er war außerdem zu dem Schluss gekommen, dass das gut so war. Denn an diesem Samstagmorgen stand er vor den verschlossenen Türen des »Black Thunder«. Takahashi schien nicht da zu sein, und um das Ganze abzurunden, ging er auch nicht ans Telefon. Sollte er jetzt einfach wieder nach Hause gehen? Verlockend wäre es natürlich. Aber er machte sich natürlich Sorgen. Vielleicht hatte es einen Notfall bei Takahashi gegeben. Zuerst wollte er aber herausfinden, ob wirklich niemand da war. Also ging er in die Nebenstraße, die zum Hintereingang führte.

Er klopfte, er klingelte Sturm, dann wartete er einen Moment. Er rief nach Takahashi. Und dabei fand er es so erniedrigend, zu schreien. Doch auch hier schien niemand zu sein. Theoretisch hätte er jetzt wohl wirklich nach Hause gehen und den unerwarteten freien Tag genießen können. Aber heute wollten sie endlich die alten Platten verkaufen. Und das sollte jetzt eigentlich losgehen.

Sie hatten fast 70 Alben aussortiert und heute eigentlich in etwas Geld umwandeln wollen. Aber das hatte sich wohl erledigt.

Dadurch würden sie das Loch in der eh schon kleinen Haushaltskasse des »Black Thunder« langsamer stopfen können. In Kiryus Kopf überschlugen sich sofort die Gedanken, welche Schwierigkeiten sie dadurch bekommen könnten. Neue Kunden würden sie so jedenfalls nicht anlocken. Und er hatte immer noch nicht herausgefunden, was mit Takahashi war. Und wieso hatte der sich nicht bei ihm gemeldet? Normalerweise rief er ja wegen jeder Kleinigkeit an. Aber heute?!

Mit betretenem Blick ging er wieder zur Ladentür. Und zu seiner Überraschung – wohl eher seinem Entsetzen – stand diese jetzt weit offen. Als er das sah, sprang er regelrecht in den kleinen Laden. Fast hätte er einen Kunden umgerannt. Aber zu seinem Glück – oder seinem Pech, je nachdem, wie man es sehen wollte – wich er noch vor dem Hindernis aus und prallte auf ein Plattenregal. Mit dieser Aktion hatte er alle Blicke auf sich gezogen. Das Regal wackelte bedrohlich, doch Kiryu schaffte es, sowohl die Balance zu halten als auch die des Regals wieder herzustellen. Diesen peinlichen Auftritt nahm er aber lieber in Kauf, als wenn er in diesen Mann, der sich keinen Zentimeter von der Stelle gerührt hatte, hinein gerannt wäre.

Während er sich den Staub abklopfte, entschuldigte er sich bei allen Anwesenden für sein Auftreten. Takahashi und er hatten wirklich alles ausgemistet. Aber sie waren nie wirklich dazu gekommen, hier mal ordentlich Staub zu wischen. Die größten Wollmäuse und Staubkaninchen hatten sie zwar schon rausgeschmissen, aber so sauber, dass man sich hier längere Zeit aufhalten wollte, war es nicht.

Er sah erst auf, nachdem er sich fertig entstaubt hatte. Er hatte den Blick mit Absicht nicht gehoben, um demjenigen, den er fast umgerannt hatte, nicht durch eine Geste oder einen Blick einen falschen Eindruck zu vermitteln. Durch den Umgang mit Tanakawa und Urukawa hatte er feststellen müssen, dass es leichter für ihn war, wenn er sich in schwierigen Situationen wegduckte. Er wurde ja schon allein durch sein Äußeres als Provokation betrachtet. Deshalb wollte er Fremden so wenig Angriffsfläche wie möglich bieten. Die Anfeindungen im Netz reichten ihm schon. Deshalb war er jetzt umso mehr überrascht, Tanakawa höchstselbst vor sich stehen zu sehen. Kiryu ging durch den Kopf: »Ja, er ist es wirklich. Live und in Farbe!«

Takahashi stand Tanakawa gegenüber und blickte verstört zu Kiryu. Sollte er denn jetzt etwa nicht hier sein? Aber seine Schicht hatte schon längst angefangen. Und diesmal konnte wirklich niemand behaupten, es wäre seine Schuld gewesen, dass er zu spät gekommen war. Schließlich waren alle Türen verschlossen und niemand hatte ihm geöffnet.

»Ah, Herr Sugawa, schön, Sie mal wieder zu sehen«, wurde er nur einen winzigen Augenblick später von Tanakawa begrüßt.

Kiryu brachte darauf hin bloß ein »Tag« heraus. Sein Ton war eiskalt wie der von Gil. Zu mehr war er jetzt einfach nicht imstande. Er war zum einen so überrascht, Tanakawa zu sehen, zum anderen war er geschockt, dass dieser wusste, wo er arbeitete. Das gefiel ihm gar nicht. Tanakawa durfte nicht hier sein!

Während Tanakawas Blick durch den Laden streifte, sagte er an Kiryu gewandt: »Wie ich sehe, lässt dich die Musik nicht los.«

»Was machen Sie hier?«, fragte er, ohne auf Tanakawa einzugehen.

Takahashi versuchte wohl, ihn mit einem strengen Blick und ein paar lächerlichen Gesten zur Vernunft zu bringen. Aber wenn es um Tanakawa ging, reagierte Kiryu in letzter Zeit immer mit einer inneren und äußeren Abwehrhaltung. Denn ohne sich dessen bewusst zu sein, hatte er sofort die Arme verschränkt, als er Tanakawa erkannt hatte. Er dachte gar nicht mehr darüber nach, ob er nicht doch etwas freundlicher sein sollte – zumindest wenn andere Personen anwesend waren, die nicht zur Band gehörten. Letzten Endes dachte er aber überhaupt nicht mehr darüber nach, wie er mit Tanakawa sprach – egal, ob dieses Gespräch unter vier Augen stattfand oder nicht. Er hatte schon genug Schwierigkeiten, da musste er sich nicht auch noch Stress wegen irgendwelcher sinnloser Höflichkeiten machen. Und wenn es um Tanakawa ging, war er ja sowieso etwas eigen. Er traute Tanakawa einfach nicht, und das ließ er ihn immer wieder wissen.

Aber Tanakawa zeigte Kiryu oft genug, wo er stand. Kiryu hatte sich verpflichtet. Aber dennoch wollte er nicht genau das tun, was Tanakawa oder sonst wer von ihm erwartete und verlangte. Er hielt sich an alles, was Tanakawa oder Urukawa sagten, nutzte aber das kleinste Schlupfloch, um seine eigenen Wege zu gehen.

»Ich bin geschäftlich hier.« Tanakawas Ton war jetzt ähnlich kühl wie der von Kiryu.

»Wollen Sie den Laden etwa kaufen?«, fragte Kiryu weiter. Takahashi sah ihn gleich mit geweiteten Augen an, aber Kiryu hatte gerade mal einen Augenblick zu ihm gesehen, ehe er sich wieder Tanakawa zuwandte. Für Tanakawa brauchte er jetzt seine gesamte Aufmerksamkeit.

Ihm ging die ganze Zeit durch den Kopf, dass er weglaufen wollte. Er wollte nicht mit Tanakawa reden, er wollte sich nicht schon wieder seinen Kopf darüber zerbrechen, was sie alles aus dem Laden heraus holen konnten. Die meiste Arbeit hatte er ja bis jetzt geleistet. Zuerst der neue Name, dann das Sortieren der Platten, er hatte recherchiert, sich bei Freunden und Bekannten umgehört und mehr. Die letzten Wochen waren anstrengend gewesen. Tanakawa musste ihm jetzt nicht noch mehr Stress machen!

Er wollte sich nicht schon wieder von Tanakawa runtermachen lassen. Dafür war er einfach zu stolz. Und außerdem war das hier – der Laden und dieser ganze Bezirk von Tokyo – **sein** Revier. Hier war er aufgewachsen, hier kannte er sich aus. Und er würde sich nicht so einfach von hier vertreiben lassen. Und dass Tanakawa jetzt hier unangemeldet aufgetaucht war, nahm er persönlich.

Wenn er irgendwann diese Stadt oder diesen Bezirk verlassen würde, dann zu einem selbst gewählten Zeitpunkt. Und ohne die Hilfe von Tanakawa!

Wenigstens hier im »Black Thunder« wollte er von Tanakawa in Ruhe gelassen werden. Er konnte auf eigenen Füßen stehen. Das hatte er sich und anderen schon oft genug bewiesen. Er wollte Tanakawas Hilfe nicht, wenn das bedeutete, dass er so stark überwacht wurde. Sie waren jetzt schon fast im ganzen Land bekannt, könnten sie es von hier aus vielleicht sogar allein schaffen? Den Rest würden sie sicher irgendwie hinbekommen. Aber durch den Vertrag … Er würde aus dem Vertrag schon wieder herauskommen. Sie würden erfolgreich sein – auch ohne Tanakawas Geschäftsverbindungen. Er hatte jetzt schließlich einige gute Beziehungen; einige, die ihm hoffentlich nützlich sein würden.

»Nein, nein. Ich bin wirklich gerade geschäftlich in dieser Gegend unterwegs. Und als ich hörte, dass du hier arbeitest …«

»Haben Sie sich gedacht: Schau doch einfach mal vorbei«, war Kiryu Tanakawa einfach ins Wort gefallen. Das schreckgeweitete Gesicht würde Takahashi heute wohl nicht mehr ablegen. Dabei hatte Takahashi wirklich nichts von Tanakawa zu befürchten. Wenn es für jemanden Konsequenzen geben sollte, dann war es Kiryu. Aber Tanakawa wusste, dass es kontraproduktiv wäre, wenn er Kiryu für diese Respektlosigkeiten zurechtweisen würde – egal, ob das jetzt hier oder später passieren sollte. Und Kiryu wusste darum. Er reizte seine Grenzen bei Tanakawa immer öfter aus. Kiryu fand das lustig, ließ sich aber nichts anmerken. Aber wenn Takahashi schon die ganze Zeit versuchte, ihn mit seinen Blicken zu beeinflussen und dabei glaubte, Tanakawa würde davon nichts mitbekommen, schaltete Kiryu einfach auf taub.

Es war ihm egal, ob er nach Takahashis Meinung zu weit ging oder nicht. Mehr, als gekündigt zu werden, konnte ihm ja eh nicht passieren. Kiryu hatte in der jetzigen Situation die Oberhand. Und das wussten er und Tanakawa auch.

Seit Kiryu diesen Vertrag mit Tanakawa geschlossen hatte, war sein Kampfgeist geweckt worden. Sein Lebenswille war nicht mehr nur auf Sparflamme.

Sollte er es dann aber endlich geschafft haben, von Tanakawa loszukommen und diesen Aushilfsjob hier nicht mehr brauchen, würde er dann weggehen und nie mehr wiederkommen? Er wusste es nicht.

Es klang so verlockend, dem allem zu entfliehen. Seine Träume würde er sicher anders realisieren können. Jetzt hatte er allerdings die Chance dazu … Dass es nicht leicht werden würde, war ihm schon klar. Dass er sich mit einem Teufel wie Tanakawa herumschlagen musste, nicht. Vielleicht sollte er doch besser so schnell wie möglich diesen Vertrag lösen.

Tanakawa lächelte ihn mit seinem besten Geschäftslächeln an und sagte ihm dann: »Genau. Schließlich will ich wissen, wie es meinen Mitarbeitern – was du ja jetzt bist – so ergeht. Und ich muss sagen …«, er ließ seinen Blick schon wieder durch den Laden schweifen, »… es hat etwas.«

Ironie und Sarkasmus waren wunderbare Mittel, um seine wahre Meinung nicht für jeden auf einem Silbertablett zu servieren. Das wusste Kiryu aus eigener Erfahrung. Deshalb reagierten Takahashi und er wohl so unterschiedlich auf Tanakawas Aussage. Takahashi stand sofort ein Lächeln im Gesicht. Kiryu dagegen schaute noch düsterer drein.

»Nun gut, besser ich gehe jetzt wieder. Zeit ist Geld, wie es so schön heißt«, verabschiedete sich Tanakawa und ließ Kiryu und Takahashi mit verdutzten Blicken allein zurück.

Kaum war Tanakawa verschwunden und die Ladentür wieder geschlossen, entschuldigte sich Kiryu bei Takahashi und verschwand in den hinteren Teil des Ladens. Er hatte gerade so viel Wut im Bauch. Er fühlte sich übergangen, kontrolliert und machtlos. Er wollte nicht darüber nachdenken. Er wollte jetzt überhaupt nichts denken. Tanakawa raubte ihm eh schon den letzten Nerv!

Wieso war Tanakawa hier aufgetaucht? Das konnte nichts Gutes bedeuten. Alles ging drunter und drüber. Es wurde Zeit, dass er Tanakawa endlich die Stirn bot, und zwar richtig!

Inneres Grauen

Sie waren gerade dabei, ein paar ihrer neuen Songs einzustudieren. Es war jetzt schon so lange her, seit sie das letzte Mal in ihrem Proberaum zusammen waren. Und sie spielten so gut wie nie. Kiryu war dennoch nicht voll bei der Sache. Er freute sich zwar, endlich wieder hier zu sein und zu proben – was er vor ein paar Monaten nicht für möglich gehalten hätte – aber ihn beschäftigte Tanakawa noch immer sehr. Die Jungs wussten bisher nichts von seinem Abkommen mit ihm. Und das sollten sie auch nie, wenn es nach ihm ginge.

Als Kiryu seinen Einsatz zum wiederholten Mal verpatzte, seufzte Taro laut und schlug vor, eine Pause zu machen. Sie stimmten ihm alle nur zu gern zu.

»Was ist los, Kiryu? Du bist vollkommen abwesend. Also … mehr als sonst«, sprach ihn Taro an, kaum dass sie zusammensaßen.

»Keine Ahnung, ich …« Er atmete tief ein und fing erneut an: »Ich krieg immer noch solche Hassmails. Es sind zwar weniger geworden, aber …« Es fiel ihm sichtlich schwer, darüber zu reden. Normalerweise hatte er immer alles mit sich ausgemacht. Das ging jetzt aber nicht mehr. Er würde zugrunde gehen, wenn ihn niemand unterstützen würde. Und dass er jetzt versuchte, Taro, Ryo und Haru so offen davon zu erzählen, war für sie alle etwas Neues.

»Ja, ich hab auch solche Nachrichten bekommen. Ist euch mal aufgefallen, dass die meistens unser Äußeres angreifen und nicht unsere Musik?«, warf Haru ein.

»Jetzt, wo du's sagst … Yes, dann sind wir ja doch ganz gut!« Taro nahm das alles ganz locker. Er ließ diese Kommentare gar nicht erst an sich heran.

»Hast du denn gar keine solche Nachrichten bekommen?« Kiryu konnte sich nicht vorstellen, dass ihre Hater für Taro eine Ausnahme machen würden.

»Doch, dauernd. Die meisten beschimpfen mich als Punk und ich soll mir gefälligst einen richtigen Job suchen.«

»Aber du bist doch Gitarrenlehrer?! Reicht das nicht?«

»Also für die Miete hatte es immer gereicht.« Die Stimmung war schnell wieder ausgelassen. Es war heute Abend das komplette Gegenteil von ihren Proben, die sie vor der Vertragsunterzeichnung hatten. Und sie saßen heute alle vier endlich einmal ohne Akirou oder Hayashi zusammen. Sie hatten alle das Gefühl, endlich frei reden und mal entspannen zu können.

Nur Kiryu hielt sich zurück. Er zog irgendwann sein Smartphone aus der Tasche und suchte etwas. Niemand hatte ihn weiter beachtet, deshalb fragte er einfach in die Runde: »Nehmen wir den in unsere Setlist auf?« Er zeigte ihnen den Bildschirm seines Smartphones. Ungläubige Blicke antworteten ihm.

»Sollten wir nicht erst mal die Songs für das Album durchgehen?«, fragte Taro. Doch Ryo lenkte ein: »Also ich hab nichts dagegen, mal was anderes zu spielen als immer die gleichen drei Songs. Zeig her, Kiryu!« Doch anders als Ryo, Haru und Taro erwartet hatten, ging Kiryu zum Mikrofon, startete den Song und statt des Sängers von VAMPS begann Kiryu zu singen:

> I can't escape the Monster inside of me
> The Hunger I can't contain
> Inside of me …

Nach dreieinhalb Minuten stand Kiryu mit erwartungsvollen Blikken vor ihnen. Anders als bei den meisten anderen Songs, die sie spielten, war Kiryu ganz ruhig stehen geblieben, was so gar nicht zum Klang zu passen schien. Und dass es nicht daran lag, dass er ihnen »Inside of me« zum ersten Mal vorgeführt hatte, wussten sie. Kiryu konnte bereits jedes Wort, was bedeutete, dass er sich schon eine Performance überlegt hatte. Dennoch hatte er sie alle damit überrascht.

»Wow, das … wie lange kannst du den schon?« Taro hatte als Erstes seine Stimme wieder gefunden. Kiryu zuckte daraufhin mit den Schultern und antwortete: »Eine Weile«.

»Okay, wie viele Songs hast du noch in petto, von denen wir nichts wissen?« Alle sahen fragend zu Taro.

»Jetzt kommt schon, Leute! Ich bin doch hier nicht der Einzige, der nicht glauben kann, dass Kiryu bloß diesen einen Song vor uns versteckt hatte?!«

»Was?!« Kiryu fühlte sich angegriffen, sein Ton war schneidend. Doch Taro ließ sich davon nicht beeindrucken. Kiryu konnte ihm keine Angst mehr machen. Dafür waren sie schon zu oft aneinandergeraten.

»Jetzt sag schon: Was willst du außerdem covern?« Kiryu entspannte sich zwar ein wenig, schwieg aber. Haru war es schließlich, der das Gespräch wieder zurück auf die Frage brachte, ob sie »Inside of me« in ihre Setlist aufnehmen sollten. Wirklich dagegen hatte niemand etwas. Aber ob sie je dazu Gelegenheit haben würden, den live zu spielen?

Kiryu lag in seinem Bett und starrte die Decke an. Die Probe am Nachmittag war alles in allem besser gelaufen, als er dachte. Dennoch konnte er schon wieder nicht schlafen.

Er nahm sein Smartphone und sah sich die Fotos an, die Takuhiro von ihnen im »Yami no Kokoro« gemacht hatte. Ein paar davon hatten sie auf Instagram und Twitter gepostet. Akirou war zwar sehr überrascht, so qualitativ hochwertige Bilder von ihnen zu bekommen, ohne dass er etwas veranlasst hatte, bekam aber auf die Frage, wer diese gemacht hatte, lediglich die Antwort: »Ein Freund«. Doch ihm konnte das recht sein. Die Fotos passten zum Image von *Rising Phenix* und würden mit Sicherheit viel Anklang finden.

Aus einer Laune heraus sah er sich sein Adressbuch an und wählte schließlich eine Nummer. Er erwartete nicht, dass er jetzt jemanden erreichen würde, aber auf einen Versuch kam es schließlich an.

»Hi, hast du Zeit?«, fragte er, kaum dass sein Anruf entgegengenommen wurde.

»Ja, klar. Willst du gleich vorbei kommen?«

»Wenn es dir nichts ausmacht …«

»Nein, kein Problem. Dann bis gleich.« Auch Kiryu verabschiedete sich, dann legte er auf. Eine knappe Stunde später saß er auf Takuhiros Sofa und sah auf das nächtliche Tokyo. Chiko hatte sich an ihn geschmiegt und schlief.

»… Du stellst dir das leider ein bisschen zu einfach vor, Kiryu. Hier«, erklärte Taku und reichte ihm ein Glas.

»Du siehst da wirklich keine Möglichkeit?«

»Tja … Da solltest du lieber Gil fragen. Der ist eh spezialisiert auf Vertragsrecht.« Doch Kiryu war bei diesen Worten zusammengezuckt. Er wollte Gil nicht damit behelligen. Gil war einfach … unnahbar. Er fürchtete sich insgeheim vor Gils Reaktion, wenn Kiryu damit zu ihm ginge. Doch gerade, als er etwas erwidern wollte, fing sein Magen unglaublich laut an zu knurren. Und das war ihm sichtlich peinlich. Takuhiro amüsierte sich darüber, klopfte Kiryu auf die Schulter und sagte: »Komm, ich lad' dich ein. Bevor du mir noch verhungerst.« Ohne eine Antwort von Kiryu abzuwarten, hatte sich Takuhiro seine Jacke geschnappt und ging zur Tür. Kiryu leerte in einem Zug den restlichen Inhalt seines Glases und folgte Takuhiro nach draußen.

Takuhiro führte ihn zu einem nahe gelegenen Ramen-Shop. Das Lokal war Kiryu nie aufgefallen, obwohl er schon öfter hier vorbeigekommen war.

»Die haben nur nachts geöffnet«, erklärte ihm Takuhiro. Kiryu sah sich das Schild über der Tür ein letztes Mal an, dann ging er ebenfalls hinein.

Als Kiryu das Innere betrat, kam es ihm vor, als würde ihn jeder anstarren. Einen Augenblick blieb er deshalb stehen, ehe er sich zu Takuhiro setzte. Dieser kleine Ramen-Shop war das genaue Gegenteil von Takuhiros Wohnung: Die Einrichtung war urig und es war hier sehr belebt. Und ein bisschen beengt.

Kiryu hätte sich am liebsten weiter umgesehen, aber sie wurden, kaum dass Kiryu sich gesetzt hatte, schon gefragt, was sie haben wollten.

»Für mich bitte einen Jasmin-Tee«, antwortete Takuhiro prompt. Und mit Blick auf Kiryu sagte er: »Und für meinen jungen Freund hier die Empfehlung des Hauses.« Kiryu hatte keine Chance, etwas anderes zu sagen, weil der Kellner schon wieder verschwunden war. Doch sie mussten nicht lange warten, bis sie ihre Bestellung erhielten.

Kiryu bekam eine riesige Portion Ramen, während vor Takuhiro lediglich eine kleine Teekanne und ein Becher gestellt wurden. Er fragte sich einen Moment, wieso Takuhiro nichts aß, aber kaum stieg ihm der Duft des Essens in die Nase, meldete sich schon wieder sein Magen. Takuhiro sah amüsiert zu ihm, während Kiryu seine Portion Ramen verschlang. Er hatte sich zurückgelehnt und nippte ab und an seinem Tee. Seinen linken Arm hatte er auf der Stuhllehne neben sich abgelegt.

»Wann hattest du das letzte Mal eine richtige Mahlzeit?«, fragte Takuhiro unvermittelt. Kiryu hielt inne. Dann antwortete er etwas verlegen: »Ist schon ein paar Tage her …«

»Tsiss! Dafür, dass Urukawa euch so gut überwachen lässt, passt er aber nicht sehr gut auf dich auf.« Kiryu erstarrte in seiner Bewegung. Er sah überrascht und besorgt zu Takuhiro. Was wusste der alles über Urukawa?

»Was soll das denn heißen?«

»Oh, Urukawa ist ziemlich bekannt. Zumindest in meinen Kreisen. Und jeder weiß, dass er ein Kontrollfreak ist. Er überlässt nichts dem Zufall. Deshalb wurden auch alle Bands, die er betreut hatte, so schnell so erfolgreich.« Takuhiro hatte das gesagt, als würde er bloß übers Wetter reden. Er hatte seine Haltung kein bisschen verändert, während er mit Kiryu sprach. Er sah immer wieder mit diesem Lächeln zu ihm. Und Kiryu kam ein Gedanke: Takuhiro war ihm gegenüber zwar wohlwollend, dennoch ahnte Kiryu, dass dieser kleine Kerl ihm durchaus gefährlich werden könnte – allein durch seine Beziehungen. So mussten sich die Menschen in Märchen gefühlt haben, wenn sie einem Drachen gegenüberstanden. Denn Takuhiro wusste offensichtlich viel mehr über Urukawa. Aber war er bereit, Kiryu mehr zu erzählen? Und war Kiryu bereit, das zu hören? Bei ihm schrillten alle Alarmglocken. Und so langsam wusste er nicht mehr, was er davon halten sollte, dass Takuhiro ihn so musterte.

»Dann sollten wir doch besser eigene Wege gehen«, erwiderte Kiryu endlich und stellte die Schale ab.

»Das halte ich für keine gute Idee«, antwortete Takuhiro, während er sich einen weiteren Tee eingoss. »Willst du Nachschub?«, fragte er dann plötzlich. Kiryu war davon wieder so aus dem Konzept gerissen, dass er ein »Was?« herausbrachte. Doch dann schüttelte er schnell den Kopf.

»Ihr bleibt besser noch eine Weile bei Urukawa unter Vertrag.« Und an den Kellner gewandt, der plötzlich an ihrem Tisch stand, sagte er: »Ich würde gern zahlen.«

»Das … kommt jetzt überraschend, dass du keine gute Meinung von Urukawa hast.«

»Versteh mich nicht falsch: Du – ihr solltet so lange bei Urukawa unter Vertrag bleiben, bis ihr genau wisst, wie der Hase läuft.« Kiryu wusste darauf nichts zu entgegnen.

Wenig später waren sie wieder in Takuhiros Wohnung. Und kaum hatte sich Kiryu aufs Sofa gesetzt, überkam ihn eine bleierne Müdigkeit. Ohne das Geringste dagegen tun zu können, fiel er auf die Seite. Takuhiro redete zwar mit ihm, aber er konnte weder verstehen, was er sagte, noch etwas erwidern. Er bemerkte, dass eine Decke über ihn gelegt wurde. Takuhiros Hand lag kurz auf seiner Schulter und Kiryu glaubte die Worte »du bist stark, Kiryu, kein Zweifel« vernommen zu haben. Dann war er eingeschlafen.

Alles um ihn herum war schwarz. Dann stand er vor einem Spiegel. Er konnte nicht sehen, wo dieser anfing oder aufhörte. Der Spiegel hatte keinen Rahmen und schien riesige Ausmaße zu haben. Die ganze Fläche, vor der er stand, gehörte augenscheinlich dazu. Er trat näher und betrachtete sich. Ihm blickte ein blasser junger Mann mit weiß gefärbten Haaren, die ihm ins Gesicht fielen, aus müden – oder traurigen? − Augen entgegen. Aus einem Impuls heraus streckte er seinen Arm aus und wollte den Spiegel berühren. Sein Spiegelbild streckte ihm schlanke Finger entgegen. Er konnte die Spiegelfläche fast berühren, doch dann begann sich das Bild zu verzerren. Es wurde größer und nahm immer klarer die Form einer riesigen Echse an.

Kiryu schreckte zurück. Doch die Echse beugte sich zu ihm herab, öffnete ihr Maul und wollte ihn verschlingen. Er riss die Arme nach oben und stieß einen Schrei des Entsetzens aus. Dann … fand er sich in einem Wohnzimmer wieder und blickte auf Tokyo. Die Morgendämmerung setzte gerade ein.

Er setzte sich auf und fuhr sich durchs Gesicht. Was für ein Albtraum. Aus einem Zimmer hinter sich hörte er ein Geräusch, dann kam Takuhiro zu ihm.

»Hey, alles in Ordnung bei dir?« Er klang ernsthaft besorgt. Doch Kiryu nickte nur. Er schlug die Decke beiseite und erklärte dann: »Ich gehe jetzt besser.«

Er stand schon an der Tür – Takuhiro hatte ihn nicht aufgehalten oder nach seinen Beweggründen für den plötzlichen Aufbruch gefragt, – als Kiryu etwas wissen wollte: »Bist du eigentlich immer noch oder schon wieder wach?« Und etwas leiser, mehr zu sich selbst fragte er: »Wie lange habe ich denn geschlafen?«

Wieder sah Takuhiro ihn mit diesem Lächeln an. Er schien über Kiryus Frage sehr belustigt. »Ich mache meistens die Nächte durch. Also … ich war bis jetzt wach. Komm gut nach Hause.«

»Bist du ein Vampir oder was?!«, ging Kiryu durch den Kopf. An Takuhiro gewandt sagte er aber: »Ja, danke«. Er klang immer noch sehr verschlafen. Aber die kühle Herbstluft würde seine Müdigkeit schon vertreiben.

Awake – Alive

Es war ein eiskalter Dezembertag. Der Wind peitschte ihm ins Gesicht, und das war wohl erst der Anfang, es würde bald ungemütlicher werden.

Es wurde Winter in Japan. Und wie sich die Sonne nicht mehr so lange am Himmel zeigte wie im Sommer, zog auch er sich immer mehr zurück. Eine Düsternis hatte sich über ihn gelegt. Er wusste genau, dass er an einem gefährlichen Abgrund entlang tänzelte. Ihm war klar, wieso er sich so fühlte – eingestehen wollte er es sich dennoch nicht. Dabei sollte er doch jetzt eigentlich glücklich sein?! Sie hatten Erfolg, sie waren beliebt. Und die Hassmails ließen allmählich nach. Ein paar Idioten schrieben ihm zwar weiterhin, aber Kiryu las sich diesen Müll gar nicht mehr durch.

Und doch fühlte er sich jetzt wieder so niedergeschlagen wie schon seit Monaten nicht mehr. Ein Schauer lief ihm plötzlich über den Rücken. Der Gedanke daran, dass er diesem inneren Abgrund immer näher kam, ließ ihn zusammenfahren. Dabei war er doch rausgegangen, um von diesen Gedanken einmal wegzukommen. Er seufzte tief. Nicht einmal ein paar gute Verse konnte er zustande bringen. Und dabei brauchten sie unbedingt ein paar mehr Songs für das Album, an dem sie weiterhin arbeiteten. Urukawa würde nicht begeistert sein, dass sie immer noch keine Resultate lieferten. Und Tanakawa vielweniger. Er konnte aber nicht sagen, dass es ihm egal war. Das war es nämlich nicht. Und außerdem war er damit in der Vergangenheit nicht immer gut gefahren. Er hatte sich bei Tanakawa und Urukawa so oft stur gestellt. Und das war allein dadurch beendet worden, weil er nach langer, langer Zeit endlich Einsicht gezeigt hatte. Mehr als einmal war er bloß ein Wort davon entfernt gewesen, rausgeschmissen zu werden. Oder selbst zu gehen.

In manchen Momenten – so wie diesem jetzt – glaubte er, Tanakawa und Urukawa hätten es geschafft. Er glaubte, sie hätten ihn gebrochen und vollends an sich gebunden. Er konnte nicht mehr. Und er hatte sich inzwischen damit abgefunden, dass er für Tanakawa nicht mehr als ein Spielball war, der irgendwann wieder im Nichts verschwinden würde, wenn er nicht mehr gebraucht wurde. Es war eine traurige Vorstellung, aber nicht von der Hand zu weisen. Und dazu kam, dass er nicht mehr mit Akirou oder Urukawa zusammenarbeiten wollte. Es reichte ihm einfach, immer wie ein kleines Kind behandelt zu werden.

Doch die Wut, die kurz in ihm aufstieg, verpuffte sehr schnell wieder. Es war, als hätte er nicht die Kraft dazu, sich aufzuregen. Aber wen wunderte das schon bei den Aussichten, die ihnen als Künstler und auch als Menschen bevorstanden? Dass sie in den letzten Wochen so viele Pressetermine, Autogrammstunden und andere Auftritte hatten, war ihm allerdings nicht zu viel. Wenn er auf der Bühne stand, konnte er das alles vergessen – dann zählte der Moment. Er brauchte das, und die Band ebenfalls. Und schließlich hatten sie schon immer davon geträumt, so berühmt zu werden. Würden sie jetzt mit diesem ganzen Werberummel nicht klar kommen, hatten sie sich den falschen Beruf ausgesucht. Tanakawa machte ihm allerdings immer genau in den Momenten Druck, in denen er sich einmal halbwegs vor ihm sicher fühlte. Da glaubte er, Tanakawa würde ihn für ein paar Tage in Ruhe lassen, und schon stand einer seiner Anwälte im »Black Thunder« und erinnerte ihn an die Termine für die nächsten Tage. Vielleicht brauchte er nur mal eine Pause. Ein paar Tage Urlaub. Ja, das hörte sich gut an. mal übers Wochenende von allem wegbleiben – kein Internet, kein Fernsehen. Das klang traumhaft.

Vor ihnen stand eine große Japan-Tour. Jeden zweiten Tag wären sie in einer anderen Stadt. Und er wusste nicht, ob er sich darüber freuen sollte oder nicht. Aber seine Freude hatte sich in den letzten Wochen eh in Grenzen gehalten. Egal, worum es ging.

Er seufzte. Weiße Wölkchen waren vor seinem Gesicht aufgetaucht. Es war wirklich bitterkalt. Sein Blick schweifte über den Hafen, dann drehte er sich um und ging nach Hause. Auch wenn es viele verwundert hatte, lebte er immer noch in seiner kleinen Wohnung. Zum Ausziehen war er nicht gekommen. Und das wollte er inzwischen auch nicht mehr. Diese Wohnung war sein Rückzugsort. Er hatte zwar darüber nachgedacht auszuziehen, war aber nicht dazu gekommen, sich überhaupt Wohnungsanzeigen anzusehen. Und mit einer neuen Wohnung war es ja nicht getan. Er bräuchte außerdem Möbel, mit denen er sie füllte. Und er hatte absolut keinen Plan, wie er eigentlich leben wollte. Denn dass er ausziehen würde, stand außer Frage – auch wenn er es vor sich herschob.

Wie es lief – es war nie so, wie er es wollte. Sein Leben schien immer eigene Wege zu gehen, ohne dass er Einfluss darauf hatte. Er versuchte zwar, sich einzureden, dass er ja doch kein eigenes Leben hatte und deshalb ausbrechen wollte. Aber er wusste, dass er damit versuchte, sein Gewissen zu beruhigen. Schließlich konnte er sich ja nicht einmal dazu durchringen, nach einer anderen Wohnung zu suchen. Er war an alledem ja selbst schuld, wenn man so wollte. Er hatte den Vertrag freiwillig unterschrieben, er hatte gewusst – oder zumindest geahnt –, was auf ihn zukommen würde. Die Vergangenheit konnte er jetzt nicht mehr ändern. Aber alles war besser, als in den Tag hineinzuleben und darauf zu warten, mal in einem Klub oder etwas Ähnlichem auftreten zu dürfen.

Sein Äußeres hatte sich in den letzten Wochen ebenfalls verändert. Zu Beginn war es von Kiryu einfach eine Laune gewesen. Inzwischen war er der Ansicht, seine Haare ein Stück länger wachsen zu lassen. Sie gingen ihm schon jetzt bis über die Schultern. Aber anders als Haru trug er sie meistens offen. Auch auf der Bühne. Bei einigen ihrer Songs machte sich das richtig gut. Die Fans waren begeistert. Und wenn Urukawa ihm immer wieder sagte, dass er seine Haare anders tragen sollte, hörte er nicht auf ihn. Dieser Trotz war seit der Anfangszeit geblieben. Ein Punkt, der sich wahrscheinlich nie ändern würde. Die dunklen Klamotten hatte er nicht abgelegt. Das würde er wahrscheinlich niemals. Schwarz passte einfach zu gut zu seinem generellen Gemütszustand.

Dass Tanakawa ein gewaltiger Einschnitt in ihrem Leben war, machte sich ebenfalls bemerkbar, wenn auch in einer anderen Art und Weise. Ob dieser Einschnitt letzten Endes gut oder schlecht für sie sein würde, konnten sie alle nicht sagen. Für sie hieß es jetzt wirklich abwarten. Die Band wusste immer noch nichts von Kiryus Abkommen mit Tanakawa. Dennoch schienen sie – genau wie Kiryu – auf etwas zu warten. Denn auch wenn ihre Fangemeinde täglich wuchs, stand etwas Wichtiges aus. Nur was, das hätte ihnen weder Tanakawa noch Urukawa sagen können.

Dass sie jetzt immer einen vollen Terminkalender hatten und auf ihre Jobs nicht mehr angewiesen waren, war eine der positiven Seiten.

Dass sie sich so gut wie nie verspäten durften, war dann eine kleine Unannehmlichkeit und durchaus hinnehmbar.

Es war zwar nicht so, dass sie mittlerweile zu Urukawas und Kiryu zu Tanakawas willigen Sklaven geworden waren. Doch sie hatten sich schon in gewisser Weise damit abgefunden, ein beziehungsweise vier Rädchen in diesem Getriebe des Labels zu sein. Der einzige Trost war dabei für sie, dass *Rising Phenix* inzwischen so bekannt in Japan waren, dass sie mehr Einfluss hatten. Bei den Postings hatten sie jetzt mehr Mitspracherecht. Sie hatten sehr schnell gelernt, welche Bilder sie posten und welche Texte sie dazu schreiben sollten. Dadurch war es inzwischen so, als wären sie mit Akirou und Urukawa fast auf Augenhöhe. Denn immer, wenn sie ein kurzes Video gepostet hatten – egal, ob einer von ihnen oder sie alle vier zu sehen waren – gingen die Zahlen durch die Decke. Der Zuspruch war enorm. Akirou musste ihnen daraufhin mehr Freiheiten zugestehen. Es war eine Veränderung, die ihnen später noch nützen würde, das spürten sie schon jetzt.

Krähen folgten ihm auf dem Weg zurück nach Hause. Oder zumindest kam es ihm so vor. Er war nicht abergläubisch. Es wunderte ihn lediglich, dass diese Vögel wirklich erst in Scharen aufgetaucht waren, als das Wetter wirklich mies wurde. Von einem Klischee zu sprechen, war hier wohl überflüssig. Aber er wandte seinen Blick schnell von den Krähen über seinem Kopf ab.

Er war, ohne, dass er es registriert hatte, schon wieder auf dem Weg nach Shibuya. Da wollte er zwar nicht hin, aber umkehren wollte er jetzt nicht mehr. Also schlug er einen Weg ein, der ihn über Umwege doch nach Hause führen würde.

Es war Mitte Dezember und die ganze Welt war schon jetzt auf Weihnachten eingestellt. Und dabei gab es in Japan nur sehr wenige Christen. Die meisten Japaner feierten Weihnachten auch nicht wie der Rest der Welt. Stattdessen blieb dieses Fest den Verliebten vorbehalten. Aber selbst damit ließ sich ein riesiges Geschäft machen. Die westlichen Einflüsse auf Japan waren bei manchen Dingen gewaltig. Das fiel ihm gerade jetzt wieder auf. In ein paar Wochen – am Valentinstag – ging es dann weiter. Kiryu war gerade wirklich nicht in der Stimmung für solchen Kitsch. Doch während er an einigen festlich geschmückten Häusern vorbeiging, bekam er den Eindruck, dass er von seinen Mitmenschen zurück in die Dunkelheit gedrängt wurde. Er wollte Weihnachten nicht feiern. Er wollte davon nichts hören oder sehen.

Am liebsten würde er sich bis nach Neujahr verkriechen. Diese aufgesetzte gute Laune war für ihn das Schlimmste an diesen Feiertagen. Es war alles so erzwungen! Und egal, wo er gerade hinging, er konnte dem Thema Weihnachten nicht entgehen.

Die Menschen strömten an ihm vorbei. Niemand war allein unterwegs. Aber das wunderte Kiryu nicht. Weihnachten war ja auch hier das Fest der Liebe – eben leicht abgewandelt. Er seufzte tief und machte sich dann wirklich auf den Weg nach Hause. Dennoch kam er nicht von diesen Gedanken los. Für ihn hatten die Menschen, die sich so auf Weihnachten freuten, etwas Heuchlerisches. Er seufzte erneut und setzte seinen Weg fort. Vielleicht sollte er doch besser die U-Bahn nehmen.

Während er so durch die Straßen ging, beschlich ihn immer mehr das Gefühl, dass er zu einem kläglichen Rest gehörte, für den der 24. Dezember ein ganz normaler Tag war.

Noch einmal seufzte er auf und sah zum Himmel empor. Heute Abend würde es wohl regnen. Ihm machte das nichts aus. Denn heute Abend hatten sie endlich mal einen freien Abend – den ersten seit Wochen. Und da sie nicht proben würden, hatte er alle Freiheiten der Welt. Er wollte einfach mal faulenzen, sich keinen Kopf um den nächsten Termin machen, das brauchte er jetzt. Und der Rest der Band ebenfalls.

Durch den Vertrag hatten sie eine Menge Pflichten bekommen. Jeder von ihnen war bereit gewesen, diese zu akzeptieren, und das waren sie noch immer. Nur manchmal fragte sich Kiryu, ob Urukawa dann und wann nicht doch etwas zu weit ging. Manchmal kam er sich hier einfach ausgenutzt vor und wollte aussteigen.

Es war nicht der Druck, der ihn so fertig machte, es war viel mehr die Art, wie mit ihnen umgegangen wurde. Sie sollten abliefern. Und zwar immer termingenau. Wie es ihnen persönlich damit ging, war zweitrangig. Pflichtbewusst war er ja. Aber er hatte sich vor einiger Zeit schon geschworen, dass er sich allein seinem Herzen verpflichten wollte – so kitschig das auch klang.

Schon wieder entfuhr ihm ein stiller Seufzer, denn jetzt war ihm klar geworden, dass er das durchziehen könnte und sollte. Er würde zwar wieder ganz schön anecken, aber diesmal war es ja keine Trotzreaktion, sondern seine vollste Überzeugung. Und schließlich wollten Urukawa und Tanakawa nicht, dass er von selbst ausstieg, weil er sich ungerecht behandelt fühlte. Und sicher würden sie es hinnehmen, da es hier – wie es so schön heißt – um »Seelenheil« ging. Er konnte sich jedenfalls nicht vorstellen, dass sie ihn als Künstler zugrunde richten wollten. Davon hätten sie ja nichts.

Der Wind blies ihm kräftig ins Gesicht. Eiseskälte erfasste ihn. Doch anders als die Menschen neben ihm auf dem Fußweg war er nicht zusammengeschreckt und hatte nicht versucht, sich davor zu schützen. Stattdessen schloss er die Augen, hob den Kopf und genoss diese kalte Brise.

Der Kragen seines Mantels schlug ihm gegen den Hals, seine Haare wurden zerzaust. Und als er die Augen wieder öffnete und weiterging, hatte er einen Entschluss gefasst. Es war wie eine Ohrfeige, die ihn wieder zur Vernunft gebracht hatte.

Ja, er sah schon alles glasklar vor sich. Tanakawa und Urukawa würden nicht begeistert sein. Aber sie würden ihm wohl nichts entgegenzubringen haben. Ihm war schon klar, dass er sich jetzt nicht in irgendwelche Tagträumereien verstricken durfte. Doch jetzt war er dieser Gefahr nicht mehr so stark ausgeliefert. Er würde vor Tanakawa bestehen können. Denn endlich hatte er erkannt, dass ihn die ständigen Selbstzweifel nicht weiterbrachten. Er würde sich eigene Ziele setzen. Angefangen bei der Vorstellung, wie das Album am Ende klingen sollte.

Bisher hatte er immer das getan, was von ihm verlangt worden war. Doch jetzt war es an der Zeit, auch eigene Forderungen zu stellen. Ab jetzt würde er ein Wörtchen bei der Planung mitreden zu haben.

Zufrieden mit sich und der Welt betrat er seine Wohnung. Doch er blieb nicht lange allein. Hanako war nur wenige Minuten, nachdem er zurückgekommen war, zu ihm gekommen. Frau Kyoura war zwar noch nicht zu ihrem Termin aufgebrochen, aber das war Hanako gerade egal. Er freute sich, die Kleine endlich wiederzusehen. Dieser Nachmittag würde zwar nicht sonderlich ruhig werden, dafür würde er endlich von seinen Gedanken befreit werden.

Keep on, burning Soul!

»... und wenn ihr diesen Auftritt hinter euch habt, gehts zur Autogrammstunde. Das ist verdammt wichtig. Auch für dich, Kiryu«, wurde ihm von Akirou erklärt. Aber Kiryu gingen andere Dinge durch den Kopf. Schon seit Tagen schwirrten ihm ein paar Verse durch den Kopf, und bis jetzt war er nicht dazu gekommen, sie aufzuschreiben oder sich auf sie einzulassen.

»Ja, Herr Akirou, ich weiß«, gab er fast schon gelangweilt zurück. Und dabei sollte er hier wirklich besser zuhören. Er wusste, dass es wichtig war. Aber diese Verse – dieser Song – waren ebenfalls wichtig. Schließlich sollten sie so bald wie möglich neue Songs präsentieren. Er befand sich hier gerade in einer Art Zwickmühle ... Prioritäten waren dann und wann wohl doch ganz nützlich.

Ihre Tour rückte von Tag zu Tag näher. Kiryu sollte so langsam etwas nervös sein – diese normale Aufregung eben. Aber das war er nicht. Er war – ganz im Gegenteil – sogar völlig gelassen. Eigentlich ungewöhnlich. Denn gerade Kiryu hatte allen Grund, nervös zu sein. Für ihn war diese Tour so etwas wie eine Bewährungsprobe. Er musste Tanakawa zeigen, dass er wirklich hierher gehörte.

Und sich selbst musste er es ebenfalls beweisen. Aber davon wusste niemand. Er allein musste damit fertig werden. Doch ihm ging immer wieder durch den Kopf, dass er vielleicht einmal mit jemandem reden sollte. Dass er sich diesen ganzen Druck einmal von der Seele reden müsste. Tanakawa würde ja schon von vornherein nicht infrage kommen. Der war schließlich nur sein Chef. Die Bandmitglieder waren auch nicht die Richtigen dafür. Und Yuito? Nein, der würde sich bloß wieder unnötige Sorgen machen, und das wollte Kiryu nicht. Es sollte am besten jemand sein, der ihn nicht so gut kannte, aber wie sollte er jetzt – und hier in Tokyo − so jemanden finden? Dafür war er einfach schon zu bekannt … Das hieß dann wieder, dass er ein paar neue Texte schreiben würde … Mit einem Seufzen schüttelte er diese Gedanken ab und konzentrierte sich voll auf Akirou. Er musste jetzt zuhören!

Sie konnte zeichnen, schrieb Geschichten und verträumte Gedichte. Nichts wies darauf hin, dass sie einem Teufel direkt unterstellt war. Aber das lag vielleicht an ihrem Äußeren. Eine graue Maus in einer schillernden Welt, in der jeder um die Aufmerksamkeit der Masse buhlte. Nein, man würde sie wohl eher diesen kleinen Engelchen zuordnen, die immer genau das taten, was von ihnen erwartet wurde. Aber so war sie nicht.

Sie war eine Verstoßene. Aber dank ihres Chefs konnte sie dennoch ein angenehmes Leben führen.

Sie war nicht wie die anderen. Das war das Einzige, was man ihr ansah. Sie beobachtete die Menschen um sie herum. Allerdings wurde sie von keinem entdeckt. Das lag aber nicht daran, dass sie sich versteckt hielt. Sie hatte es viel mehr ihrem unauffälligen Äußeren zu verdanken. Aber wenn es um Kaltherzigkeit, Brutalität und anderes ging, ging es ja schließlich nicht nach dem Äußeren. Nicht, dass sie zu den schlimmsten Verbrechern hier gehörte. Sie dachte manchmal darüber nach. Moralverständnis, Ethik – das waren Begriffe, mit denen Menschen sogar versuchten, ihre kranken oder sogar kriminellen Handlungen zu rechtfertigen. Und dann hielten sich alle wieder für gleich. Wirklich ein merkwürdiges Volk!

Jetzt saß sie hier. Das kleine Café gab es noch gar nicht so lange. Sie saß an einem Fenster und blickte immer wieder zu den an ihr vorbeiströmenden Menschen hinaus. Doch niemand erwiderte ihren Blick. Alles war wie erwartet. Auf dem vor ihr liegenden Smartphone war der neueste Blogeintrag einer gewissen Chiaki zu sehen. Und auch wenn man meinen könnte, dass diese kleine

Bloggerin kein gutes Haar an *Rising Phenix* lassen wollte, las sie dennoch heraus, dass Chiaki einen Narren an dieser aufstrebenden Band gefressen hatte:

»Die von Urukawa aus dem Untergrund gezerrten Jungs der Band Rising Phenix *erleben wohl gerade die größte Erfolgsgeschichte seit der Entdeckung von Jille. Die düsteren Texte, gepaart mit dermaßen kraftvollen Melodien, haben einen Nerv getroffen – und zwar nicht nur bei frustrierten Teenagern. Die Chartplatzierungen sprechen für sich, ihr häufiges Auftauchen in Spotify-Playlists ebenfalls. Dieser Erfolg verwundert nicht, wenn man bedenkt, wer im Hintergrund die Fäden zieht.*

Abgesehen von diesem beispiellosen Aufstieg liefert die Band den Sound zu einer düsteren, egoistischen Welt, die das Individuum verschlingen will. Und anders als die Texte anderer Metalcore-Bands fehlt hier der zuversichtliche Aspekt – ein hoffnungsvoller Ausblick – gänzlich. Die erste Single ihres Debütalbums schreit gerade zu danach, dieser trostlosen Welt entfliehen zu wollen. Die anstehende Tour dürfte für alle Beteiligten der Auftakt zu einer Erfolgsgeschichte werden, wie sie im Buche steht. Oder aber der Anfang vom Ende dieser ungewöhnlichen Band. Wenn sich die Jungs von Rising Phenix *allerdings so kämpferisch geben wie in ihren Songs, können wir alle auf weitere Alben von ihnen gespannt sein […].«*

Sie schloss die App und wollte sich Gedanken über ihre nächste Zeichnung machen. Sie hatte schon so lange nichts Gutes mehr zu Papier gebracht. Diesmal wollte sie ein größeres Projekt in Angriff nehmen, vielleicht sogar für die Leinwand. Sie machte sich einige Notizen zu möglichen Motiven, dann zahlte sie und verließ das Café. Als sie wenig später auf den Weg zu ihrer Unterkunft war, kam ihr doch etwas dazwischen. Und sie fragte sich: Wieso ausgerechnet jetzt? Das Wochenende war doch bereits in greifbare Nähe gerückt, und jetzt das …

Er schloss die Ladentür zu und wollte nach Hause. Die zwielichtigen Gestalten am Hafen beachtete er schon gar nicht mehr. Die waren immer hier, auch wenn er nie ihre Gesichter richtig gesehen hatte. Was er wusste, war, dass es nicht immer die gleichen waren. Das war schon daran zu erkennen, dass sie unterschiedliche Staturen hatten. Aber bis jetzt hatten die nie einen ihrer Kunden belästigt, geschweige denn Takahashi. Daher ging Kiryu, wie er es jetzt schon gewohnt war, die einsamen Gassen Richtung Shibuya entlang. Dass hinter ihm Schritte ertönten, war nichts Ungewöhnliches. Dass diese Schritte immer näher kamen, auch nicht. Kiryu spannte aber dennoch seinen ganzen Körper an. Bis jetzt war ihm zwar nie etwas geschehen, aber seit einer Weile schreckte er immer zusammen, wenn sich ihm schnell jemand näherte.

Die Schritte beschleunigten sich und jemand rannte an ihm vorbei. Kiryu entspannte sich wieder. Und dann … Ein gezielter Schlag in den Magen ließ ihn taumeln. Er konnte nicht einmal sehen, woher der Angriff kam. Ein zweiter Schlag brachte ihn dann zu Boden. Er sah eine Gestalt neben der, die an ihm vorbei gerannt war. Sie kam ihm so bekannt vor. Sein Kopf – wieso tat der jetzt so weh? Er hatte Angst. Er konnte hier nicht weg. Aber dennoch wollte er entkommen. Was war passiert? Und wieso? Sein ganzer Bauch tat ihm weh. Er traute sich kaum zu atmen. Schatten standen um ihn herum. Aber er sah sie verschwommen. Einen Moment fragte er sich, wer das war und ob das jetzt sein Ende wäre. Er fühlte sich schon wieder so hilflos.

Unbewusst hatte er sich zusammengerollt, um nicht noch mehr einstecken zu müssen. Mit den Armen hatte er versucht, seinen Kopf vor weiteren Schlägen und Tritten zu schützen – das Einzige, wozu er jetzt in der Lage war. Dann hörte er sie plötzlich! Diese vertraute Stimme … Er wusste, wem sie gehörte, aber das konnte ja nicht sein! Dann gab es ein Handgemenge. Und plötzlich … war da nichts mehr. Keine Angreifer mehr, keine Schläge oder Tritte. Nur Kiryu. Und er lag zusammen gerollt auf der Straße.

Sein Atem ging flach und stoßweise. Ihm war schlecht. Wenn er die Augen aufschlug, hatte er das Gefühl, die Welt würde sich drehen. Ihm war so elend zumute.

Wie lange er so dalag, wusste er nicht. Er hatte immer wieder versucht, sich aufzurichten, war aber jedes Mal gescheitert. Also blieb er liegen, schöpfte Atem und versuchte, all seine Kräfte zu sammeln. Schließlich hatte er sich irgendwann aufrappeln können und war nach Hause getorkelt. Es war verrückt, aber das Beste war jetzt wohl, wenn er einfach weitermachte. Dennoch schrie etwas in seinem Kopf, dass er das besser lassen sollte. Er fühlte sich hin- und hergerissen zwischen der Angst, irgendwann noch einmal zusammengeschlagen zu werden, und seiner Vernunft, die ihm sagte, dass er sich besser nichts anmerken ließ und einfach weitermachen sollte wie bisher.

Er wollte sich hinlegen und schlafen. Aber das verschob er auf später, als er vor seiner Wohnungstür einen kleinen Zettel fand. Er hatte erwartet, dass es eine Drohung sein würde. Wenn er schon verprügelt wurde, wäre das nicht weiter überraschend gewesen.

Eine Krönung war dieser Zettel aber dennoch. Die Schrift sah aus wie aus einer längst vergangenen Zeit, die Wortwahl entsprach aber der Gegenwart.

Entweder hatte sich da wirklich jemand Mühe gegeben und gelernt, auf diese besondere Art und Weise zu schreiben. Oder … Aber das konnte ja nicht sein. Wie denn auch? Schließlich gab es unsterbliche Fuchsgeister bloß im Märchen. Oder sollte wirklich jemand, den er kannte, so eine Schrift haben? Takuhiro würde er sie schon zutrauen. Gil ebenfalls. Der hatte eh so ein Gebaren an sich, das aus der Zeit gefallen zu sein schien. Etwas sträubte sich aber in ihm, Takuhiro darauf anzusprechen.

Kiryu hörte auf, sich den Kopf darüber zu zerbrechen, wer ihm diesen Zettel geschickt haben könnte, und wollte sich hinlegen. Später konnte er ja immer noch herausfinden, von wem er war und was er für Kiryu zu bedeuten hatte.

»*Ich bin dein Verbündeter. Wenn das Lichterfest den Anfang der Zeit verheißt, komm zu dem Ort, den sie Schloss nennen*«, stand auf dem kleinen Stück Papier. »Den Ort, den sie Schloss nennen«, war hier Burg Edo gemeint?! Aber wenn hier das gesamte Gelände gemeint war, konnte er dem mysteriösen Zettelschreiber leicht entgehen. Oder einfach an ihm vorbeilaufen, ohne dass dieser es merkte. Und das Schloss an sich war nicht gerade klein. Dort gab es viele Räume, die schon für Touristen geöffnet waren. Außerdem gab es mehr als einen Eingang und mehrere Gärten. Aber vielleicht musste er sich gar keine Gedanken machen, einen genauen Treffpunkt herauszufinden. Sein Gesicht dürfte den meisten Menschen hier wohlbekannt sein. Trotzdem blieb die Frage offen, wie der Verfasser ihn auf dem großen Gelände finden wollte. Aber das musste Kiryu ja nicht stören. Wer immer diesen Zettel vor seine Wohnungstür geschmuggelt hatte, wollte schließlich etwas von **ihm**, nicht umgekehrt. Und das andere … Bestimmt war das der Tag. Aber welcher sollte das sein? Neujahr etwa?

Er war eindeutig zu müde und zu erschöpft, um sich jetzt über diese ganzen Dinge den Kopf zu zermartern. Also legte er den Zettel auf seinen Tisch und legte sich dann – so, wie er war – aufs Bett. Er fand nicht einmal die Kraft, sich zuzudecken, und war auf der Stelle eingeschlafen.

Zu schlafen wie ein Toter war nichts Ungewöhnliches. Vor allem nach so einem Tag. Kiryu war selten so erschöpft ins Bett gefallen wie an diesem Abend. Dass er aber nur wenige Stunden geschlafen hatte, verblüffte ihn. In seiner Wohnung war es immer noch stockfinster. Als er auf seinem Smartphone nachsehen wollte, wie spät es war, musste er feststellen, dass er gerade mal vier Stunden geschlafen hatte. Und er war wirklich hellwach. Sein Körper wollte ihm nicht voll und ganz gehorchen, aber in seinem Kopf rasten die Gedanken. Sie kreisten immer wieder um gestern Abend, den ominösen Zettel, den Grund dafür, dass er zusammengeschlagen worden war, und natürlich um denjenigen, der ihn gerettet hatte. Er wusste, dass diese Schläger nicht einfach so gegangen waren. Wenn er auch nur die Hälfte von dem mitbekommen hatte, was geschehen war, wusste er dennoch, dass ihm jemand zu Hilfe gekommen war. Aber wer?

Jetzt lag er wie so oft schon mit hinter dem Kopf verschränkten Armen auf dem Bett und dachte über all das nach. Und es überraschte ihn nicht wirklich, dass er hier zu keinem brauchbaren Ergebnis kam. Er steckte fest. Er brauchte irgendeinen neuen Anhaltspunkt, eine Idee. Er brauchte … aber da zeigte ihm sein Körper, dass er doch ein wenig mehr Schlaf brauchte. Seine Gedanken wurden träger, er entspannte sich wieder, schaffte es gerade, die Decke über sich auszubreiten, und schlief wieder ein …

Ein klarer blauer Himmel zog sich über die Stadt. Das Wochenende versprach, gut zu werden. Das vorerst letzte freie Wochenende, das sie hier verbringen würden. Mittwoch sollte es losgehen. Ihre erste Tour durch ganz Japan sollte südlich von Tokyo – genauer gesagt in Osaka – beginnen und sich dann an der Westküste Richtung Norden ziehen. Von da aus ging es wieder an der Ostküste Richtung Süden – zurück nach Tokyo. Sie würden in größeren Städten wie Nagasaki, Hiroshima oder Sapporo auftreten. Aber trotzdem würden sie in diesen sechs Wochen nicht lange an einem Ort bleiben.

Endlich würde er mal aus der Stadt rauskommen. Endlich konnte er mal den Rest Japans mit eigenen Augen sehen. Er brannte förmlich darauf, endlich loszuziehen.

Er kannte ja nur Tokyo. Diese Stadt zwar in- und auswendig, er hatte Tokyo bis jetzt nie verlassen. Zumindest nicht länger als ein paar Tage. Und sie würden endlich mal an den Strand kommen. Die Jahreszeit passte zwar nicht so gut, aber das würde ihnen egal sein. Hauptsache, sie sahen endlich mal das Meer ohne Hafen, ohne Frachter – stattdessen die Natur.

Zwei Tage würde er im Plattenladen arbeiten. Seine Sachen waren schon lange gepackt. Wenn es nach ihm ginge, würde er gleich losfahren können.

Er war an diesem Morgen mal wieder in der Stadt unterwegs. In Shibuya wurde es jetzt immer deutlicher, dass Weihnachten vor der Tür stand. Deshalb verzog er sich meistens aus diesem Teil der Stadt. Er war in letzter Zeit eh immer hier gewesen, wenn er etwas brauchte. Und im »Yami no Kokoro« waren sie nicht noch einmal aufgetreten – dem Ort, an dem sie »entdeckt« worden waren. So richtig vermisst hatte er diesen Klub nicht. Er fragte sich zwar manchmal, was Yuito wohl gesagt hätte, wenn …

»Hey, Kiryu«, kam Yuito auf ihn zu. Er lief Hand in Hand mit Tomomi auf ihn zu. Kiryu hatte die beiden – vor allem aber Yuito – in letzter Zeit sehr gemieden. Und dabei gab es eine Zeit, in der sie fast unzertrennlich gewesen waren. Seite an Seite hatten sie in ihrer Kindheit ganz Tokyo unsicher gemacht. Seit er aber Tanakawa begegnet war, hatte er angefangen, Yuito aus dem Weg zu gehen.

Dabei gab es überhaupt keinen Grund dafür. Yuito wusste besser als jeder andere, dass Kiryu sein ganzes Leben schon auf die Bühne wollte. Das Talent dazu hatte er schließlich. Und er wusste, dass Yuito es ihm keinesfalls übel nehmen würde, wenn er all seine Energie dafür aufwendete, diesen Traum zu verwirklichen. Dennoch fasste Kiryu den Entschluss, dass er Yuito wieder mehr an seinem Leben teilhaben lassen wollte. Schließlich hatte kein anderer sonst so zu ihm gestanden wie Yuito. Nach ihrer Tour würde er Zeit dafür finden. Zumindest sah es bis jetzt danach aus.

»Hi, was macht ihr denn hier?«, gab Kiryu zurück.

»Einen kleinen Spaziergang«, antwortete ihm Yuito.

»Und einen Weihnachtsbummel. Ich bin schon jetzt in Weihnachtsstimmung«, ergänzte Tomomi.

Bevor Kiryu etwas Unhöfliches heraushaute, hielt er lieber die Klappe. Doch Yuito schien ihm immer noch schnell anzusehen, was in seinem Kopf vor sich ging: »Ist ja bald vorbei. Oder gibts einen anderen Grund, wieso du Weihnachten so ablehnst?«

Über seinen Beziehungsstatus wollte er im Moment wirklich nicht reden. Deshalb überhörte Kiryu gekonnt diese Frage. Eine großartige Überleitung zum nächsten Thema musste er sich aber nicht überlegen. Tomomi hatte einige der Schrammen von letzter Nacht in seinem Gesicht bemerkt. Und dabei hatte er versucht sie durch seine Haare zu verstecken.

»Das ist nichts, ehrlich«, beteuerte er.

»Das sieht aber nicht nach nichts aus«, entgegnete Yuito streng. Er ahnte, dass Kiryu Hilfe brauchte.

»Wie ist das überhaupt passiert?« Doch Kiryu wollte nicht länger ausgefragt werden. Er wich den beiden aus. Sowohl mit seinen Antworten als auch mit seinen Blicken. Eine Weile hatte er es sogar geschafft, sich in Ausflüchte zu verrennen, aber bald kam der Punkt, an dem Kiryu nicht mehr weiter wusste. Er wurde von den beiden einfach mit in Richtung Ueno-Park genommen. Seine kläglichen Proteste hatte Yuito überhört.

»Jetzt komm schon, Kiryu, sag mir endlich, was los ist!«, hatte Yuito gedrängt. Kiryu seufzte und erklärte ihnen in kurzen Sätzen, während sie durch den Park liefen, was gestern Nacht passiert war. Als er zu Ende erzählt hatte, herrschte Schweigen zwischen ihnen. Er hatte ihnen allerdings nicht erzählt, dass ihm geholfen wurde und dass er diese merkwürdige Nachricht vor seiner Wohnungstür gefunden hatte. Das würde seine Geschichte unnötig verkomplizieren.

Tomomi brach schließlich das Schweigen: »Hast du die Kerle wenigstens angezeigt?« Kiryu sah sie überrascht an und schüttelte dann den Kopf. Tomomi und Yuito wollten ihn daraufhin gleich zur Polizei schleppen, aber Kiryu hatte es dennoch geschafft, auch wenn er nicht wirklich wusste wie, die beiden davon abzuhalten. Jetzt war er wieder auf dem Weg zu »Black Thunder«. Er müsste heute zwar nicht arbeiten – zum einen, weil Samstag war und zweitens, weil er bald auf Tour gehen würde. Aber ein innerer Drang hatte ihn trotzdem heute hierher gebracht. Bei Licht betrachtet war dieser Ort natürlich eher heruntergekommen als unheimlich. Und dazu menschenleer. Die Hafenarbeiter waren ein Stück weiter unten bei den Docks, sonst schien wirklich niemand hier zu sein. Von seiner nächtlichen Auseinandersetzung waren keine Spuren zu entdecken. Von seinem Retter ebenso wenig. Aber das erschien Kiryu besser, als wenn diese komischen Gestalten wieder hier gewesen wären. Beim Gedanken daran lief es ihm eiskalt über den Rücken. Er wollte nicht mehr daran denken und in den Laden. Doch gerade, als er die Ladentür öffnen wollte, fiel ihm ein Zettel ins Auge. Er war zwischen Rahmen und Türblatt geklemmt. Es war nicht Takahashis Schrift und nicht die von jemandem, den er kannte. Aber die Nachricht war eindeutig an ihn gerichtet: »*Schattenspiele und Lichteffekte erschaffen Illusionen.*

Sei an jenem Tag da, wo der Garten beginnt«, und unterzeichnet war es mit »Dein Verbündeter«.

Zumindest wusste er jetzt endlich etwas genauer, wohin er musste. Ob er mehr solcher Zettel bekommen würde?

Er ging erst einmal in den Laden. Takahashi wäre sicher überrascht, ihn heute hier zu sehen, aber er würde nicht lange bleiben. Vielleicht durfte er sich eine der Platten mitnehmen, auf die er schon lange ein Auge geworfen hatte?

Brieffreundschaft

Yokohama war großartig. Sie hatten es genossen, vor einem so großen Publikum aufzutreten. Anfangs hatten sie Bedenken, in einer so großen Halle zu spielen. Sie hatten befürchtet, dass zu wenige Fans kommen würden. Als sie aber sahen, wie viele Menschen tatsächlich zu ihren Konzerten kamen, waren diese Befürchtungen schnell verflogen. Zweimal waren sie aufgetreten, dann ging es weiter nach Nagoya. Auch dort hatten sie zwei Konzerte. In Kyoto standen drei an. Und ihr zweites Konzert in Kobe hatten sie vor zwei Stunden beendet.

Sie waren seit zwei Wochen auf Tour und merkten schon jetzt, dass es wahnsinnig stressig war. Aber es war ganz neu für sie. Trotzdem genossen sie jeden Moment. Und spätestens wenn sie auf der Bühne standen, wurden sie für alle Strapazen der letzten Monate entschädigt.

Jetzt waren sie auf dem Weg nach Osaka. Morgen würden sie ausspannen können, dann standen drei Konzerte vor ihnen.

Kiryu hatte sich gerade hingesetzt und atmete die Ruhe. Nachdem er auf der Bühne alles gegeben hatte, fand er es jetzt unverschämt bequem hier zu sitzen. Er lehnte sich zurück, legte seinen Kopf auf der Lehne ab und schloss die Augen. Er hatte immer noch das jubelnde Publikum im Ohr. Es war einfach großartig. Vor gerade mal acht Wochen hatten sie ihr erstes Album veröffentlicht. Und ihre Fans konnten schon sämtliche Texte mitsingen. Kiryu war beeindruckt. In erster Linie aber verblüfft. Niemals hätte er sich träumen lassen, dass sie innerhalb weniger Wochen diesen Erfolg hätten. Durch ihre Tour hatten sie in den sozialen Netzwerken mehr Fans bekommen. Einen kurzen Moment dachte er an ihr letztes Konzert zurück, dann schlief er ein …

Er befand sich in einem Keller, wie es aussah. Alles schien schon lange verlassen. Wo war er hier? Dann sah er Tanakawa. Die Temperatur kühlte sich schlagartig ab. Er spürte schon wieder diese Angst. Und dann … Tanakawa war verschwunden. Auch den Keller um ihn herum gab es plötzlich nicht mehr. Stattdessen befand er sich in einem weitläufigen Park. Es kam ihm vor, als ob er hier schon einmal gewesen wäre. Aber wann? Und dann war da plötzlich jemand. Er war nicht allein hier. Unter einem blühenden Kirschbaum stand jemand. Kiryu trat langsam näher, um zu sehen, wer es war. Er konnte bloß einen flüchtigen Blick auf das Gesicht werfen, dann …

»Kiryu! Jetzt wach endlich auf. Hey!« Ein unsanfter Knuff riss ihn aus seinem Traum, Kiryu wusste zuerst nicht, wo er war. Alles um ihn herum war dunkel, er konnte nur Schemen erkennen. Nach einigen Augenblicken hatte er aber begriffen, dass er sich im Tourbus befand und sie gerade Rast machten. Ganz verschlafen strich er sich die Haare aus dem Gesicht und sah sich müde um. Taro hatte ihn geweckt. Kiryu trottete ihm schließlich halb verschlafen hinterher. Der Fahrer blieb allein im Bus zurück.

Er wollte sich ein wenig die Beine vertreten und war deshalb nicht mit den anderen im Restaurant. Hunger hatte er eh keinen. Und ein paar Fetzen dieses Traumes schwirrten ihm immer noch im Kopf herum. Er hatte ganz genau gewusst, wen er da im Park gesehen hatte. Aber er konnte sich jetzt absolut nicht mehr erinnern. Es war, als hätte sich ein dunkler Schleier über das Bild gelegt. Und das im Keller, ganz am Anfang … Es war ihm so vorgekommen, als ob er das schon einmal geträumt hätte. Kaum zu fassen: Jetzt hatte er schon Deja-vus im Traum! Oder hatte er das mit Tanakawa wirklich schon einmal geträumt? Das müsste er doch wissen. Schließlich war er sich so sicher, dass er dieses Bild schon einmal gesehen hatte. Und wieso fiel ihm jetzt ein Bild ein, in dem Tanakawa ein Messer hielt und auf ihn zu kam? Ob er diesen Traum wirklich schon mal geträumt hatte oder nicht, konnte er jetzt nicht klären. Es wusste ja zum Glück niemand davon. Nicht mal von seinen früheren Träumen, aus denen der ein oder andere Songtext entstanden war. Gut, direkt aus den Träumen nicht, aber aus dem Gefühl heraus, mit dem er aufgewacht war. An die meisten seiner Träume konnte er sich selten erinnern. Und das fand er gar nicht so schlimm. Wenn er schon mit diesen beklemmenden Gefühlen oder einer Angst vor etwas Unbekanntem aufwachte, wollte er nicht noch weitere Einzelheiten wissen.

Nach einer Weile ging er wieder zum Bus. Die kalte Nachtluft hatte diesen unsinnigen Traum vertrieben. Er wollte versuchen, ein wenig zu schlafen oder wenigstens zu dösen. Doch als er zu seinem Platz kam, wartete dort schon die nächste Überraschung auf ihn: Ein kleiner Zettel war dort zurückgelassen worden. Er fragte den Fahrer, wer den denn hier reingelegt hatte, aber dieser wusste von gar nichts. Also ging Kiryu zurück, faltete den Brief auf und las: »*Das Licht der Wahrheit wird auch dich erleuchten. So, wie die Sonne im Osten ihren Lauf beginnt, sei auch du dort.*« Und diese Nachricht war ebenfalls mit »Dein Verbündeter« unterzeichnet. Kiryu steckte den Zettel in seine Hosentasche und setzte sich endlich hin. Die anderen ließen nicht mehr lange auf sich warten, dann ging es für sie weiter nach Osaka.

Diese neue Nachricht sagte ihm den Ort etwas genauer. Er musste also zum Ostkaisergarten, wie es aussah. Ob mit der Sonne die Zeit gemeint war? Damit hätte er zumindest den Ort und die Uhrzeit. Nur den genauen Tag hatte er nicht herausbekommen.

So langsam fand er Gefallen an diesen Rätseln. Und wer immer das war – egal, ob dieser jemand ihm wirklich helfen konnte oder wollte – mittlerweile war er neugierig auf den Menschen, der hinter diesen Nachrichten steckte. Seine Bedenken, wie dieser jemand es immer wieder schaffte, ihm diese Nachrichten zukommen zu lassen, verdrängte er. Er wollte einfach nicht, dass – wer immer diese Briefe verfasst hatte – der ihm etwas Böses wollte. Und so weit er das jetzt beurteilen konnte, war es nicht so.

Es wurde schon so langsam zur Routine, dass Kiryu im Tourbus schlief, wenn sie nach dem Konzert weiterfuhren. Er kannte es schon von ihren früheren Konzerten, hätte aber nie gedacht, dass diese großen Konzerte jedes Mal anders abliefen. Selbst wenn sie mehrere Konzerte in einer Stadt hatten, unterschieden diese sich doch. Er hatte die Fähigkeit, die genaue Stimmung im Publikum lesen zu können. Und bis jetzt war ihnen immer eine gespannte Erwartung begegnet. Und während des Konzerts schlug diese Spannung um in Begeisterung. Kiryu zog das Publikum mit sich und ließ sich dann wiederum vom Publikum mitreißen. Es war einfach großartig!

Die Tage vergingen wie im Flug. Weitere Nachrichten hatte er jetzt schon länger nicht mehr bekommen. Und dabei hatten sie schon zwei ihrer drei Auftritte in Sapporo gehabt. Danach standen zwei

Konzerte in Tokyo an. Ihre Tour war so gut wie beendet. Ab einem bestimmten Zeitpunkt hatte er nicht mehr damit gerechnet, dass er weitere Briefe bekommen würde. Am Abend ihres letzten Konzertes in Sapporo wurde ihm dann doch noch ein Zettel gegeben.

Er war gerade hinter der Bühne aufgetaucht, als ihm einer der Techniker diesen Brief mit den Worten »Das wurde für dich abgegeben. Scheint wichtig zu sein« in die Hand drückte. *»Sieh zum Westeingang«* stand darauf. Wieder standen ihm Fragezeichen ins Gesicht geschrieben. Aber er zerbrach sich nicht weiter den Kopf darüber. Nicht jetzt. Das Konzert war jetzt wirklich wichtiger. Doch so ganz ging ihm diese Nachricht nicht aus dem Kopf. Und schließlich sah er doch zum Westeingang. Aber die Konzerthalle war dunkel. Nur die Bühne war während ihres Auftritts erleuchtet. Selbst wenn dort jemand sein sollte, würde er diesen jemand jetzt nicht sehen. Diese Nachricht ließ ihn einfach nicht mehr los. Er beschloss deshalb, nach dem Konzert etwas länger hierzubleiben. Nach dem Konzert wurde ja eh die ganze Halle erhellt. Das war seine Chance.

Alles schien verlassen, als Kiryu in den Zuschauerraum linste. Keine Menschenseele war mehr da, was ihn nicht wunderte. Dann ließ er seinen Blick zum Westeingang schweifen. Die Tür stand weit offen, trotzdem konnte Kiryu nicht sehr viel sehen. Draußen war es dunkel und auch hier drinnen war die Beleuchtung nicht die beste. Doch als er dorthin sah, entdeckte er etwas. Oder, besser gesagt, jemanden. Er konnte nicht klar erkennen, ob es ein Mann oder eine Frau war, aber er war sich sicher, dass diese Person ihm zugewandt dastand und zu ihm blickte. Dann verschwand sie wieder.

Es konnte ja genauso gut einer der Techniker gewesen sein. Oder Fans versuchten, jetzt noch zu ihnen zu kommen. »Es gab doch sicherlich tausendmal logischere Erklärungen dafür als diesen Zettel!«, ging ihm durch den Kopf. Und doch … Etwas in seinem Inneren sagte ihm, dass das gerade dieser ominöse Zettelschreiber war.

Er hoffte einfach, dass es so war. Er wollte, dass dort dieser Briefeschreiber gestanden und zu ihm gesehen hatte.

Er verließ die Bühne und gesellte sich schließlich zum Rest von *Rising Phenix*. Sie wollten heute etwas trinken zur Feier des Tages. Ihre Tour lief besser, als sie es sich erhofft hatten.

In der hoteleigenen Bar hatten sie sich ein abgeschiedenes Plätzchen gesucht. Taro hatte sich sofort um Getränke für alle gekümmert.

Es überraschte Kiryu, dass sie es so lange aushielten, aufeinander zu hocken. Aber vielleicht lag es daran, dass sie nach den Konzerten so ausgepowert waren und deshalb keinen Streit mehr vom Zaun brachen. Und durch den Release ihres Albums war eine Menge Druck von ihren Schultern gefallen. Allzu lange wollte er hier aber dennoch nicht bleiben. Aber einfach so in dieser lockeren Runde mit den Jungs zu sitzen, war verdammt lange her. Und es gefiel ihm hier wirklich. Taro konnte seine Sticheleien zwar nicht lassen, aber hier waren es wirklich nur Scherze. Die konnte er jetzt verkraften. Oder besser gesagt: Er ließ sich seine wahre Reaktion nicht anmerken und schluckte die bissigen Erwiderungen herunter.

Die Zeit verging und Kiryu suchte nach einer passenden Erklärung, um zu gehen. Schließlich sagte er irgendwann: »Leute, mir reicht's langsam. Ich geh ins Bett« und begab sich auf sein Zimmer. Sicherlich würden die anderen eine Weile dort sitzen bleiben. Aber das war ja nicht so dramatisch. Kiryu hätte natürlich dort bleiben können, aber er brauchte jetzt einfach eine Pause von allem. Und dann war da was anderes … Irgendetwas sagte ihm, dass genau jetzt der richtige Zeitpunkt gekommen war, an dem er besser auf sein Zimmer ging. Und dieses Etwas war nicht seine Müdigkeit. Denn er fühlte sich eigentlich ganz fit. Der Alkohol hatte keine große Wirkung gezeigt.

Der Raum war leer und dunkel. Er war allein. Das Licht wollte er nicht einschalten. Es reichte ihm voll und ganz, dass er von allem bloß die Schemen sah.

Das Bett stand links von ihm. Rechts von ihm war die Tür zum Badezimmer. Dem Bett gegenüber stand eine Kommode. Irgendwo war ein Fernseher. Aber dieses Hotel hatte in jedem Zimmer Bilder angebracht, die genauso groß waren wie der Fernsehbildschirm. Tja, Flachbildfernseher hatten so ihre Nachteile …

Er legte sich so, wie er war, aufs Bett. Kaum hatte er sich hingelegt, überkam ihn schon eine Müdigkeit. Der Tag forderte also doch seinen Tribut. Gerade als er es sich bequem gemacht hatte und seiner Müdigkeit nachgeben wollte, meldete sich sein Smartphone. Er kämpfte kurz mit sich, ob er die Nachricht lesen sollte, die ihm gerade geschickt worden war. Oder ob er sie einfach ignorierte und weiter döste.

Er entschloss sich dann doch, die Nachricht zu lesen. Selbst wenn das jetzt einer von Taros Scherzen sein sollte, es war nicht so dramatisch. Oder vielleicht war es doch etwas Wichtigeres?

»*Versuch nicht, mich anzurufen, denn ich weiß nicht, wann ich offen reden kann.*

Jener Tag ist nicht mehr fern!« Kiryu war verblüfft. So eine Nachricht konnte nur von einem kommen. Aber bis jetzt hatten sie sich nicht einmal getroffen. Wie war dieser jemand also an seine Nummer gekommen? Das würde er schon herausbekommen. Irgendwie … Und dann war da etwas anderes: Ahnte dieser jemand etwa, dass Kiryu den genauen Tag noch nicht herausgefunden hatte? Dann könnte er den Nachrichtenschreiber jetzt ja direkt fragen. Aber diese Blöße wollte er sich nicht geben. Dieses Rätsel wurde ihm nun einmal gegeben. Die anderen hatte er ja schließlich alleherausbekommen.

»Wenn das Lichterfest den Anfang der Zeit verheißt …« Er würde schon herausbekommen, wann er im Park auftauchen sollte. Aber zuerst fragte er diesen – na ja, Brieffreund traf schon irgendwie zu – ob er denn jederzeit schreiben könnte. Die Antwort darauf war so kurz wie eindeutig: »Klar«. Damit wäre das geklärt. Kiryu warf sein Smartphone irgendwo aufs Bett, streckte sich in voller Länge aus und schlief langsam ein. Weitere Nachrichten bekam er an diesem Abend nicht mehr. Genauso wenig am folgenden Tag.

Das erste ihrer beiden Konzerte in Tokyo stand an. Kiryu machte sich keine Gedanken, ob er Nachrichten – in welcher Form auch immer – von diesem »Brieffreund« bekommen würde. Weitere Rätsel hatte er bis jetzt jedenfalls nicht bekommen. Es war immer Kiryu, der angefangen hatte zu schreiben. Die Initiative war nie vom Briefeschreiber ausgegangen.

Er wollte dieses Konzert genau wie die nächsten Tage einfach auf sich zukommen lassen. Die letzten Wochen waren so schnell vergangen. Sie standen so oft auf der Bühne und immer in gut gefüllten Hallen. Die Konzerthallen waren nicht übermäßig groß. Dennoch: Zu sehen, dass sich hier in Tokyo die Menschen aneinanderdrängten, um sie zu sehen, war einfach erhebend. Er war ganz froh, nach über einem Monat wieder zurück in Tokyo zu sein. Endlich wieder vertraute Straßen. Es war eine gute Idee gewesen, ihre Heimatstadt als letzte Station ihrer Tour zu nehmen. Denn alle waren sich einig, dass es ein grandioses Abschlusskonzert geben würde. Mit ihrem ersten Album »Rising« und ihren neuen Songs würden sie ihre abschließende Performance bringen. Vielleicht fühlte sich Kiryu deshalb selbstsicherer denn je, weil sie sich wieder auf vertrautem Boden befanden. Und den anderen ging es nicht anders.

Am Abend ihres zweiten und damit letzten Konzertes in Tokyo meldete sich wieder sein »Verbündeter«: »*Sei auf der Hut! Und viel Erfolg!*«

Er hatte versucht, den genauen Tag herauszubekommen und auch, wer hinter diesen Nachrichten steckte. Aber nicht einmal einen Namen hatte er erfahren. Direkt gefragt hatte er zwar nie, aber dennoch hatte er gehofft, an die nötigen Informationen zu gelangen. Das hatte aber nicht so funktioniert, wie er sich das gedacht hatte. Auf seine Fragen bekam er immer bloß rätselhaftere Antworten. Doch wie es aussah, hatte er eh Zeit bis zu jenem Treffen. Andernfalls hätte er wahrscheinlich weitere Hinweise bekommen.

Zumindest hoffte er das. Aber jetzt – heute Abend – würde er dieses Konzert in vollen Zügen genießen, ohne sich um diesen Brieffreund Gedanken zu machen.

Als sie die Bühne betraten, wurden sie von einer jubelnden Masse begrüßt. Kiryu konnte sich ein Lächeln nicht verkneifen, dann begann er zu singen …

Gefunden

Ungeduldig wartete er jetzt schon über eine Stunde. Weiße Wölkchen stiegen vor seinem Gesicht auf. Er war allein. Und ihm war bitterkalt.

Wie ein Irrer war er hierher gehastet – nur, um dann doch zu warten. »Ich hätte mir einfach den Wecker stellen können«, ging ihm durch den Kopf. Denn er war morgens aufgewacht und ohne auf die Uhrzeit zu achten hierher gekommen.

Wer auch immer ihm diese Briefe geschrieben hatte, er ließ sich jetzt Zeit. Kiryu wollte schon wieder gehen, obwohl es noch lange nicht nach Sonnenaufgang war.

Eine Stunde – die hätte er zu Hause im Bett bleiben können. Stattdessen hatte er sich, für ihn mitten in der Nacht, an diesem zweiten Februar hinaus in die Kälte gequält. Er stellte den Kragen seines Mantels auf und hielt weiter Ausschau.

Im Park war niemand zu sehen. Aber wieso auch? Mal abgesehen davon, dass bis auf die Hauptwege eh bloß Schwärze zu sehen war. Und auf den Straßen war nicht gerade viel los. Nur wer zur Arbeit musste oder von dort kam, war jetzt unterwegs.

Er müsste sich ja mal wieder im »Black Thunder« sehen lassen. Ihre Tour war vorbei, er konnte jetzt wieder ganz normal zur Arbeit gehen. Aber was war in den letzten Wochen und Monaten schon normal gewesen? Sie hatten endlich Erfolg und eine Tour, dann dieser komische »Brieffreund«, und überhaupt schien sein Leben aus den Fugen geraten zu sein, seit er Tanakawa begegnet war. Er fand, dass er sich schon viel zu sehr von diesem komischen Kauz abhängig gemacht hatte. Aber lossagen wollte er sich von ihm nicht – noch nicht. Aber das wusste Tanakawa wohl schon.

Es war ein Spiel – zwischen Tanakawa und ihm. Wer gewinnen würde, stand bis jetzt nicht fest. Doch Kiryu wollte nicht, dass es Tanakawa sein würde. Deshalb kämpfte er.

Ein Taxi fuhr an ihm vorbei. Dann ein Bus und noch ein paar Autos. Ein paar Leute gingen an ihm vorbei. Aber die hatten ihn wohl gar nicht bemerkt. Er hatte sich in den Park zurückgezogen. Nahe dem Eingang stand er an einen Baum gelehnt und beobachtete die Menschen um ihn herum …

Das Bürogebäude Tanakawas ragte hoch über ihr auf. Die Morgensonne erreichte gerade mal das Dach mit ihren Strahlen, alles darunter lag in Dunkelheit getaucht. Heute hatte sich endlich die Gelegenheit ergeben. Sie atmete einmal tief ein, dann ging sie entschlossenen Schrittes auf den Eingang zu. Sie musste nicht angemeldet werden. Jedem hier war ihr Gesicht – ihr derzeitiges Gesicht – bestens bekannt.

Tanakawas Büro lag weit oben. »Typisch für ihn«, dachte sie entnervt. Sie klopfte an die Tür und öffnete sie, ohne hinein gebeten worden zu sein.

Das Büro schien verlassen. Keine Sekretärin, keiner von Tanakawas Untergebenen, ja nicht einmal Tanakawa selbst war zu sehen. Doch sie wusste, dass sie jetzt nicht einfach gehen konnte. Tanakawa war da, und er würde sich ihr schon zeigen. Sie musste lediglich abwarten. Also blieb sie einen Augenblick im Raum stehen und sah sich um.

»Was führt dich her, meine Liebe?«, fragte Tanakawa äußerst freundlich.

»Jetzt tu nicht so scheinheilig. Ich dachte, du wüsstest immer über alles in deinem Einflussbereich Bescheid?«, antwortete sie schnippisch.

»Darf ich denn nicht trotzdem so menschlich sein und fragen, wieso du hier bist?«, fragte er weiter in diesem überfreundlichen Ton.

»Es wäre mir neu, dass du menschlich sein kannst«, wurde seine Antwort kühl, aber nicht unhöflich gekontert. Ihr Blick schweifte immer noch durch das Büro. Der dunkle Schreibtisch dominierte den ganzen Raum.

Die Bilder an den Wänden waren zwar nette Farbtupfer, hatten aber nichts Persönliches. Wahrscheinlich hatte sie Tanakawa aufhängen lassen, um zu zeigen, dass er Kunstgeschmack und das nötige Kleingeld dafür hatte.

»Tja, wir haben doch alle so unsere versteckten Talente«, antwortete Tanakawa leichthin.

»Ich bin wegen deines neuesten Schützlings hier. Und mein Bericht sieht bis jetzt nicht sehr gut für dich aus, Masahito.« Sie schritt weiter auf ihn zu. Tanakawa hatte sich die ganze Zeit nicht von der Stelle bewegt und blickte sie überlegen aus seinem Bürostuhl an.

»Ah, daher weht der Wind.« Tanakawa hatte ganz überrascht geklungen, was sie ihm allerdings nicht abkaufte. Dieser Kerl war ein zu guter Schauspieler und sein Einfluss zu groß, als dass er nicht wüsste, wieso sie jetzt hier war. »Will der Chef mich denn loswerden?«, fragte er dann.

»Du weißt, dass er es nicht gerne sieht, wie du dich hier aufführst. Aber er will seine besten Leute auch nicht einfach so auf die Straße setzen.« Tanakawa konnte darauf ein Kichern nicht unterdrücken.

»Willst du, dass ich ihn gehen lasse?«, wechselte er schnell das Thema. Doch sie hatte sich darauf eingestellt, dass Tanakawa ihr bei diesem Gespräch nicht so einfach die Kontrolle lassen würde. Was Tanakawa allerdings nicht wusste, war, dass sie jetzt einzig wegen seines Schützlings bei ihm war. Oder er wusste es und wollte sich trotzdem weiter als Herr der Lage aufspielen. Sie würde ihm beides zutrauen.

»Dass es einfach werden würde, hätte ich bei dir nicht erwartet«, erwiderte sie. Ihnen beiden war klar, worauf dieses Gespräch hinauslaufen würde.

Ein überhebliches Lächeln legte sich auf Tanakawas Gesicht. Er fühlte sich vollkommen sicher. Nichts schien ihm irgendetwas anhaben zu können.

»Dann kannst du ja dein Glück versuchen«, sagte er und lehnte sich entspannt in seinem Bürostuhl zurück. Sein Gast ging einige Schritte durch sein Büro und schien sich die Einrichtung genauer anzusehen.

»Du scheinst es dir ja richtig gut gehen zu lassen.« Ihr Blick blieb an einem der Bilder hängen und sie kam zu dem Schluss, dass sie nichts mit moderner Kunst anfangen konnte. Doch auch sonst war Tanakawas Büro sehr teuer und edel eingerichtet. Der ganze Raum hatte klare Linien und keinen Kitsch. Einzig die Zimmerpflanzen wollten auf den ersten Blick nicht ins Bild passen. Doch auf den zweiten fügten sich die beiden Monstera perfekt ein. Vor allem, wenn man mit einbezog, wie Tanakawas Charakterzüge waren.

»Ja, man gönnt sich ja sonst nichts. Und als erfolgreicher Geschäftsführer gehört das hier schon zum guten Ton.« Sein Gast nickte verstehend.

»Und deine Schützlinge?«, fragte sie dann unvermittelt. Doch Tanakawa sah sie fragend an. »Wie geht es denen? Wie leben die?«

Wieder setzte Tanakawa dieses überlegene Lächeln auf: »Keine Sorge. Denen geht es allen den Umständen entsprechend. Keiner von ihnen hungert oder muss auf der Straße sitzen, wenn du das meinst.«

»Ich habe dich unterschätzt, Masahito«, brachte sie in einem anerkennenden Ton heraus. »Hätte nicht gedacht, dass du doch so sehr auf sie achtgibst.«

»Ja, das denken viele. Und dabei will so ein Teufel wie ich immer das Beste. Aber das kennst du ja.« Wieder schaute er hämisch zu seinem Gast, der jetzt wieder vor seinem Schreibtisch stand. Sie schien in Gedanken versunken zu sein und antwortete bloß mit einem: »Ja …«

Die ersten Sonnenstrahlen erhellten sein Gesicht. Noch immer war niemand zu sehen. Langsam, aber sicher wollte Kiryu nicht mehr warten. Er wollte gehen, er wollte sich wieder bei Takahashi melden. Ihm waren so einige Ideen gekommen, wie sie nicht ihre jetzige Kundschaft begeistern, sondern endlich mehr aus dem Laden machen konnten. Die Sonne blendete ihn, als er zur Straße sah. Er glaubte, dass jemand auf ihn zugelaufen kam. Aber da war wohl wieder jemand an ihm vorbei gelaufen.

»Du bist ja tatsächlich gekommen!«, wurde er plötzlich angesprochen. Wo war dieses Mädchen jetzt auf einmal hergekommen? Er hatte weder gehört, dass sie sich ihm genähert hatte, noch gesehen, aus welcher Richtung sie gekommen war. Sie stand plötzlich vor ihm.

»Wer …?«, begann er seine Frage, brachte sie aber nicht zu Ende. Er schirmte seine Augen ab, um das Mädchen anzusehen, das jetzt vor ihm stand.

Sie war fast einen Kopf kleiner als er, hatte braunes Haar, das ihr bis über die Schultern reichte, und braune Augen. Sie musterte ihn mit einem neugierigen Blick. Dann schien ihr einzufallen, dass sie so ungünstig stand, dass er sie gar nicht richtig sehen konnte. Also trat sie einen Schritt auf ihn zu und stand mit ihm im Schatten eines Baumes.

»Du bist Kiryu, richtig?«

»Äh … ja … Bist du ein Fan oder so? Ich warte hier auf jemanden.« Doch das Mädchen lächelte ihn daraufhin ganz merkwürdig an. Kiryu hatte sie die ganze Zeit gemustert. Sie trug einen langen Mantel und einen Schal darauf. Die Farben hatte Kiryu zuerst nicht genau erkennen können. Jetzt sah er aber, dass ihr schwarzer Mantel fast bis zum Boden reichte. Der rote Schal um ihren Hals stach richtig hervor. Sie wirkte wie ein ganz normales japanisches Mädchen – wie viele andere eben auch. Und sie schien ungefähr im selben Alter wie er zu sein, vielleicht etwas jünger. Aber dennoch war an ihr irgendetwas anders …

Sie gingen in ein Café in Shibuya und kamen langsam ins Gespräch. Das Mädchen hieß Mika. Die Schreibweise ihres Namens war der von »Verbündeter« sehr ähnlich. Einzig zwei kleine Striche ließen ihren Namen in Kanji anders aussehen. Sie musste es also sein, die ihm diese Briefe geschrieben hatte.

Bisher ging es in ihrem Gespräch um Belanglosigkeiten. Kiryu hatte aber dennoch versucht, mehr über sie herauszufinden. Auf direkte Fragen hatte sie entweder gar nicht geantwortet oder war ihm ausgewichen. Es war schwierig. Er zerbrach sich den Kopf, welche Fragen er ihr stellen könnte, um wenigstens ein paar Erkenntnisse zu gewinnen, doch sein nachdenklicher Blick aus dem Fenster blieb natürlich nicht unbemerkt.

»Jetzt sag schon, Kiryu«, riss sie ihn aus seinen Gedanken.

»Entschuldigung, was hast du gesagt?«, fragte er verlegen.

»Nicht so wichtig.« Dann entstand eine Schweigepause zwischen ihnen.

Er wusste nicht sehr viel über Mika. Sie hatten bis jetzt mehr über Nichtigkeiten geredet als über wichtige Dinge – oder für ihn interessante **und** wichtige Dinge. Was er aber mit Sicherheit wusste, war, dass sie schon eine ganze Menge über ihn herausgefunden hatte. Vielleicht fühlte sie sich im Moment sicher, vielleicht war es ihr gar nicht bewusst gewesen, dass sie ihm so viele Dinge sagte, die sie über ihn wusste. Aber für so unprofessionell hielt er Mika nicht. Scheinbar wusste sie wirklich, was sie Kiryu sagen durfte. Und dennoch waren ihr bis jetzt immer nur in Nebensätzen oder kleinen Bemerkungen Dinge heraus gerutscht, die Kiryu stutzen ließen. Es war ihm zwar ein- oder zweimal aufgefallen, aber er wurde allmählich genau so misstrauisch ihr gegenüber wie bei Tanakawa. Vielleicht waren ihr während des Gesprächs doch mehr Dinge aus Versehen herausgerutscht. Ihm gefiel die ganze Sache immer weniger, deshalb ging er jetzt auf Konfrontationskurs. Er sah sie an und fragte sie schließlich gerade heraus: »Was weißt du sonst über mich?«

»Oh, zum Beispiel, dass Tanakawa dich beobachten ließ«, war ihre schnelle Antwort. Bei Kiryu gingen alle Alarmglocken los.

»Von dir etwa?« Die Frage war nicht wirklich ernst gemeint, sein Ton war es allerdings.

»Glaubst du wirklich, dass ich dir das dann sagen würde?«, antwortete sie in einem bissigen Ton. Er hatte sie wohl wirklich damit verletzt. Verblüfft sah er sie an, dann erwiderte er in ruhigem Ton: »Nein, wohl eher nicht.«

»Er hat seine eigenen Leute dafür. Und ich zähle zum Glück nicht dazu«, sagte sie ihm dann in einem versöhnlichen Ton. Kiryu schwieg darauf. Seine Gedanken rasten schon wieder. Er ging immer wieder verschiedene Situationen im Kopf durch und versuchte, Tanakawa zu durchschauen. Versuchte herauszufinden, ob er oder seine Leute in diesen Momenten ebenfalls anwesend waren. Wieso ließ er Kiryu beobachten? Und was war mit den anderen Bandmitgliedern? Wurden sie etwa alle beobachtet?

Kiryu hatte Mika völlig ausgeblendet. Er hatte sie schon gar nicht mehr wahrgenommen. Erst als sie sich über den Tisch beugte und ein paar Handbewegungen direkt vor seinem Gesicht machte, wachte er wieder auf.

»Gehts dir gut?«, fragte sie ernsthaft besorgt.

»Ja, klar. Ich hab nur gerade erfahren, dass ich, wer weiß wie lange schon, beobachtet werde und weiß nicht mal wieso. Und dann schreibst du mir diese ganzen Briefe und sagst, du könntest mir helfen. Wobei eigentlich?« Doch von Mika kam keine Antwort. »Sorry, aber das muss ich erst mal verdauen.« Kaum hatte er das gesagt, stand er auf und ging. Es war zwar mehr als unhöflich, sie dort allein zurückzulassen, ohne zu zahlen, aber er hatte einen triftigen Grund dafür. Er traute Mika nicht. Sie war genauso undurchsichtig wie Tanakawa. Und darauf wollte er sich nicht schon wieder einlassen.

Er saß zwischen den Stühlen. Tanakawa hatte er nie getraut. Dieser komische Kauz hatte wohl wer weiß was mit ihm vor, das wusste er genau. Bis jetzt waren alle ihre Begegnungen immer ein Machtkampf gewesen. Kiryu fand, dass es langsam an der Zeit war, ihm spürbar etwas entgegenzusetzen. Die Frage war, wann und wie?

Sollte er den Jungs von Tanakawa erzählen? Bisher hatte er sie immer rausgehalten. Doch ehe er einen Entschluss fassen konnte, öffnete sich die Tür des Cafés erneut und Mika kam heraus. Sie versuchte, ihn aufzuhalten, aber Kiryu hörte nicht. Erst als sie ihn eingeholt hatte und am Arm festhielt, schaute er sie an. Und in seinem Blick war eine einzige Frage: »Was willst du?« Mika ließ ihn sofort wieder los. Er war im Begriff weiterzulaufen, als er ein weiteres Mal ihre Stimme hörte: »Bitte glaub mir, ich will dir nichts Böses.« Sie hatte ganz ruhig gesprochen und sah immer noch zu ihm. Kiryu wiederum sah ihr mit einem abschätzenden Blick ins Gesicht. Diese Wortwahl war eigenartig. Und in ihrer Stimme schwang Ehrlichkeit mit. Eins konnte er jetzt mit Sicherheit sagen: Sie war auf jeden Fall die, die ihm diese Briefe geschrieben hatte. Er hätte zwar nie gedacht, dass ihm Hilfe von jemandem angeboten wurde, der so alt war wie er – er konnte sich ehrlich gesagt nicht vorstellen, wie ihm diesen Mädchen helfen sollte – aber er wäre dann nicht allein. Sie schien sehr viel über Tanakawa zu wissen. Das würde ihm sicher nutzen. Dazu Takuhiro und Gil, die ihm hoffentlich ebenfalls zur Seite stehen würden, wenn er Tanakawa die Stirn bot, und er könnte es schaffen. Er würde schon herausbekommen, wieso sie so eine eigenartige Wortwahl hatte. Und was ihre Beweggründe waren, um gegen Tanakawa zu ziehen.

»Was willst du dann?«, fragte er abweisend. Sein Ton war weiterhin so scharf wie eben im Café.

»Dir helfen, hab ich doch schon gesagt. Ich bin keiner von Tanakawas Leuten, das musst du mir glauben.« Schwang da etwa Verzweiflung in ihrer Stimme mit? Kiryu schwieg. Obwohl er spürte, dass sie die Wahrheit sagte, war da wieder dieses komische Gefühl, dass er ihr jetzt nicht hundertprozentig trauen konnte. Da gab es etwas, das ihm sagte, es würde Gefahr drohen. Und zwar von ihr. Deshalb ging er einfach weiter.

Dass Mika ihm folgte, störte ihn nicht. Sie hielt einen großzügigen Abstand zu ihm. Er achtete allerdings nicht gerade darauf, dass sie mit ihm Schritt halten konnte. Sollte sie doch versuchen, ihn zu verfolgen.

»Wieso bist du heute gekommen?«, fragte sie unvermittelt. Kiryu blieb stehen. Mika war ebenfalls stehen geblieben, aber ihm nicht näher gekommen. Ein paar Meter Abstand waren zwischen ihnen. Die Menschen liefen an ihnen vorbei ohne auch nur einen Ton des Unmuts. Es war, als wären sie allein auf diesem Stück Fußweg. Alle anderen gingen in einem großzügigen Abstand an ihnen vorbei.

»Wieso?«, wiederholte Kiryu die Frage. Einige Sekunden sagte keiner von ihnen etwas. »Vielleicht, weil ich einfach wissen wollte, wer du bist.« Es war die erstbeste Antwort gewesen, die ihm eingefallen war. Und es war ja nicht mal gelogen. Er wollte wirklich wissen, wer sich hinter dem Briefeschreiber verbarg. Doch durch die Nachrichten, die sie ihm geschrieben hatte, hatte er gehofft, dass sie ihm irgendein Schlupfloch eröffnen könnte, wodurch er Tanakawa entgehen konnte. Er konnte zwar nicht behaupten, dass dieses Treffen eine Enttäuschung für ihn war, allerdings hatte er sich sehr viel mehr Antworten erhofft. Ohne auf ihre Antwort zu warten, setzte er seinen Weg fort.

»Das glaube ich dir nicht«, erwiderte Mika. Ihre Stimme hatte sie kaum erhoben, dennoch konnte Kiryu jedes Wort genau verstehen. Und ihren Trotz heraushören. Die Menschen liefen jetzt wieder näher an ihm vorbei. Er geriet in eine Menschenmasse und konnte nicht mehr sagen, ob Mika hinter ihm war oder nicht. Als er sich dann aber nach ihr umdrehte, war sie verschwunden. Dabei waren wenige Augenblicke vergangen, seit er wieder losgelaufen war …

The Core

Kiryu kam an diesem Morgen zum »Black Thunder« und musste überrascht feststellen, dass geschlossen war. Also ging er zum Hintereingang und ließ sich von Takahashi aufschließen. Der war völlig verschlafen vor ihn getreten.

»Wieso haben Sie nicht geöffnet?«, fragte Kiryu, als er in den Verkaufsraum ging.

»Ich wollte dieses Wochenende eigentlich den Laden zulassen …«

»Wieso das denn?«, fragte Kiryu verständnislos.

»Es ist doch Valentinstag. Meine Frau und ich wollten uns heute einen schönen Tag machen. Du weißt schon – die Zeit zu zweit genießen.«

Kiryu sah immer noch verständnislos zu Takahashi.

»Aber … das …« Er suchte vergeblich nach den richtigen Worten. Dann holte er tief Luft und begann von vorn: »Wollen Sie wirklich das ganze Wochenende schließen? Das halte ich ehrlich gesagt für keine gute Idee.«

Kiryu sah sich im Raum um. Eigentlich wollte er heute ein wenig entstauben und aufräumen. Dann sah er zu Takahashi. Er konnte schon verstehen, dass Takahashi Valentinstag feiern wollte. Aber »Black Thunder« das ganze Wochenende zu schließen, war eine denkbar schlechte Idee.

»Aber … Herr Takahashi«, begann Kiryu von Neuem. Er wusste nicht, wie er es anstellen sollte, aber irgendwie musste er es schaffen, Takahashi zu überreden, heute doch den Laden zu öffnen.

»Glauben Sie wirklich, dass es eine gute Idee wäre, wenn wir »Black Thunder« jetzt für mehrere Tage schließen?«

»Es ist doch nur ein Wochenende, Kiryu. Was kann das schon schaden?«, entgegnete Takahashi darauf.

Kiryu schrie innerlich auf. Es war ein sehr langer Schrei. Eine Hand hatte er zur Faust geballt, versuchte aber weiterhin, ruhig zu bleiben. Oder sich zumindest nichts anmerken zu lassen. Dann seufzte er und versuchte erneut, Takahashi zu überzeugen: »Und wenn Sie den Laden in diesen Tagen mir überlassen würden?« Es war ein kläglicher Versuch, das wusste er selbst.

»Was? Du ganz allein?«

Jetzt war Fingerspitzengefühl gefragt. In erster Linie war ihm jetzt aber am wichtigsten, dass »Black Thunder« die nächsten Tage offen bleiben würde. Jede unvorhergesehene Schließung könnte den Ruin für sie bedeuten. Wieso sah Takahashi das nicht?

Dass er es letzten Endes doch geschafft hatte, Takahashi zu überreden, den Laden allein schmeißen zu dürfen, konnte Kiryu dann fast selbst nicht glauben. Er hatte es doch wirklich geschafft, Takahashi zu überreden! Und der hatte nicht mal besonders großen Widerstand geleistet. Das hatte vielleicht aber daran gelegen, dass er so verschlafen war. »Ja, ja. Dann mach halt«, waren seine letzten Worte, bevor er wieder zurück in seine Wohnung ging.

Jetzt stand Kiryu hinter dem Tresen und sah sich einmal im »Black Thunder« um. In dem Flur, der zum Hinterausgang führte, standen nach wie vor einige Kartons. Die müsste er sich einmal ansehen. Und irgendwo hier standen Verstärker, dazugehörige Regler und Kabel. Damit könnten sie bestimmt etwas anfangen. Entweder er könnte das alles in ihren Proberaum bringen oder er würde es schaffen, das alles zu verkaufen. Blieb die Frage, in welchem Zustand sich das alles befand. Denn als Ersatzteillager wollte er es lieber selbst nutzen, als es wegzugeben.

Er beschloss, erst einmal zu überprüfen, ob alles funktionierte. Gut, er selbst würde es nicht tun, aber wofür hatte man Freunde? Yuito hatte sich schließlich früher schon immer um die Technik gekümmert, wenn sie auftraten. Er könnte sich ja alles wenigstens ansehen.

Das waren noch Zeiten. Wenn er so daran zurückdachte, kam ihm diese Zeit jetzt so einfach, so unkompliziert und inzwischen so weit weg vor. Aber er bereute nicht, jetzt unter Urukawa zu stehen. Auch diese Zeit würde vorbeigehen, das wusste er. Er brauchte einen konkreten Plan, um sich von Tanakawa und damit ebenso von Urukawa lossagen zu können. Aber heute würde er sich nicht den Kopf darüber zerbrechen.

Denn jetzt war es so, dass sie zuerst ihr zweites Album fertigstellen mussten. Und nebenbei drehten sie ein Video zu ihrer dritten Single. Danach würden sie wohl gleich das nächste Video drehen. Das neue Album sollte dieses Jahr herauskommen. Ein Name stand zwar nicht fest, aber Kiryu gefiel der Titel »The Core«. Mit »Rising« waren sie schon weit gekommen, jetzt mussten sie ein Album herausbringen, das mindestens genauso gut war – wenn nicht besser! Und Kiryu hatte mit diesem Album vor – wie der Titel schon sagte – ein bisschen persönlicher zu werden. Er wollte der Welt einen größeren Teil seiner selbst offenbaren.

Es gab da ein paar wenige Songs, die sie Hayashi und Akirou nicht vorgespielt hatten. Die hatten sie einfach für zu persönlich gehalten. Und dann wollten sie sich ausprobieren. Zum Teil hatten diese Songs einen ganz anderen Klang als der Grundton von »Rising«. Es hätte nicht gepasst.

Er hatte noch keinen Titel für diesen Song, aber von der Melodie hatte er schon eine Ahnung.

> In Bann geschlagen, nur allein,
> In meinem Kopf nur Schmerz und ein
> Fast tauber Zustand, kann nicht mehr,
> Lass mich in Ruh' , halt nicht mehr her!

Schlafen will ich, jetzt und immer,
Bloß hier weg, es kommt noch schlimmer,
Tag für Tag vergeht im Licht,
Doch ich brauch Wärme, nur ganz schlicht

Ein Licht in diesem dunklen Tunnel,
Nur ein Funken, nicht der Himmel,
Der so schön geredet wird,
Ist nur ein Fake, und niemand hört …

Trauer … durchströmt mich immerzu,
Versink' ich drin, kenn' ich zu gut!
Alleine hier, auf Höllenweg,
Ein Fluss ergreift mich, hier kein Steg!

Die letzten Verse sollten den Refrain bilden. Aber vielleicht hatte er ja doch schon einen Titel dafür? »Der Kern« gefiel ihm. Etwas Besseres konnte er sich später überlegen. Er bezweifelte zwar schon jetzt, dass er das ernsthaft tun würde, aber das Ziel war gesteckt.

Kiryu rührte in den Tagen, in denen er allein im »Black Thunder« war, ein wenig die Werbetrommel. Auf seinem privaten Instagram-Account postete er ein paar Bilder von »Black Thunder«, auf Twitter schrieb er ebenfalls etwas. Er hatte dort mehr als genug Follower. Einige würden sicherlich vorbeikommen. Danach rief er Yuito an, um zu erfahren, ob und wann der sich die Verstärker ansehen konnte. Er begann, die restlichen Regale vom Staub zu befreien und sortierte nebenbei ein wenig ihr Angebot.

Im Lauf des Vormittags waren zuerst ab und zu ein paar Kunden gekommen. Dass der Großteil seiner Follower allerdings wusste, dass er der Sänger von *Rising Phenix* war und geschrieben hatte, dass er sich den ganzen Tag hier aufhalten würde, hatte er allerdings nicht bedacht. Gegen Mittag konnte man kaum einen Schritt durch den Laden gehen, ohne jemanden anzurempeln. Aber wenigstens ließen sich viele dazu hinreißen, etwas zu kaufen. Viele wollten Kiryu in ein Gespräch verwickeln, was der aber irgendwann richtig unfreundlich abwies. Er musste wirklich aufpassen, was er in Zukunft postete … Doch der Tag verging ohne größere Zwischenfälle. Am Abend musste er zwar die immer noch zahlreichen Anwesenden rausschmeißen, aber er hatte trotzdem ordentlich Umsatz gemacht. Kiryu hatte nach diesem Tag die Zusage von Takahashi bekommen, dass er den Laden öfter allein führen durfte. Er atmete auf, erleichtert darüber, dass ihm Takahashi endlich so weit vertraute.

Doch eines Morgens stand da diese Gestalt vor der Tür. Er kannte die Silhouette, konnte sie im ersten Moment aber nicht zuordnen. Er kannte diese Person, aber im Augenblick konnte er sich weder an das Gesicht noch an den Namen erinnern. Was war los mit ihm? Sonst hatte er nie Probleme damit, sich an jemanden zu erinnern. Erst recht nicht, wenn er, wie jetzt, wusste, dass es sich um jemand Wichtigen handelte.

Erst als dieser jemand dann vor ihm stand, fiel ihm alles wieder ein: »Mika?! Was machst du denn hier?«

»Ich wollte einfach mal vorbeischauen«, sagte sie ihm mit einem freundlichen Lächeln. Sehr viel war jetzt nicht los. Aber das war eh jeden Morgen so.

Mika ging an ihm vorbei und schaute sich um. Und während sie so durch die Regale ging, fragte sie wie nebenbei: »War Tanakawa schon mal hier gewesen?«

Kiryu horchte auf, verneinte aber. Er fragte sich danach zwar gleich, ob es ein Fehler war, sie anzulügen. Doch scheinbar hatte sie erfahren, was sie wissen wollte. Sie blätterte ein wenig in den alten Schallplatten und kam dann wieder zu ihm.

»Oh, dann ist ja gut.« Sie klang erleichtert. Dann drehte sie sich um und zog wieder von dannen. Kiryu wollte sie zuerst aufhalten, hielt sich dann aber doch zurück. Was war das denn gerade für ein Auftritt? Wurde er jetzt etwa zum Spielball von Tanakawa und Mika? Das wollte er sich eigentlich nicht antun. Tanakawa reichte ihm voll und ganz. Wenn man den Stress, den Urukawa ihm machen könnte, einmal nicht beachtete.

Er hatte sich nach diesem zweiten Februar einige Male mit Mika getroffen. Für Außenstehende mag es so ausgesehen haben, als hätten sie Dates. Das störte ihn zwar am Anfang, aber da sie ihm ein paar nützliche Informationen über Tanakawa und Urukawa gab, vergaß er schnell, wie ihre Zusammentreffen auf andere wirken könnten. Außerdem hielt Mika immer einen gewissen Abstand zu ihm. Doch dieser Meter zwischen ihnen schlug sich in ihrer Wortwahl nieder. Das hier waren eindeutig keine Dates! Und wer genauer hinsah, konnte das leicht erkennen. Sie waren sich schon in Shibuya oder Shinjuku über den Weg gelaufen. Und bis jetzt hatte Kiryu nicht das Gefühl, dass sie genauso mit ihm spielen würde wie Tanakawa. Oder war er doch geblendet? Aber sie hatte ihn schließlich gewarnt. Falls Tanakawa im »Black Thunder« auftauchen – oder wieder auftauchen – sollte, schwebten er und die Jungs in Gefahr. Sie hatte sich nicht sehr klar ausgedrückt. Nur, dass Tanakawa irgendetwas mit ihnen vor hatte. Mehr war beim besten Willen nicht aus ihr herauszubekommen … Den Jungs hatte er nichts gesagt. Schließlich ging es auch diesmal nicht um *Rising Phenix*, sondern um ihn und sein Abkommen mit Tanakawa.

So vergingen die Tage. Inzwischen war es fast März. Es passierte nichts Außergewöhnliches, Takahashi hatte seinen Urlaub ein wenig verlängert, Mika ließ sich im »Black Thunder« nicht wieder blicken. Fast zwei Wochen waren vergangen, seit sie da gewesen war. Und weil Kiryu jetzt so viel Spielraum mit dem Laden hatte, geriet die ganze Sache um Tanakawa immer mehr in Vergessenheit. Was aber weder Kiryu noch Mika ahnten, war, dass Tanakawa sie genaustens im Auge behielt. Die letzten Tage und Wochen waren sehr aufschlussreich für ihn gewesen. Mikas Bericht war sicher schon bis ganz oben durchgedrungen. Und da ihm nicht gesagt wurde, dass er dieses »Spiel« beenden sollte, konnte er ein wenig weitermachen. Und so, wie die Sache jetzt aussah, beschloss er, dass es an der Zeit war, Kiryu den Grund für alles zu zeigen. Er sollte sehen, weshalb er sich wirklich für ihn entschieden hatte. Und mit ein bisschen Glück würde der Chef endlich merken, was er mit Tanakawa für ein Glück hatte. Denn, wenn seine Methoden etwas … außergewöhnlich waren, hatte er doch bis jetzt immer das gewünschte Ziel erreicht. Und davon profitierten schließlich alle.

Heilung

Akirou hatte sie kurzfristig zu sich bestellt. Jetzt saßen die Jungs von *Rising Phenix* ratlos in dem großen Büro und warteten. Akirou war nicht aufgetaucht, dabei hatte dieser Termin so dringend geklungen.

»Hallo, Jungs, ich will gleich zur Sache kommen«, sagte Akirou, als er ins Büro trat und zu ihnen kam. »Ihr werdet am nächsten Samstag im ›Deathmatch in Hell‹ auftreten.«

»Was?«, fragten sie wie aus einem Mund.

»Ihr werdet dort 45 Minuten spielen. Um 21 Uhr geht es los.«

»Okay, okay … Noch mal zum Mitschreiben: Wir treten nächste Woche in dieser Bar für ein Mini-Konzert auf«, hatte Taro als Erster seine Stimme wiedergefunden.

»Genau. Das hatte sich kurzfristig ergeben. Ich glaube, eine andere Band war abgesprungen … Jedenfalls ist alles bereits arrangiert – ihr müsst euch lediglich Gedanken darüber machen, was ihr spielen wollt.«

Sie sahen sich an. Aber da sie keine Wahl hatten, ob sie dort spielen wollten oder nicht, würden sie sich jetzt nicht auf Verhandlungen einlassen. Außerdem hatten sie nichts dagegen, mal wieder für eine kleinere Anzahl an Fans zu spielen. Ihnen war allen klar, dass sie sich am besten sofort um die Auswahl ihrer Songs kümmern sollten. Und Kiryu hatte bereits eine Vorstellung davon, was er in diesem Rahmen präsentieren wollte. Und wie.

Akirou erzählte ihnen ein paar Details. Von ihnen wurde erwartet, dass dieser Auftritt so kurz nach ihrer Tour natürlich etwas Besonderes werden würde.

Sie hatten die ganze letzte Woche damit verbracht zu proben. Takahashi war nicht sehr begeistert davon, dass Kiryu sich schon wieder so rarmachte. Und wenn er in dieser Woche doch einmal im »Black Thunder« erschienen war, war er nie länger als zwei, höchstens drei Stunden geblieben. Aber Kiryu wollte eine perfekte Performance abliefern. Deshalb rief er in dieser Woche die Jungs sehr oft zur Probe. Sie waren darüber zwar etwas irritiert, dass von Kiryu die Initiative ausging. Als sie aber von seinen Vorstellungen für diesen Abend hörten, waren sie davon nicht weiter überrascht. Was Kiryu vorsah, hatten sie nie zuvor versucht. Einzig Ryo sah diesem Abend entspannt entgegen. Taro beschwerte sich dafür die ganze Woche darüber, dass er nicht so viele Gesangsparts übernehmen wollte. Dass er aber auf verlorenem Posten stand, war ihm selbst klar. Die Kombination aus Kiryus und seiner Stimme klang einfach zu gut und war perfekt für ihren Auftritt im »Deathmatch in Hell«! Sehr viel Text müsste er sowieso nicht lernen – als Zweitstimme musste er pro Song nur ein paar Verse mitsingen.

Jetzt saß Kiryu auf einem Barhocker auf der Bühne und wartete darauf, dass sie anfangen würden. Akirou hatte er eben irgendwo gesehen. Er schien nervös zu sein. Kiryu dagegen war die Ruhe selbst. Er konnte sich nicht erklären wieso … Er war gespannt darauf, wie das Publikum das Konzert auffassen würde. Die Band, die vor ihnen gespielt hatte, konnte er an der Bar stehen sehen. Auch sie schienen gespannt darauf zu sein, was der Abend bringen würde.

Nicht einmal während ihrer Tour hatten sie eine Akustikversion eines Songs gespielt. Und jetzt gleich 45 Minuten am Stück? Es war etwas vollkommen Neues für sie. Und für ihre Fans. Aber schließlich war es Akirous Wunsch gewesen, heute Abend etwas Außergewöhnliches zu bringen.

Der Raum wurde in Dunkelheit gehüllt. Nur Kiryu saß im Licht. Taro neben ihm begann zu spielen. Eine gespannte Ruhe lag im Raum, die Gitarre war zu hören, dann begann Kiryu »Wahnsinn in mir« zu singen. Der Song klang sehr melancholisch in dieser Akustikversion. Doch jetzt sollten alle wissen, wie der heutige Abend ablaufen würde.

Sie spielten Song um Song. Meistens übernahm Taro die Zweitstimme, bei einigen Songs aber auch Haru. Sie hatten für heute Abend eine Mischung aus eigenen Songs und ein paar Covern zusammengestellt. Und bisher waren alle begeistert von ihnen. Einer ihrer letzten Songs war »My Demons« von Starset. Taro hatte seine liebe Not damit, Kiryu auf der Gitarre zu begleiten und seine Einsätze nicht zu verpassen. Aber Kiryu hatte darauf bestanden, dass Taro hier die Zweitstimme übernahm. Die kleinen Patzer beim Gesang nahm Taro niemand übel. Denn alle Aufmerksamkeit war auf Kiryu gerichtet. Das Publikum hing förmlich an seinen Lippen. Und Kiryu wusste darum. Wenn er die meiste Zeit mit geschlossenen Augen sang oder zu Boden blickte, konnte er doch alle Blicke auf sich spüren. Und er genoss es sichtlich, so im Mittelpunkt zu stehen. Bei der zweiten Strophe öffnete er aber seine Augen und sah zu einem bestimmten Punkt am anderen Ende des Raumes. Es war, als würde er direkt jemanden ansprechen, der dort stand mit:

> »I need your help, I can’t fight this forever
> I know you’re watching,
> I can feel you out there.«

Doch in dem dunklen Raum vor ihm konnte er unmöglich jemand Bestimmtes sehen. Nicht einmal die erste Reihe war sonderlich gut zu erkennen. Wie hätte er also jemanden ganz hinten erspähen können? Eine gelungene Einlage war es dennoch. Und ein starker Kontrast zu »Rising« war dieses Konzert ebenfalls. Selbst Akirou musste zugeben, dass er die Jungs unterschätzt hatte.

Noch zwei Songs, und ihre 45 Minuten waren vorbei. Kiryu hatte befürchtet, dass er bei diesem Konzert das Publikum nicht so gut einschätzen und lenken könnte wie normalerweise. Doch in dieser kurzen Pause zwischen den Songs sah er die erwartungsvollen Blikke der Menschen in der ersten Reihe. Die Spannung war fast greifbar. Kiryu atmete tief ein und begann, einen ihrer Songs a cappella zu singen. Taro und Haru stiegen nach den ersten Versen ein. Wenn Kiryu es nicht sehen konnte, wusste er doch, dass ihre Zuhörer jedem einzelnen Ton lauschten. Es war fast, als wären sie in einer Art Trance – hypnotisiert einzig von ihrer Musik. Ein Lächeln stahl sich auf sein Gesicht. Dies hier gehörte eindeutig zu seiner Welt.

Auf der Straße vor dem »Deathmatch in Hell« waren verschiedene Gruppen zu sehen. Einige rauchten, die meisten unterhielten sich und werteten das Konzert von *Rising Phenix* aus. Mit so etwas hatte keiner der Anwesenden gerechnet. Nicht alle fanden es gut, als klar wurde, dass die Band hier eine stille Seite von sich zeigen würde. Aber spätestens nach 20 Minuten waren diese Bedenken bei allen verflogen.

Kiryu trat gerade nach draußen, als ihm ein aufgeregter Taro entgegenkam: »Komm mit, es ist wichtig!« Also folgte ihm Kiryu. Ein paar Meter neben dem Eingang wartete Takuhiro bereits auf sie.

»Hi Takuhiro. Du hier?«

»Ja, war gar nicht so einfach, eine Karte zu bekommen. Ihr seid echt beliebt«, antwortete er mit einem Zwinkern. »Aber ich dachte eigentlich, du hättest mich bereits gesehen? Schließlich hattest du am Ende mal genau in die Kamera gesehen.« Jetzt sah Kiryu irritiert drein. Also holte Takuhiro schnell seine Kamera hervor und zeigte ihnen die Fotos, die er am Abend von ihnen gemacht hatte. Es waren Fotos darunter, die sie zeigten, nachdem ihr Konzert beendet war. Taro hatte seinen Arm auf Kiryus Schulter abgestützt, die Stimmung war ausgelassen. Dann zeigte er einige Fotos, auf denen zu sehen war, wie Ryo und Taro vollkommen vertieft in ihr Spiel waren. Und mittendrin war ein Haru zu sehen, der entspannt – fast schon gelangweilt – dasaß und alles beobachtete. Doch dann zeigte er endlich die Fotos, die ihn so verblüfft hatten: Kiryu war auf dem ersten Bild klar zu erkennen. Das Publikum war eine schwarze unförmige Masse. Taro war zu erahnen, genau wie Ryo. Das nächste Bild zeigte Kiryu in der Halbtotalen. Und er schien genau zu Takuhiro zu sehen. Auf dem dritten Bild war Kiryu noch näher. Seine Augen dominierten das Bild. Ihre Farbe war fast golden. Und Kiryu war auf Takuhiro fixiert, wie es schien. Sein Blick war fest. Die Niedergeschlagenheit in seinen Augen war zwar zu erkennen, war aber einem selbstbewussten Ausdruck untergeordnet. Nur die langen Haare, die ihm ins Gesicht fielen, trübten das Bild ein wenig. Alle waren sichtlich beeindruckt von den Bildern. Takuhiro hatte es wieder geschafft, die Stimmung des Abends perfekt einzufangen. Das ihm entgegengebrachte Lob genoss er sehr.

»Können wir die haben?«, fragte Ryo irgendwann.

»Ja klar. Wollt ihr sie bei mir abholen oder soll ich sie euch wieder vorbeibringen?«

»Bring sie am besten vorbei«, antwortete Kiryu schnell. Etwas in ihm sträubte sich dagegen, dass die anderen erfuhren, wo und wie Takuhiro wohnte.

Sie standen eine Weile vorm »Deathmatch in Hell« und werteten den Abend aus. Aber Kiryu schweifte mit seinen Gedanken schnell ab. Er hatte direkt erkannt, bei welchem Song Takuhiro die Fotos gemacht hatte, und sie ließen ihn nicht los. Er hatte wirklich zu jemandem gesehen. Aber das war nicht Takuhiro. Den hatte er gar nicht bemerkt. Oder hatte er sich doch geirrt? Hatte er diesen jemand mit Takuhiro verwechselt? Das wäre ihm schon ein bisschen peinlich. Er schüttelte den Kopf über sich selbst, was natürlich nicht unbemerkt blieb. »Bist du okay?«, fragte ihn ausgerechnet Takuhiro. Er sah schon wieder zu Kiryu wie ein paar Wochen zuvor in diesem Ramen-Shop. Kiryu konnte dieses Lächeln einfach nicht einordnen.

»Ja, alles in Ordnung.« Doch jetzt hatte er die Aufmerksamkeit der anderen. Sie sahen besorgt zu Kiryu, was dieser wiederum mit einem irritierten Blick quittierte.

»Vielleicht gehen wir besser wieder rein …« Haru hatte sich in erster Linie an Kiryu gewandt. Kiryu fand es übertrieben, dass sich plötzlich alle Sorgen um ihn machten. Also brachte er ein »okay« heraus und ging zur Tür.

Er hatte die Tür gerade geöffnet, als Takuhiro zu ihm trat, ihm schon wieder so merkwürdig zulächelte und ihm dann auf die Schulter klopfte, bevor er hineinging. Aus dem Inneren drang die Musik einer weiteren Band zu ihnen. Aber heute Abend würden schließlich viele andere Bands zu hören sein. Ryo und Haru folgten schnell. Taro dagegen wartete einen Augenblick, bis er mit Kiryu allein war.

»Hast du es dir jetzt doch anders überlegt?« Kiryu klang ein wenig genervt, was aber mehr gespielt als echt war. Taro grinste ihn süffisant an und sagte, ohne auf Kiryu einzugehen: »Dein Lover macht echt gute Fotos. Muss man ihm schon lassen!«

»Er ist nicht …«, versuchte Kiryu zu protestieren. Aber Taro fiel ihm schon ins Wort: »Hey, ist deine Sache, nicht meine.«

»Wenn ich dir jetzt widerspreche, ändert das irgendetwas an deiner Meinung?«

»Nein«, antwortete Taro fröhlich. Dann verschwand er schnell nach drinnen.

»Na großartig«, gab Kiryu mit einem Seufzen von sich, dann folgte er den anderen.

Für Kiryu war jetzt ein Punkt erreicht, an dem er den Abend einfach nicht mehr genießen konnte. Vor allem dank Taro. Er antwortete nur noch einsilbig, wenn er sich denn überhaupt am Gespräch beteiligte. Das fiel natürlich allen auf, aber zuerst traute sich niemand zu fragen, was los war. Taro hatte für Kiryu allerdings das Fass mit einem unbedachten Kommentar zum Überlaufen gebracht. Kiryu wandte sich Taro zu, funkelte ihn böse an und sagte in scharfem Ton: »Halt einfach die Schnauze!« Dann ging er wieder nach draußen.

Takuhiro, der zwischenzeitlich zwar immer wieder Fotos der verschiedenen Bands gemacht hatte und daher in der Bar herum gelaufen war, war trotzdem nicht entgangen, dass er den Stein des Anstoßes gegeben hatte. Und als sich Kiryu entfernte, ging er schließlich zu ihnen und fragte nach. Taro konnte es sich diesmal nicht verkneifen, eine zweideutige Bemerkung fallen zu lassen. Allerdings reagierte Takuhiro vollkommen anders als erwartet: Er legte vertrauensvoll einen Arm um Taros Nacken, beugte sich sehr nah zu ihm und fragte in verführerischem Ton: »Bist du etwa neidisch?« Das Ganze war Taro so peinlich, dass er Takuhiro von sich stieß und protestierte. Das löste einigen Tumult aus. Kiryu bekam davon nicht viel mit. Er war schon fast am Ausgang, als er ein letztes Mal zur Band sah und Takuhiro neben einem sehr aufgebrachten Taro erblickte. Er wollte nicht wissen, was vorgefallen war. Aber da Ryo und Haru die Situation lustig fanden, konnte es nichts Dramatisches sein.

Als er draußen stand, sah er zum sternenlosen Nachthimmel auf.

»Es ist schade, dass man sie nicht sieht, nicht wahr?«, sprach ihn plötzlich eine vertraute Stimme an.

»Was?«, erwiderte er verblüfft und sah zu Takuhiro, der seinen Blick nicht vom Himmel abwandte. »Die Sterne. Es ist schade, dass sie nicht zu sehen sind«, erklärte er. Dann wandte er sich direkt Kiryu zu: »Dass ich dir Probleme bereitet habe, tut mir leid.« Kiryu sah ihn weiterhin ungläubig an.

»Taro dürfte sich so schnell keinen dieser Kommentare erlauben.« Kiryu antwortete immer noch nicht. Erst als er den Blick wieder dem Himmel zuwandte, brachte er ein »ach ja?« heraus. Takuhiro tat es ihm gleich und sah wieder nach oben. Dann sagte er: »Kerle wie Taro sind eigentlich ganz einfach zu handhaben.«

»Er wird trotzdem nie mit seinen bissigen Bemerkungen aufhören …« In Kiryus Stimme klang Resignation mit.

»Ich glaube schon.« Takuhiro hingegen klang zuversichtlich, was das betraf. Kiryus Blick zeigte eine Frage: »Was hast du getan?« Takuhiro musste kurz auflachen, ehe er Kiryu antwortete. Dann erklärte er: »Ich hab doch gesagt, dass Kerle wie er leicht zu handhaben sind. Und ich bin vorhin mit ihm so umgegangen, wie er glaubt, dass ich mit dir umgehe. Ich habe ihn sozusagen von seiner eigenen Medizin probieren lassen.«

»Du hast was?« Kiryu war ein wenig besorgt. Klar, Taro konnte ordentlich austeilen und viel einstecken. Aber er hatte die ungute Ahnung, dass Takuhiro kein Gegner für Taro wäre. Und er wusste nicht, was Takuhiro genau getan oder zu Taro gesagt hatte.

»Ich hab mich an ihn ran gemacht, um genau zu sein.« Takuhiro sagte das so locker heraus, als ginge es hier um sein Abendessen. Er amüsierte sich noch immer über die Situation, während Kiryu perplex neben ihm stand.

»Du brauchst nicht geschockt zu sein«, versuchte Takuhiro ihn zu beruhigen. »Das war nicht mal ein richtiger Flirt. Wobei ich vielleicht ausprobieren sollte, wie Taro darauf reagiert …«

»Das ist keine gute Idee, glaube ich.«

»Ja, das fürchte ich auch. Aber falls dich Taro wieder damit aufziehen will, solltest du ihm einfach nur sehr nahekommen. Und ich meine jetzt nicht die bedrohliche Art.«

»Das werde ich garantiert nicht«, erklärte Kiryu entschieden.

»Na, wie du meinst«, erwiderte Takuhiro. Er war dabei, wieder nach drinnen zu gehen, als er Kiryu seine Hand auf die Schulter legte und ihm sagte: »Glaub mir: Es lebt sich leichter, wenn du dir weniger Gedanken über gesellschaftliche Konventionen und Rollenbilder machst.« Dann war er schon verschwunden. Kiryu blieb vor der Bar stehen, dann entschied er sich dafür, nach Hause zu gehen. Er verabschiedete sich bei der Band und schrieb Takuhiro dann eine Nachricht, dass dieser ihn nicht mehr in der Bar antreffen würde. Alles in allem fand er, dass der Abend doch ganz gut ausgeklungen war.

Zwischengelagert

An manchen Tagen lief einfach nichts so, wie es sollte. Und genau so einen Tag hatte Kiryu heute schon wieder erwischt.

Es war März und die Kirschen würden bald blühen. So schlimm hatte dieser Tag gar nicht angefangen. Die Sonne ließ sich endlich wieder blicken, ihr neues Album nahm langsam, aber sicher Gestalt an und Takahashi vertraute ihm immer mehr. Sie redeten nicht bei jeder sich bietenden Gelegenheit aneinander vorbei. Das entspannte Kiryu erheblich. Denn nun konnte er endlich eine angefangene Arbeit so zu Ende bringen, wie er es sich gedacht hatte, ohne Takahashi immer wieder erklären zu müssen, was er wieso tat. Takahashi schien langsam zu begreifen, dass Kiryu wusste, was er tat. Doch je länger er hier arbeitete, desto öfter dachte er darüber nach, etwas an seinem Arbeitsverhältnis zu Takahashi zu ändern. Bis jetzt hatte er sich nicht getraut, ihn darauf anzusprechen. Aber damit stresste er sich jetzt nicht. Es war mehr ein Wunsch als eine für ihn notwendige Änderung.

Krach hatte es zwischen den Jungs von *Rising Phenix* schon lange nicht mehr gegeben. Abgesehen von dem kleinen Zwischenfall im »Deathmatch in Hell«. Taro hatte sich aber keine weiteren solcher Kommentare mehr erlaubt. Und seit ihrer Tour waren sie alle sowieso geduldiger miteinander umgegangen. Das lag vielleicht auch daran, dass sie während dieser vier Wochen fast ununterbrochen zusammen waren. Kiryu war froh – und die anderen sicherlich ebenso – endlich wieder auf Abstand mit ihnen zu sein. Die Tour war toll, aber für eine längere waren sie wohl noch nicht bereit … Dennoch würden sie irgendwann einmal, wenn sie alle wirklich so weit waren, vielleicht ein ganzes Jahr unterwegs sein. Doch das waren Träume, die in weiter Ferne lagen. Derzeit klang es in seinen Ohren zwar wie Wunschdenken, aber wenn sie die – zugegebenermaßen nicht sehr großen – Hallen füllen konnten, würden sie mit der Zeit sicherlich größere Touren machen können. Doch zuerst stand dieses Jahr das Fuji Rock Music Festival an. Urukawa und Akirou hatten es tatsächlich geschafft, dass sie dort spielen durften. Sie würden am ersten Tag zwei Stunden am Nachmittag auftreten. Und für Kiryu war klar, dass er sich an den anderen beiden Tagen ein paar Bands anhören würde. Den anderen ging es nicht anders. Der Sommer versprach großartig zu werden.

Er lebte bis jetzt in der kleinen Wohnung, obwohl er sich schon lange viel mehr Komfort leisten konnte. Er hatte sogar seine alten Möbel. Sehr viel Neues war bis jetzt einfach nicht dazu gekommen. Er lebte sehr bescheiden – auf Sparflamme, wie Taro ihm immer wieder sagte. Aber das kannte er nun mal. Er hätte natürlich schon lange umziehen können. Aber etwas hielt ihn dennoch hier in dieser kleinen Wohnung. Das störte ihn zwar nicht weiter, aber die Jungs versuchten schon seit Wochen, ihn zu überreden, dass er sich endlich etwas Besseres suchte. Halbherzig hatte er das eine Weile getan. Aber wie abzusehen war, hatte er nichts gefunden. Wozu auch? Er hatte sich nicht sonderlich viel Mühe gegeben, eine andere Wohnung zu finden. Das lag zum einen daran, dass er einfach keine Notwendigkeit sah auszuziehen, und zum anderen daran, dass er immer noch keine Vorstellungen davon hatte, wo und wie er leben wollte. Und was würde dann aus Hanako werden? Seit sie ihre Tour beendet hatten, hatte er wieder ab und zu auf sie aufgepasst. Würde er das weiterhin können, wenn er wegzog? Er hing schon ein wenig an der Kleinen. Und schließlich war er zufrieden mit dem, was er hatte. Nach einer anderen Bleibe hatte er sich ja umgesehen, die Aufgabe war also erfüllt. Und als von ihm nichts Neues kam und von der Band keine weiteren Einwände zur neuen Wohnung, war das Thema dann vorerst vom Tisch.

Er war gerade auf dem Weg zum »Black Thunder«. Er hatte ein Ziel vor Augen und hoffte, dass Takahashi nichts dagegen hatte. Wenn er schon nichts an seiner Wohnsituation ändern würde, müsste doch sein Arbeitsverhältnis zu Takahashi nicht auf dem immer gleichen Niveau stecken bleiben.

Kaum hatte er den Laden betreten, wollte er sofort mit Takahashi reden. Aber dieser war nicht zu sehen.

»Wohin ist er jetzt schon wieder verschwunden?«, ging es Kiryu durch den Kopf. Doch Takahashi kam schon in den Verkaufsraum.

»Hallo, Kiryu«, grüßte er kurz, bevor er sich eine Kiste schnappte und damit verschwand.

»Äh, Herr Takahashi … kann ich kurz mit Ihnen reden? Es ist wichtig.« Takahashi hielt inne. Er sagte kein Wort, drehte sich aber auch nicht zu Kiryu um. Stattdessen schien er den Inhalt der Kiste, die er eben wegräumen wollte, noch einmal zu inspizieren. Es war fast so, als ahnte er bereits, was Kiryu von ihm wollte.

»Bitte«, brachte er schnell heraus.

Takahashi setzte die Kiste ab und drehte sich dann zu Kiryu um: »Also gut, Junge. Worum gehts?«

Kiryu atmete einmal tief ein und sagte ihm dann geradewegs ins Gesicht: »Ich möchte, dass Sie mich hier fest einstellen.«

Wie konnte er nur so blöd sein? Hatte er denn ernsthaft geglaubt, es würde so einfach sein? Er hatte ja nicht einmal einen vernünftigen Schulabschluss. Wie sollte er dann bei Takahashi punkten?! Hatte er denn wirklich geglaubt, Takahashi würde ihn einfach so einstellen, obwohl sie immer und immer wieder aneinander vorbei redeten? … Ja, das hatte er.

Vom Nieselregen war er schon ganz nass. Aber die Kälte und Nässe erreichte ihn nicht. Er hatte schon wieder auf taub geschaltet.

Seine Haare fielen ihm strähnig ins Gesicht, doch er strich sie nicht beiseite. Im Moment war ihm alles egal. Er war lange im Hafenviertel herumgelaufen. Jetzt befand er sich irgendwo mitten in Shinjuku. Das Gespräch – wenn man es denn so nennen wollte – zwischen Takahashi und ihm ging er auf seinem Irrweg immer und immer wieder im Kopf durch:

»Wie bitte?«, hatte Takahashi verdutzt auf seine Frage geantwortet. »Ich kann mir einen Festangestellten gar nicht leisten. Was du jetzt schon bekommst, ist die oberste Schmerzgrenze. Und außerdem warst du in letzter Zeit so oft abwesend, dass dir meiner Meinung nach gar nicht mehr zusteht.«

»Von mehr Lohn habe ich auch gar nicht gesprochen. Es geht mir bloß um die Festanstellung«, beteuerte Kiryu. Doch Takahashi lehnte strikt ab.

»Wieso auf einmal? Du hattest doch selbst um einen Aushilfsjob gebeten?! Und deine Band ist nicht gerade unbekannt. Ihr verdient doch ganz gut, dachte ich?«

»Das ist aber nur mein Hobby und …«

»Das dir schon ziemlich viel Kohle gebracht hat. Nein, nein. Ich habe dich hier als Aushilfe angestellt und dabei bleibt es. Du hattest außerdem zu Anfang gesagt, das würde dir reichen! Mal ganz abgesehen von den ganzen Freiheiten, die ich dir gewähre.«

»Aber …«

»Ende der Diskussion«, dann nahm er seine Kiste wieder und räumte sie nach hinten.

»Ich mach heute frei, Herr Takahashi«, rief Kiryu ihm noch zum Abschied hinterher. Dann verließ er den Laden …

Mit Wut im Bauch war er davon gestapft. Es war ihm egal, ob Takahashi ihn gehört hatte oder nicht. Der würde schon merken, wenn Kiryu heute nicht mehr im »Black Thunder« auftauchte.

Er war so wütend auf sich selbst! Wie hatte er glauben können, Takahashi würde seine Bitte erfüllen?! Er wollte alles herausbrüllen! Wie sollte er denn bitte beweisen, dass mehr in ihm steckte, wenn Takahashi ihm keine Gelegenheit dazu bot? Doch als es anfing zu nieseln, kühlte sich sein Gemüt ein wenig ab. Seine Gedanken schweiften ab von Takahashi und dafür zu *Rising Phenix*. Und dadurch leider zu Tanakawa. Aber mehr Frust konnte er jetzt nicht brauchen. Der Tag war schon jetzt schlimm genug für ihn. Deshalb versuchte er, sich auf etwas anderes zu konzentrieren. Doch leider ließen ihn seine finsteren Gedanken nicht mehr los, weshalb er ihnen nachgab und darüber nachsann, ob Mika ihm wirklich so gefährlich werden könnte wie Tanakawa. Oder war sie etwa das genaue Gegenteil?

»Hi, Kiryu! Schön dich zu sehen«, erklang eine Stimme ganz in seiner Nähe. Kiryu hatte sie zwar wahrgenommen, ging aber einfach weiter. Er wollte jetzt mit niemandem reden.

»Kiryu? Hörst du mich?« Die Stimme kam näher.

»Jetzt warte doch mal!« Eine Hand hielt ihn an seiner rechten Schulter fest und er musste stehen bleiben. Etwas verwirrt schaute er dann in Takuhiros Gesicht.

»Alles okay bei dir?«, fragte dieser besorgt. Kiryu streifte seine Hand ab und sagte kurz angebunden: »Ja, alles okay.« Und wollte schon weiter gehen, doch Takuhiro hielt ihn am Arm fest: »Hast du Probleme mit der Band?«

»Nein, das ist es nicht«, erwiderte er tonlos. Aber jetzt einfach zu gehen, war sinnlos. Takuhiro würde an ihm kleben bleiben, das stand fest. Kiryu fand es im Augenblick wahnsinnig nervig, dass Takuhiro ihn scheinbar lesen konnte wie ein Buch.

»Stress mit deiner Freundin?«, hatte Takuhiro dann einfach mal ins Blaue geraten. Sein Ton war locker, er wollte ihn auf andere Gedanken bringen.

»Was? Nein!«

»Hmm … dann macht dir dein Chef Ärger?« Takuhiro schien dieses Ratespiel zu gefallen. Und nebenbei zog er Kiryu auch noch auf, was ihm mehr Spaß zu machen schien.

»Ich hab keine Ahnung, wem ich glauben kann und wem nicht, okay?! Könntest du jetzt bitte verschwinden?«

»Ah, Probleme mit Tanakawa. Diesem Kerl darfst du nie trauen. Der ist in der ganzen Stadt bekannt. Und zwar nicht wegen seiner guten Seiten«, erklärte er Kiryu jetzt in einem sachlichen Ton.

»Das weiß ich«, erwiderte Kiryu. »Aber es gibt da noch jemanden.«

»Oh, du hast doch ’ne Freundin?«, haute Takuhiro heraus und grinste Kiryu dabei schelmisch an.

»Und wenn es wirklich so wäre?!«, antwortete Kiryu genervt. Er hatte jetzt einfach keinen Kopf für Takuhiro. Was dieser zwar zu merken schien, ihn aber nicht sonderlich interessierte.

»Okay, okay, ich habs ja kapiert. Also, um wen geht es?«, schlug er dann doch einen ernsteren Ton an. Kiryu hatte seinen Weg automatisch fortgesetzt, Takuhiro war ihm zuerst gefolgt und lief jetzt neben ihm. Der Regen schien ihm ebenfalls nichts auszumachen.

»Ich weiß bloß, dass sie Mika heißt.« Takuhiro bleib wie angewurzelt stehen und sah Kiryu überrascht, ja fast geschockt an.

»Was hast du auf einmal? Weißt du etwa, wer sie ist?« Kiryu war ebenfalls stehen geblieben und hatte sich zu Takuhiro umgedreht.

Takuhiro schloss wieder zu Kiryu auf und sagte ihm dann mit dunkler Miene: »Sagen wir es mal so: Ich weiß, *was* sie ist.« Kiryus fragenden Blick ignorierte er. Stattdessen versuchte er, schnell das Thema zu wechseln. Doch das wollte Kiryu nicht. Er versuchte, ihn immer wieder auf Mika anzusprechen, herauszufinden, was mit ihr war. Doch Takuhiro blockte ihn eiskalt ab. Und jetzt war es Takuhiro, der einen gestressten Eindruck machte, während Kiryu verwirrt neben ihm herging.

Schließlich ging Kiryu doch auf Takuhiros Versuche ein, das Thema zu wechseln, weil er keine Chance sah, etwas aus ihm herauszubekommen. Als Takuhiro dann zu Kiryu sah, tat er fast so, als würde ihm erst jetzt auffallen, dass Kiryu vom Nieselregen schon patschnass war. Also lud er ihn kurzerhand zu sich nach Hause ein. Denn ohne dass es Kiryu mitbekommen hatte, waren sie schon halb auf dem Weg dahin gewesen.

Es dämmerte bereits und die Regenwolken verzogen sich allmählich. Der Nieselregen hatte zwar schon vor Stunden nachgelassen, aber Kiryu war trotzdem bei Takuhiro geblieben. Schon allein, damit seine Klamotten richtig trocknen konnten. Auf die angebotene Dusche hatte er verzichtet und sich mit einer Tasse Kaffee begnügt.

Gil hatte er nicht sehen können, als er Takuhiros Wohnung betrat. Also entspannte er sich und nahm auf dem Sofa Platz.

»Bekommst du eigentlich immer noch so viele Hassnachrichten?«, sprach Takuhiro schließlich das nächste Thema an. Doch ehe Kiryu antworten konnte, fiel ihm Gil ins Wort: »Darüber würde ich gerne mehr wissen. Was sind das für Nachrichten, Kiryu?« Verblüfft drehte sich Kiryu zu Gil. Takuhiro schien dagegen nicht sonderlich überrascht zu sein, ihn hier zu sehen.

»Wo kommst du jetzt auf einmal her? Wie bist du hier reingekommen? Und wann?«, fragte Kiryu schließlich, als er endlich seine Stimme wiederfand.

»Durch die Tür, gerade eben«, war seine schlichte Antwort. »Also, jetzt sag schon. Was für Nachrichten bekommst du?«

Kiryu reichte ihm widerwillig sein Smartphone, auf dem einige der Hassmails zu sehen waren. Er hätte sich auch weigern und protestieren können. Aber Gil war nicht der Typ, der solche kläglichen Ausreden gelten lassen würde, das war Kiryu klar. Daher ergab er sich mit einem Seufzen in sein Schicksal.

»Äußerst unkreativ … Immer wieder die gleichen Formulierungen … Einfach stümperhaft«, gab Gil immer wieder von sich, während er Mail um Mail las. Takuhiro hatte sich irgendwann zu ihm gestellt und las ebenfalls mit.

» ›Lösch dich, du Versager‹ – das ist mal was Neues«, bewertete Takuhiro die Nachrichten ebenfalls.

»Ich habe das Gefühl, ihr nehmt mich nicht ernst!«

»Doch, wir nehmen dich ernst. Aber nicht diese … als was würdest du sie am besten bezeichnen?«

»Hirnverbrannte Vollidioten«, war Kiryus schnelle Antwort darauf. Gils lockerer Ton gefiel ihm gar nicht. Und für Takuhiro schien es sich bei all den Drohungen um eine Kleinigkeit zu handeln.

»Keine Sorge, Kiryu. Das wird schon bald ganz aufhören. Ich werde mich darum kümmern.« Gil erweckte in Kiryu den Eindruck, dass es sich nur um eine Kleinigkeit handelte.

»Du hilfst mir? Einfach so?«

»Das habe ich nicht gesagt.« Jetzt sah Kiryu doch skeptisch zu Gil. Dieser Kerl war eiskalt und aalglatt. Doch Gil lächelte ihm freundlich zu und erklärte ihm dann: »Ich werde irgendwann auf dich zukommen deswegen. Mach dir jetzt keine Sorgen darum.« Dann schickte er die Mails über Kiryus Smartphone an seine eigene Mail-Adresse und machte sich Screenshots der Nachrichten, die Kiryu in den sozialen Netzwerken erhalten hatte, um sie sich ebenfalls zu schicken. Kiryu kam diese Szene so unwirklich vor. Was sollte das plötzlich? Wieso war Gil so freundlich? Eine Antwort sollte er darauf aber nicht erhalten, denn Gil ging schon wieder. Während dieses kurzen Auftritts schien er alles erfahren zu haben, was er wissen wollte. Kiryu dagegen blieb verdutzt zurück.

Er war auf dem Weg nach Hause und hatte sein Ziel fast erreicht, aber wie schon einmal beim »Black Thunder« wurde ihm hier der Weg versperrt. Sie waren wie aus dem Nichts aufgetaucht. Er konnte nicht mehr sagen, aus welcher Richtung sie gekommen oder wie viele sie waren. Aber das war jetzt eh nicht mehr wichtig. Er sah die schwarz vermummten Gestalten auf sich zukommen, dann wurde plötzlich alles um ihn herum in Dunkelheit gehüllt …

»Kiryu! Hey, Kiryu! Wach endlich auf!« Es war Taros Stimme, die ihn weckte.

»Was …? Wo … äh …«, konnte Kiryu nur heraus bringen. Sein Kopf tat weh, sein Mund war trocken. Wie lange war er bewusstlos gewesen?

»Wir sind alle hier. Eingesperrt wie die Versuchskaninchen«, war Ryos Stimme irgendwo in der Dunkelheit zu hören. In seiner Stimme schwang Angst mit.

Kiryu schaffte es endlich, sich aufzurichten. Er schwankte. Deshalb spürte er plötzlich eine Hand an seinem Oberarm, die ihn stützte. Sie gehörte wohl zu Taro.

Der Raum, in dem sie waren, war schlecht beleuchtet. Einen Lichtschalter konnte er aber nirgendwo entdecken. Sollten sie etwa die ganze Zeit in diesem Dämmerlicht verbringen? Der Raum hatte keine Fenster und lediglich eine Tür, die verschlossen war. Durch das Belüftungssystem hätten sie auch nicht fliehen können. Der Schacht war einfach zu klein. Sämtliche Wände sowie der Fußboden waren betoniert. Und es war kalt hier …

Kiryu sah auf sein Smartphone. Er hatte Empfang, sehr guten sogar. Sie könnten also Hilfe rufen! Nur sein Akku würde nicht mehr allzu lange durchhalten.

»Wie siehts bei euch aus?«, fragte er in die Runde und hielt sein Smartphone hoch.

»Mein Akku ist voll«, antwortete Taro gleich.

»Meiner hält auch noch eine Weile durch«, kam von Haru.

»Habt ihr schon versucht, irgend jemanden zu erreichen?« Kiryus Frage blieb unbeantwortet, weil Tanakawa plötzlich anrief: »Hallo Kiryu. Und auch Taro, Ryo und Haru. Verzeiht die etwas … eigenwillige Einrichtung. Aber ich bin mir sicher, der kleine Aufenthalt wird euch ebenso von Nutzen sein wie mir.«

Im Keller

Er träumte. Und er kannte diesen Traum. Denn er hatte ihn bereits mehrere Male geträumt:

Der Keller, in dem er sich schon wieder befand, war immer noch kalt. Er war allein und irgendwo war eine kleine Lichtquelle. Genau ausmachen konnte er sie aber nicht. Er konnte lediglich ein bisschen von seiner Umgebung erkennen.

Tanakawa tauchte plötzlich aus dem Nichts auf. Er trug den gleichen Anzug wie bei ihrer ersten Begegnung vor über einem halben Jahr. Kiryu wusste, dass Tanakawa etwas mit ihm vor hatte. Und dann passierte das, was jedes Mal geschah: Tanakawa zog ein Messer und ging weiter auf Kiryu zu. Seine Haltung war bedrohlich und die Klinge reflektierte das Licht. Kiryu wich vor Tanakawa immer weiter zurück. Die Wand in seinem Rücken war kalt. Aber am liebsten wäre er weiter zurückgewichen. Warum war dieser Raum so klein? Warum gab es keinen Ausweg? Kiryu hatte Angst. Er wollte hier weg, und dann … Tanakawa war verschwunden. Alles um ihn herum war dunkel. Doch aus heiterem Himmel wurde er von einem gleißenden Licht geblendet. Er schloss die Augen, und als er sie wieder öffnete, war er irgendwo in Tokyo. Er stand inmitten einer Menschenmasse. Niemand beachtete ihn. Für ihn sah es aus, als wäre er in Shibuya. Die Straßen kamen ihm hier so vertraut vor. Die Häuserfront neben ihm erkannte er sogar, konnte aber trotzdem nicht sagen, wo genau er sich befand. Und dann teilte sich die Masse auf einmal vor ihm. Am anderen Ende der entstandenen Gasse konnte er jemanden sehen. Und es war jemand, den er kannte. Als Kiryu näher trat, erkannte er ein Mädchen. Sie lächelte ihm zu, dann drehte ihm Mika den Rücken zu und ging. Kiryu wollte ihr folgen, aber plötzlich konnte er sich nicht mehr vom Fleck bewegen. Als er auf seine Füße sah, waren da auf einmal Ketten! Er zog und wand sich, aber es nützte nichts. Er saß fest. Als er wieder den Blick hob, um nach Mika zu sehen, war sie verschwunden. Er rief nach ihr und sah sich, so gut es ging, um. Menschen gingen an ihm vorbei, ignorierten ihn in seiner misslichen Lage allerdings. Er versuchte, jemanden aufzuhalten und um Hilfe zu bitten, aber niemand beachtete ihn …

Kiryu erwachte aus einem unruhigen Schlaf. Um ihn herum war alles dunkel. Und es war kalt. Träumte er denn weiter? Aber ihm dürfte jetzt gar nicht so kalt sein. Auch sein Rücken tat ihm weh. Wo war er hier? … Dann fiel ihm alles wieder ein. Tanakawa, die Jungs, die hier mit ihm festsaßen, ihre Ratlosigkeit.

Neben ihm raschelte etwas. Er zuckte zusammen und traute sich vor Schreck nicht mehr, zu atmen. Gab es hier denn Ratten? Er hasste Ratten. In seiner Wohnung gab es mal welche, aber die waren zum Glück schnell beseitigt. Oder war das etwa gerade etwas Größeres?

Da war eine Stimme. Sie klang seltsam vertraut, aber er konnte sie dennoch nicht einordnen. Die Angst in ihm stieg. Ein kalter Schauer lief ihm über den Rücken. Aus der Dunkelheit fuhr plötzlich etwas auf ihn nieder. Jemand schlug nach ihm! Panisch schrie er auf und weckte damit die anderen. Im Dämmerlicht konnte er ihre Silhouetten erkennen, er hatte geträumt. Verschlafen fragten diese sofort, was los war. Kiryu schwieg zunächst. Doch dann sagte er kurz angebunden: »Ich hab schlecht geträumt …« Taro murmelte daraufhin etwas Unverständliches, schlief aber fast sofort weiter. Was war das gerade eben? Ein Traum im Traum? Er schüttelte den Kopf, um die letzten Fetzen dieser Träume zu vertreiben. Wieso musste er sich ausgerechnet jetzt so genau daran erinnern? Als wären sie alle nicht schon angespannt genug.

Er sah auf die Uhr seines Smartphones und stellte fest, dass es vier Uhr morgens war. Jetzt waren sie schon mehr als zehn Stunden hier drinnen. Und er hatte Durst. Sehr großen Durst. Die anderen schliefen. Vielleicht sollte er es ihnen gleichtun. Etwas Besseres konnten sie hier sowieso nicht machen.

Sie hatten versucht, Hilfe zu rufen, konnten aber niemanden erreichen, obwohl der Empfang hier sehr gut zu sein schien. Entweder wurde ihr Anruf nicht entgegengenommen oder es war besetzt.

»Ist ja fast wie in den zwei Wochen, die ich letztes Jahr in Deutschland war«, erklärte Taro.

»Da konntest du auch nie jemanden erreichen. Und du bist dir sicher, dass das nicht an der Zeitverschiebung lag?!«

»Ja, Ryo, das bin ich. Die nennen es dort ›Funkloch‹. Klingt zwar putzig, ist aber super nervig!«

Sie hatten sich fast normal unterhalten. Doch das war ein kurzes Aufatmen in ihrer ausweglosen Lage.

Er warf einen kurzen Blick auf die Energieanzeige seines Smartphones und musste feststellen, dass sein Akku nicht mehr lange halten würde. Sein Herz schlug augenblicklich schneller. Was, wenn es bei den anderen nicht besser aussah und sie sehr viel länger hier saßen? Er versuchte, diese Panik zu unterdrücken. Das würde jetzt nicht weiterhelfen. Dann steckte er das Smartphone zurück in seine Hosentasche.

Die Sonne tauchte den Horizont in tiefes Rot. Die Stadt erwachte wieder zu richtigem Leben. Doch Kiryu und die anderen bekamen davon nichts mit. Das Dämmerlicht in ihrem Gefängnis hatte sich nicht verändert. Hier herrschte ein immerwährender Zustand zwischen Tag und Nacht. Und das setzte ihnen mehr und mehr zu. Trotz ihrer Smartphones verloren sie allmählich ihr Zeitgefühl. Aber das lag daran, dass sie hier nichts weiter tun konnten als tatenlos dazusitzen. Diese Fast-Dunkelheit hinderte sie an jeder Bewegung. Einzig der Verstand konnte hier arbeiten. Mit jedem Augenblick schien es immer bedrückender zu werden. Kein Wort, kein Geräusch – nur Angst, Beklemmung und Ungewissheit. Wann würden sie endlich wieder Tageslicht sehen und frische Luft atmen? Tageslicht … Kiryu kam es inzwischen wie eine immer blasser werdende Erinnerung vor. Und dabei saßen sie nicht einmal einen ganzen Tag hier. Tanakawa hatte sich schon lange nicht mehr bei ihnen gemeldet. Wo sollte das alles bloß enden? Und wieso saßen sie alle hier? Den Grund hatten sie immer noch nicht erfahren …

Es war früh am Morgen, als Kiryu wieder einmal wach wurde. Und sein Durst wurde immer schlimmer. Hunger hatte er zwar auch, aber das störte ihn nicht so sehr, schließlich hatte es in seinem Leben schon mehr als ein paar Tage gegeben, an denen er nichts gegessen hatte. Die anderen schienen zu schlafen. Sie rührten sich zumindest nicht. Noch immer hatte niemand von ihnen ein Wort gesagt. Allein das Rascheln ihrer Kleidung war zu hören. Aber daran hatten sie sich schon gewöhnt und hörten es gar nicht mehr bewusst. Es war die einzige Geräuschkulisse hier.

Kiryu dachte einmal mehr darüber nach, was Tanakawa zu ihnen gesagt hatte. Es würde ihm zwar nicht unbedingt weiterhelfen, und ihm keine bessere Laune bringen. Aber seinen Gedanken nachzuhängen war allemal besser, als sich darüber den Kopf zu zerbrechen, wie sie hier rauskommen sollten, wo es offenbar keinen Ausweg gab. Seinen Tagträumen nachzuhängen war allemal besser, als hier endgültig zu verzweifeln.

Der Himmel war wolkenlos. Und langsam wurde es wärmer. Der Winter wurde mehr und mehr vom Frühling verdrängt, die ersten Kirschen zeigten bereits Knospen.

Yuito hatte seit Langem endlich wieder einen freien Tag. Er war gerade auf dem Weg zu Kiryu. Eigentlich hatte er schon viel früher zu ihm gehen wollen, aber Kiryu war auf Tour gewesen und er selbst hatte nicht so viel Zeit gehabt. Während Kiryus Tour hatten sie nur wenige Male telefoniert. Oder Kiryu hatte ihm kurz und knapp geschrieben, wie ihr Konzert war. Doch Yuito hatte während der »Rising«-Tour den Blog von Chiaki verfolgt. Sie schrieb wirklich gut. Und sie war im Lauf der letzten Monate offenbar ein großer Fan von *Rising Phenix* geworden. Zumindest las es Yuito so heraus. Und als Kiryu wieder zurück war … da hatte er selten Zeit gehabt. Zum einen arbeiteten die Jungs bereits an ihrem nächsten Album, zum anderen hatte Yuito heraus gefunden, dass sich Kiryu in mehr oder weniger regelmäßigen Abständen mit jemandem traf. Irgendwann hatte er in Erfahrung gebracht, dass dieser jemand ein Mädchen war. Aber Kiryu hatte bis jetzt kein Wort über sie verloren.

Die Sonne schien ihm ins Gesicht, als er auf dem Weg zu Kiryus Wohnung war. Ja, endlich wurde es wieder warm. Als Yuito vor Kiryus Wohnungstür stand, wartete er vergebens darauf, dass ihm geöffnet wurde. Kiryu schien nicht da zu sein. Auf Anrufe oder Nachrichten hatte er seit gestern nicht reagiert. Und auch Takahashi wusste nicht, was mit Kiryu war. Von ihm hatte Yuito bloß erfahren, dass sich Kiryu gestern freigenommen hatte und heute nicht im Laden aufgetaucht war. Bei der Vermieterin Frau Kyoura hatte er ebenfalls nachgefragt. Aber die sagte, dass Kiryu gestern Morgen aus dem Haus gegangen und seitdem nicht wieder aufgetaucht war. Sie machte sich allerdings keine Sorgen, da Kiryu ja schon öfter über mehrere Tage nicht nach Hause gekommen war. Er würde wahrscheinlich heute oder morgen wieder hier auftauchen, meinte sie. Yuito beruhigte das allerdings nicht sehr. Dass Kiryu nicht nach Hause kam, kannte er aus ihrer Schulzeit. Aber da kannte er die Gründe für Kiryus Abwesenheit. Und er hatte immer gewusst, wo er Kiryu finden konnte. Diesmal war das aber nicht so …

Er wollte schon wieder gehen, als plötzlich ein Mädchen vor ihm stand. Überrascht blieb er wie angewurzelt stehen.

»Oh, ist Kiryu nicht da?«

»Nein, anscheinend nicht«, antworte Yuito ihr.

Sie hatte braunes Haar, das ihr über die Schultern fiel, braune Augen und war etwas kleiner als Yuito, eben ein ganz normales, unscheinbares Mädchen.

Sie seufzte und sagte dann: »Gut, dann … man sieht sich, schätze ich.« Yuito wollte sie fragen, wie sie hieß. Und sie hatte nicht einmal gefragt, wer er war. Sie schien nicht sonderlich überrascht zu sein, dass Kiryu nicht da war. Es war fast so, als wüsste sie, was mit ihm passiert war und wo sie ihn finden könnte. Doch ehe Yuito ihr eine dieser Fragen stellen konnte, war sie schon wieder verschwunden. Sollte das etwa Kiryus geheimnisvolle Freundin gewesen sein? Eindruck hatte sie jedenfalls hinterlassen. Denn auch, wenn er nicht genau sagen konnte, was es war, an diesem Mädchen, das ein paar Jahre jünger als er zu sein schien, war etwas ungewöhnlich …

Durst, Dunkelheit, eine angespannte Stimmung. Das Schweigen drückte mittlerweile sehr auf ihre Gemüter. Jeder von ihnen verkraftete diese Dunkelheit und dieses quälende Schweigen anders. Doch Wut stieg in ihnen allen auf. Und wenn niemand wirklich aussprach, was der Grund dafür war, in einem waren sich die vier dennoch einig: Kiryu war an alledem schuld!

Haru war inzwischen nur noch ein Häufchen Elend. Seine Klaustrophobie hatte ihn in den letzten Stunden zu einem mentalen Wrack werden lassen. Er hockte allein in einer Ecke und war kurz vor einem Nervenzusammenbruch. Niemand durfte sich ihm nähern. Und wenn doch, wurde er panisch und verkroch sich in die nächste Ecke. Immer wieder flüsterte er vor sich hin: »Wir werden hier sterben! Ich will hier raus! Wieso bin ich hier? Wir kommen hier niemals raus! …« Und dieses leise Flüstern, diese Fragen zu hören, die ihnen allen durch den Kopf gingen, machte sie zusätzlich mürbe.

Ryo versuchte, sich ebenfalls zurückzuziehen. Aber anders als Haru saß er ganz ruhig da. Er versuchte zu meditieren, was ihm mehr schlecht als recht gelang. Und schließlich versuchte er, einfach ruhig zu bleiben. Noch funktionierte es, auch wenn es für ihn hart war, sich unter Kontrolle zu halten. Taro war unruhig. Er konnte und wollte Haru nicht mehr zuhören. Allerdings hatte er nicht so eine Geduld wie Ryo. Seine Anspannungen wollten raus. Und zwar bald! Immer wieder wechselte er seine Haltung. Mal lehnte er sich stehend an die Wand, mal lag er einfach da oder versuchte umherzulaufen. Doch das alles half nichts. Er brauchte Bewegung – er wollte hier raus!

Kiryu dagegen hatte es geschafft, seine Gedanken in eine für ihn erträgliche Bahn zu lenken. Er träumte. Aber diesmal bei vollem Bewusstsein. Einfache Tagträume, denen er schon so lange nicht mehr nachhing, kamen ihm wieder in den Sinn. In den meisten stand er auf der Bühne und ging gedanklich seine Performances zu verschiedenen Songs durch. In einigen stand er auf der Aussichtsplattform des Tokyo Towers und ließ sich den Wind ins Gesicht wehen.

So versuchte er wenigstens, sich zu entspannen. Doch Angst und Wut behielten dennoch die Oberhand. Und dann – er hatte es vorher nie so geschafft, seine Gedanken und Gefühle so zu lenken – brachte er all sein Empfinden in diese bestimmte Bahn. Plötzlich war da diese Melodie in seinem Kopf: Das Schlagzeug hämmerte. Laut und gleichmäßig war der Bass. Die Gitarre war im Hintergrund zu erahnen. Wut und Aggression waren sofort herauszuhören. Er wollte hier weg. Kraft, die heraus wollte, durchströmte ihn. Doch er war gefangen, wie in Ketten. Er hätte das alles am liebsten herausgeschrien, aber das wäre in der jetzigen Situation kontraproduktiv gewesen. Nach und nach kamen ihm die passenden Worte zu dieser Melodie.

So saß jeder in einer anderen Ecke des Kellers und versuchte, Herr über seine Aggression zu bleiben.

Nichts passierte. Er wartete jetzt schon eine halbe Ewigkeit. Und nichts tat sich. So hatte er das nicht geplant. Er langweilte sich. So sehr hatte er gehofft, sie würden ihn ans Ziel bringen. Aber noch war ja Zeit. *Er* hatte Zeit.

Stunde um Stunde war vergangen, und nichts war geschehen. Wenige Stunden, dann würde ihm dieser Auftrag entrissen werden. Aber es gab niemanden, der diesen Auftrag so gut erledigen konnte, wie *er*! Und das war sowohl *ihm* als auch seinen Vorgesetzten klar.

»Na, bist du langsam gelangweilt?«, fragte ihn eine wohl vertraute Stimme.

»Jetzt tu nicht so scheinheilig, Mika«, erwiderte er gereizt. Wie bei seinen Gefangenen machte sich die Anspannung langsam in Tanakawa breit. Von diesem Auftrag hing so vieles ab. Nicht zuletzt seine Existenz.

»Ach, komm schon! Der Chef hatte dir doch eh schon viel mehr Freiräume gewährt als allen anderen. Und außerdem hast du jede Menge Zeit.« Ihr Ton war wie immer herablassend, auch wenn sie versuchte, das zu überspielen.

»Du brauchst gar nicht erst diesen versöhnlichen Ton anzuschlagen, Mika! Das hier ist mein Projekt und das werde ich mir sicher nicht wegnehmen lassen. Schon gar nicht von dir.«

Mika verdrehte die Augen. »Ja, ja. Aber pass ja auf, dass du dich da nicht in etwas verrennst.« Tanakawa wollte gerade dazu ansetzen, ihr seine Meinung dazu sagen, als ihm wieder einfiel, dass hier in erster Linie die Jungs von *Rising Phenix* getestet wurden und nicht er. Und Mika war sowieso verschwunden, ehe er ihr etwas entgegnen konnte.

Jeder kleine Fehler würde ihn jetzt zurückwerfen. Das wäre nicht gut. Weder für ihn noch für Kiryu. Und schließlich stand Mika ja nach wie vor über ihm … Und in seiner Branche war es nicht sehr ratsam, sich mit einem Vorgesetzten anzulegen, ohne einen konkreten Plan und Unterstützer zu haben, die ihm beim Umsturz halfen. Nein, er durfte jetzt nicht emotional werden. Das lag ihm sowieso nicht. Die Jungs von *Rising Phenix* hatten Potenzial. Er musste nur noch dafür sorgen, dass sie mit mehr Druck – sowohl innerem als auch äußerem – umgehen konnten als jetzt. Sein Plan **musste** einfach funktionieren! Denn wenn er es schaffte, Kiryu so zu stärken, dass diesem von seinem Abgrund keine Gefahr mehr drohte, konnte *er* sich dadurch profilieren. Der Bildschirm vor ihm zeigte weiterhin das gleiche Bild wie schon den ganzen Tag. Es war fast so, als wollten die Jungs einfach nicht, dass irgendjemand – nicht einmal ihre Bandkollegen – von ihrem wahren Inneren erfuhren …

Zeit, sich zu erheben

Sie waren geblendet, obwohl die Sonne bereits unterging. Rot-orangene Lichtstrahlen empfingen sie. Zögerlich gingen sie nach draußen.

Sie waren am Hafen. Das Haus, zu dem der Keller gehörte, war alt und baufällig. Nur der Keller schien vollkommen in Takt zu sein. Der Rest des Gebäudes schien langsam, aber sicher zu verfallen …

Sie atmeten die Meeresluft kräftig ein und genossen die wärmenden Sonnenstrahlen. Der Wind fuhr ihnen durch die Haare –

endlich waren sie frei! Obwohl es erst März war, spürten sie die Wärme, da sie so lange in diesem Keller gesessen hatten. Durch die immer gleiche Haltung, die sie hatten, sahen ihre Bewegungen sehr hölzern aus, als sie nach draußen kamen. Sie streckten sich ausgiebig, um ihre verspannten Muskeln zu reanimieren.

Haru war die Erleichterung, als sich die Tür geöffnet hatte, am deutlichsten anzumerken. Er war als Erster aufgestanden und nach draußen gegangen. Die anderen waren ihm zuerst zögerlich, dann ebenfalls erleichtert gefolgt. Einen letzten Blick warfen sie zurück zu dem Haus, in dem sie gefangen gehalten worden waren. Dann kehrten sie ihm den Rücken zu und gingen schweigend jeder seiner Wege …

Vier Stunden zuvor …

Ein Computerbildschirm war in dem stockdunklen Raum auszumachen. Der Nachmittag zeigte sich von seiner schönsten Seite, aber nicht in diesem Raum. Alles Sonnenlicht war ausgesperrt. Sah man sich allerdings etwas genauer in diesem Raum um, konnte man zwei Personen finden. Sie bewegten sich nicht, sodass man sie auch für Puppen hätte halten können. Schon seit über einer Stunde saßen sie so da. Der Bildschirm fesselte die beiden, obwohl in der letzten Stunde kaum etwas passiert war. Dann sagte plötzlich eine der Personen auf dem Bildschirm etwas. Tanakawa grinste schon wieder so überlegen und verfolgte das Schauspiel weiter gespannt. Leise sagte er, wie zu sich selbst: »Endlich! Na, was sagst du jetzt, Mika?« Diese blickte leicht unbeteiligt von Tanakawa wieder auf den Bildschirm: »Was soll ich schon sagen? Sie schweigen sich an.«

»Sie sind genau dort, wo ich sie haben wollte. Und Kiryu ist endlich so weit«, erwiderte er in diesem leisen Ton. Es war, als ob alle Töne aus diesem Raum verbannt worden wären, um ja keine einzige Regung auf dem Bildschirm zu verpassen. Mika sah etwas interessierter auf den Bildschirm. Doch noch immer wurden ihr vier traurige Gestalten gezeigt, die sich anschwiegen. Plötzlich, als wüsste er genau, wo er hinsehen musste, und, wer ihn beobachtete, sah Kiryu genau in die kleine Kamera zu Mika. Und jetzt konnte sie es ebenfalls sehen. Es war nur ein Augenblick, doch der hatte schon ausgereicht, um das entfachte Feuer in Kiryus Augen zu erkennen. So hatte sie ihn nie vorher gesehen. Wie hatte Tanakawa das bloß geschafft? Und was hatte Kiryu getan, dass er so entschlossen zu ihnen sah? Es sah für sie so aus, als wäre sein Lebenswille eine meterhoch lodernde Flamme. Irgendetwas war mit Kiryu passiert. Aber was?

Er sah ins Leere. Die Dunkelheit umschloss sie mit all ihrer Macht, doch er hatte jetzt etwas vor Augen. Die Worte sprudelten so aus ihm heraus. Dieses Lied würden sie auf ihrem nächsten Konzert spielen, komme, was da wolle!

Der Akku seines Smartphones war schon bedenklich zur Neige gegangen. Aber er tippte weiter den Text ein. Auch wenn es bedeuten sollte, dass er den letzten Rest Energie aufgab, wenn er diesen Liedtext jetzt fertig schrieb, es war ihm wichtiger als alles andere. Er wollte dieses Lied vollständig haben:

Es ist Zeit, ich will nicht länger warten,
Bin bereit, es allen heimzuzahlen,
Lasst es sein, bin doch nur Luft für euch,
Lasst mich gehn, hab keine Zeit für euch!

Meine Zeit will komm'!
Bin doch nicht schwach und klein;
Meine Zeit will komm'!
Lasst mich doch nur frei!

Meine Zeit, die ich verschwendet habe,
Ist vergang'n und wird nie wiederkehren!
Und ein Ziel, dass ich hier wieder seh,
Ist vor mir, lasst mich doch endlich gehn!

Die anderen saßen still da, jeder in seine Gedanken vertieft und hoffend, hier doch irgendwann raus zu kommen. Mit ihnen war jetzt nicht mehr viel los. Sie waren zum Nichtstun verdammt. Der Kerker, in dem sie jetzt so lange saßen, setzte ihnen immer mehr zu.

Dunkelheit – mehr konnten sie nicht sehen. Sie hatten immer noch niemanden erreichen können. Also hing jeder weiter seinen Gedanken nach. Angespannt waren sie weiterhin. Und diese Spannung würde sich wohl bald entladen, wenn sie hier nicht rauskamen oder ihnen etwas einfiel, um dem zu entgehen. Eine Decke der Finsternis hatte sich über sie gelegt. Und sie schien immer dicker zu werden …

Kiryu sah wieder in die schwarze Leere über ihm. Die Bridge dieses Songs fiel ihm schwer, aber einen kleinen Augenblick später hatte er den Faden wieder gefunden und tippte den Text weiter:

Zeit, sich endlich zu erheben!
Zeit, nach meiner Art zu leben!
Es ist Zeit für mich, jetzt aufzustreben!

Was die anderen wohl zu diesem Song sagen würden? Haru schien zu schlafen. Er hatte die letzten Stunden kaum etwas gemacht. Ryo saß ganz still da.

Taro dagegen schien mit den Nerven fertig zu sein. Er wechselte unruhig immer wieder seine Position und klang bei den wenigen Worten, die er von sich gab, mehr als angespannt. Kiryu tippte jetzt schon ewig etwas in sein Smartphone. Und das nervte ihn so langsam. Er wollte hier weg, er konnte nichts tun. Und Kiryu saß da und verschwendete wertvolle Energie. Und er sah schon die ganze Zeit wie besessen auf dieses Display.

»Sag mal, kannst du endlich mal damit aufhören?!«, platzte es schließlich aus ihm heraus. Kiryu blickte auf und sah ihn fragend an – was bei Taro allerdings nur als Schweigen ankam.

»Was hast du denn?«

»Lass doch endlich mal das Teil!«, war Taros einzige patzige Antwort. »Sorg lieber dafür, dass wir hier rauskommen, anstatt mit jemandem zu chatten oder was auch immer du tust!«

»Taro«, schaltete sich jetzt Ryo ein.

»Was?! Stört es dich etwa nicht?!«, brachte er schon wieder in diesem herausfordernden Ton heraus. Seine Reaktion war für alle verständlich, aber dennoch fanden sie sie unangebracht. Die Zeit hier setzte ihnen allen zu. Dennoch nützte es niemandem, wenn sie jetzt aufeinander losgingen.

»Ist das jetzt nicht erst mal egal?«, fragte Ryo, um ihm auszuweichen.

»Nein, **mir** ist es nicht egal!« Taros Wut brach sich jetzt vollends Bahn. Er wollte sich nicht mehr zurückhalten. Taros Spannung war mehr als deutlich heraus zu hören. Aber dass er sich jetzt so aufregte, half ihnen allen nicht.

»Was schreibst du da eigentlich?«, wandte sich Ryo jetzt an Kiryu. Sein Ton war ruhiger als der von Taro, aber ebenfalls angespannt.

»Ein Song, der mir gerade eingefallen ist. Er ist nicht sonderlich gut, aber vielleicht könnten wir …«

»Wieso wir?!«, unterbrach Taro. »Nein, Kiryu. **Wir** können nicht! Das ist allein dein Ding. Und wenn du nichts Besseres zu tun hast, als irgend welchen sinnlosen Kram aufzuschreiben, kannst du's auch lassen. Das hilft uns nicht weiter!« Ratloses Schweigen antwortete Taro. Er war in manchen Situationen zwar kompromissloser und konnte aggressiver sein als sie, aber so etwas hatte niemand von ihm erwartet. Er schien seine gesamte Wut jetzt an Kiryu auszulassen. Was er eben gesagt hatte, war erst die Spitze des Eisberges: »Deinetwegen sind wir erst hier gelandet. Das alles ist alles allein deine Schuld! Wenn du nicht gewesen wärst, könnten wir jetzt alle bequem zu Hause sitzen. Wenn du nicht wärst, Kiryu, hätten wir jetzt nicht diese Probleme!«

Niemand von ihnen sagte etwas, als Taro sich so über Kiryu ausließ. Denn er sagte genau das, was Ryo und Haru ebenfalls durch den Kopf ging. Sie waren ihre Situation immer und immer wieder durchgegangen. Zwar hatten sie nicht so eine Wut wie Taro auf Kiryu entwickelt, aber sie waren angespannt. Wieso waren sie hier? Wie waren sie überhaupt hierher gelangt? Und wo war »hier« eigentlich? All das wurde einzig von der Frage überschattet: Welche Rolle spielte Kiryu und welche die Band in diesem Spiel? Und wichtiger noch: Wer hatte Kiryu überhaupt angerufen?

Doch Kiryu sagte kein Wort. Er ließ all die Worte über sich ergehen, ohne etwas zu erwidern. Als Taro fertig war, schloss Kiryu die Augen und lächelte. Es war kein freundliches Lächeln, und dann sagte er: »Ich sehe, ihr seid alle dieser Meinung.« Wieder kam keine Antwort. Die hatte er aber gar nicht erwartet.

»Habt ihr euch den Vertrag mal genauer durchgelesen?!« Die anderen sahen Kiryu verblüfft an, was dieser aber nicht sehen konnte. Ihr Schweigen war ihm allerdings Antwort genug.

»In dem Vertrag steht, dass **ihr** bedingungslos unterstützt und groß rausgebracht werdet. Immer. Sollte etwas nicht so laufen, wie geplant, oder es bei uns Zerwürfnisse gibt, wird nur der Sänger – also ich – ersetzt. Ihr seid fest an diesen Vertrag gebunden und werdet gefördert. Ich dagegen … muss aufpassen, was ich sage oder tue. Ich war ja schon mehr als einmal davor gewesen, rausgeschmissen zu werden … Versteht ihr, Leute?! **Ich** war jederzeit ersetzbar. Ihr wärt so oder so groß raus gekommen. Auch ohne mich.« Er hatte ganz ruhig gesprochen, und sie hatten ihm schweigend zugehört.

»Trotzdem sitzen wir jetzt dank dir in diesem Loch!«, schaltete Taro sich wieder ein. Er klang, als würde seine Wut allmählich abklingen.

»Und wir werden hier wieder rauskommen«, erwiderte Kiryu mit fester Stimme.

»Ach ja?! Hast du zwischendurch etwa wieder telefoniert oder so?! Oder nein, lass mich raten: Wir sitzen hier, weil sich irgend so ein Hornochse überlegt hat, dass wir bei ›Versteckte Kamera‹ oder so was mitmachen sollen und ganz Japan lacht jetzt über uns!«

»Nein. … aber wir werden hier rauskommen, glaubt mir«, entgegnete er Taro in einem so selbstsicheren Ton, wie sie ihn selten zuvor bei Kiryu gehört hatten.

»Außerdem glaube ich, dass Tanakawa uns bloß testen will«, sagte er jetzt etwas nachdenklicher.

»Und wieso? Wieso sollte er uns testen? Worin denn? Und wer ist Tanakawa überhaupt?«, schaltete sich Haru ein. Ihm war anzuhören, dass es ihm guttat, sich mit etwas anderem als ihrer Situation zu beschäftigen, ohne eine Lösung finden zu können. Also atmete Kiryu einmal tief ein und wieder aus und erzählte den Jungs nach so vielen Monaten endlich von seinem Abkommen mit Tanakawa.

Dass sie den Test schon so gut wie bestanden hatten, ahnte aber niemand von ihnen …

Tanakawa sah gespannt auf den Bildschirm. Fast! Fast waren sie so weit. Er war allein in seinem Büro, obwohl er es nicht sein sollte. Doch Mika sollte bald wieder da sein. Seine Aufgabe war fast erfüllt. Und der Sieg wäre nur halb so süß, wenn er ihn allein genießen müsste. Außerdem brauchte er einen Zeugen, der vor seinem Chef bestätigte, dass er es geschafft hatte. Dass sein Plan aufgegangen war. Aber sie würde schon auftauchen. Schließlich hatte sie ja einen Narren an diesem Kiryu Sugawa gefressen, auch wenn er den Grund dafür nicht verstehen konnte. Kiryu war schließlich ein Mensch. Und sie … na ja, sie eben nicht.

Obwohl es draußen heller Tag war, war es in Tanakawas Büro finsterste Nacht. Sie benötigte einige Augenblicke, um ihre Augen daran zu gewöhnen, dann schritt sie auf ihn zu. Sie musste jetzt hier sein, Anordnung von oben. Doch sie wollte es so. Denn jetzt würde sie Kiryu und die anderen – ganz normale Menschen – so sehen wie sonst nicht. Unter Extrembedingungen konnten diese Wesen unglaubliche Kräfte entwickeln. Und sie wollte wissen, was diese Herausforderung aus Kiryu gemacht hatte.

»Wie ich hörte, hast du es fast geschafft?«, begrüßte sie Tanakawa.

Tanakawa grinste sein selbstsicheres Grinsen. Fast war es so weit. *Er* hatte seine Theorie fast bewiesen und Kiryu – doch das sollte Mika selbst sehen.

»Ja, und es sieht bestens aus.«

Als sie auf den Bildschirm sah, meinte sie dazu: »Na ja, wenn du meinst …« Tanakawa rollte daraufhin mit den Augen. Dann erklärte er ihr ein weiteres Mal: »Meine Methode ist hieb- und stichfest. Wenn sie nach dieser Aktion noch bereit sind, als Band aufzutreten, werden sich diese vier Jungs nicht so leicht unterkriegen lassen, was immer auf sie zukommen wird.«

»Und wenn sie sich danach nie mehr wiedersehen wollen? Was machst du dann?«

»Keine Sorge, das wird nicht passieren.«

»Ich weiß ja nicht … Sie sehen mir schon ziemlich verloren aus.« Er versuchte, Mika zu ignorieren, und tat so, als würde er gespannt auf den Bildschirm starren. Mika spielte das Spiel mit, auch wenn es ihr sehr gegen den Strich ging, das konnte er schon an ihrer Haltung erkennen. Sie blickte ebenfalls auf den Bildschirm. Ihre Gedanken schweiften immer wieder zu der Frage, ob Tanakawa wirklich recht mit seiner Theorie haben sollte, ob es wirklich funktionierte, Menschen so sehr unter Druck zu setzen, dass ihr volles Potenzial entfacht wurde. Doch diese illustre kleine Gruppe fesselte sie sehr bald, wenngleich nichts Aufregendes zu sehen war. Wenn sie sich die Gesichter genauer ansah, schien es bei den Jungs zu brodeln. Die vier schienen sogar heftig zu streiten. Sie hörte zwar keinen Ton, aber die Mimik und Gestik sagten ihr genug.

»Und wieso sollen sie den Test fast bestanden haben?«

Tanakawa grinste sie schon wieder so überlegen an und sagte ihr dann: »Keine Sorge, sieh einfach weiter zu.« Das tat sie dann schließlich.

Taro hatte vor Wut angefangen, im Keller umherzulaufen. Er schwankte zwar bei jedem Schritt, hielt sich aber auf den Beinen. An die Wände stieß er nicht, er lief einen kleinen Kreis und jetzt brach endgültig alles aus ihm heraus: »Danke, Kiryu! Wirklich vielen, vielen Dank, dass du uns in diese Scheiße geritten hast!«

»Was soll das jetzt, Taro?«, fragte Kiryu gelassen.

Taro hatte sich als Einziger von ihnen weiter in seine Wut gesteigert. Obwohl er jetzt wusste, weshalb Kiryu den Vertrag unterschrieben und so versucht hatte, ihnen zu helfen, schien er unbändige Wut zu empfinden. Keine Frage: Taro fühlte sich eingesperrt, er hatte einen Gruppenkoller: »Was das soll?! Ich will hier raus! Ich könnte zu Hause sitzen oder mir sonst wie den Tag vertreiben, wenn du nicht wärst!«

»Uh, das war hart!«

»Ach, halt doch die Klappe, Haru!«, warf Taro ihm entgegen.

»Taro, das reicht jetzt«, versuchte Ryo wieder zu schlichten. Aber es schien ihm schwer über die Lippen zu kommen – genau wie vorhin schon einmal. Taro sah auf diese Bemerkung komisch ins Dunkel. Es war eine Mischung aus Unverständnis und Wut. Aber das konnte Ryo natürlich nicht erkennen. Nur ein entnervtes Schnauben vernahmen sie. Durch Taros Schweigen wusste Ryo aber, was ihm durch den Kopf ging. Die Befürchtung von ihnen war jetzt, dass Taro auf Kiryu losgehen würde. Und dann würde es nicht gut aussehen für Kiryu.

»Ryo hat recht. Wir kommen nicht weiter, wenn wir uns weiter so anschreien«, versuchte Kiryu jetzt zu schlichten. Er war nicht besonders gut darin, aber dennoch gelang es ihm jetzt, zu den Jungs durchzudringen. Taro, Ryo und Haru hörten ihm zu. Sie hatten so etwas nicht von ihm erwartet und sahen verblüfft zu Kiryu. Diese

Selbstsicherheit kannten sie nicht von ihm. Und diesen zuversichtlichen Ton erst recht nicht.

»Tanakawa wird uns hier rausholen. Und wenn es so weit ist, müssen wir gegen ihn ziehen«, versuchte er den anderen einzuschärfen.

»Pah! Du bist lustig!«, entgegnete Taro darauf.

»Aber wie sollen wir das machen?«, wandte Ryo ein. »Wir können schließlich nicht irgendwann hier rausspazieren und ihm sagen: Hey, ab heute arbeiten wir nicht mehr für dich.« Kiryu gab ihm zwar recht, hatte aber schon eine Idee: »Zuerst muss ich aus diesem Vertrag mit Tanakawa rauskommen. Danach dürfte es nicht so schwer werden, den Plattenvertrag ebenfalls aufzukündigen. Ich brauche nur etwas Zeit.«

»Was, wenn wir die nicht haben?«, war es wieder Taro, der etwas einwandte. Er sprach jetzt wieder in ruhigem Ton zu Kiryu. »Du hast gesagt, dein Abkommen mit Tanakawa hätte eine Laufzeit von einem Jahr. Wann ist das zu Ende? Und was passiert danach?«

»Und können wir das denn so einfach beenden?«, warf jetzt Haru ein.

»Es muss einen Weg geben. Ich muss herausfinden, wie …«, dachte Kiryu laut. Doch bevor er den Gedanken weiter verfolgen konnte, wurde er angerufen: »Hallo, Kiryu. Ich hoffe doch, dass ihr euch amüsiert habt?«, erklang Tanakawas Stimme.

»Lass uns hier raus, Tanakawa. Sofort!«, schrie Kiryu fast in sein Smartphone. Taro, Ryo und Haru waren sofort aufgesprungen, als Kiryu den Namen Tanakawa sagte. Jetzt versuchten sie, gespannt mitzuhören. Von Tanakawas Seite kam aber lediglich ein Kichern, dann sagte er: »Gut, gut. Habt ein paar Minuten Geduld«, dann legte er auf, ohne auf eine Reaktion von Kiryu und den anderen zu warten.

Die letzten Stunden hatten sich in die Länge gezogen. Sie waren ihnen wie ein ganzer Tag vorgekommen. Doch jetzt, als sie das gleißende Sonnenlicht empfing, war das alles egal. Denn jetzt waren sie wieder frei. Jetzt konnten sie sich endlich gegen Tanakawa stellen. Es war Zeit, dass sie sich aufbäumten. Tanakawa würde nicht mehr so leichtes Spiel mit ihm haben, denn Kiryu stand ihm nicht mehr allein gegenüber!

Weg des Schicksals

Er lag auf seinem Bett und döste. Doch schon riss ihn eine eingehende Nachricht aus diesem Dämmerzustand. Er griff nach seinem Smartphone und las Yuitos Nachricht. Dann antwortete er: »Ja, mach dir keine Sorgen, ich bleib ein paar Tage zu Hause. Bei Takahashi hab ich mich eh krankgemeldet.« Dann legte er sein Smartphone zurück aufs Fensterbrett und wollte weiter dösen, als ihm Yuito schon antwortete. Doch diesmal ignorierte er es.

Seit er gestern wieder nach Hause gekommen war, hatte er fast nur geschlafen. Dieser Tag – oder waren es mehrere? – in diesem Keller hatte ihm mehr abverlangt, als er gedacht hatte. Und kaum waren sie wieder in Freiheit, wurden ihnen massig entgangene Anrufe und ungelesene Nachrichten angezeigt. Sie hatten in diesem Keller wohl tatsächlich keinen Empfang gehabt. Doch so wirklich überrascht war er davon nicht.

Eigentlich müsste er sich allmählich um etwas zu essen kümmern. Doch sein Hunger war nichts im Vergleich zu dieser bleiernen Müdigkeit, die ihn erfasst hatte, kaum dass er wieder in seiner Wohnung war. Er hatte sich gestern Abend, so wie er war, einfach aufs Bett fallen lassen und war schnell eingeschlafen. Heute Morgen hatte er sich zwar dazu aufraffen können, zu duschen, hatte sich aber gleich wieder ins Bett gelegt und sich seine Social-Media-Accounts angesehen oder vor sich hingedöst.

Ein lautes Klopfen an seiner Tür ließ ihn aufschrecken. Er krallte sich seine Jeans und zog sie an, während er zur Tür ging. Zu seiner

Überraschung stand eine gehetzt wirkende Frau Kyoura und eine fröhliche Hanako vor ihm.

»Kiryu, könnten Sie auf Hanako aufpassen? Es dauert bestimmt nicht lange.«

»Eigentlich geht es mir heute nicht so gut …«

»Bitte, Kiryu. In einer Stunde bin ich wieder da, versprochen!« Noch ehe Kiryu etwas erwidern konnte, trat Hanako vor ihn: »Kiri-nii-san, was machen wir heute?« Damit war die Sache wohl geklärt. Hanako ließ keinen Widerspruch zu. Frau Kyoura bedankte sich überschwänglich bei ihm, sah ihn aber auch besorgt an, als sie ging. Als er zu Hanako ging, strich er sich seine Haare aus dem Gesicht und überlegte, wie er die nächste Stunde am besten mit ihr verbringen konnte. Er war eigentlich nicht in der Verfassung, um sich heute gut um Hanako kümmern zu können. Das schien die Kleine ebenfalls bemerkt zu haben: »Bist du krank, Kiri-nii-san?«

»Ja, so was Ähnliches …« Seine Stimme war immer noch kraftlos. Aber wenigstens sein Verstand wachte allmählich auf.

»Wenn ich krank bin, macht mir Mama immer einen heißen Kakao«, erklärte sie ihm.

»Das ist vielleicht gar keine so schlechte Idee …« Er sagte es mehr zu sich selbst als zu Hanako, sie hatte es trotzdem gehört. Fragend sah sie zu Kiryu, der gerade dabei war, sich einen Pullover anzuziehen und dann zur Tür ging. An Hanako gewandt, brachte er ein »komm« heraus, was diese aufspringen und zu Kiryu rennen ließ.

Im nächsten Supermarkt deckte sich Kiryu mit Lebensmitteln ein. Hanako hatte fast ununterbrochen auf ihn eingeredet, seit sie losgegangen waren. Aber das störte ihn nicht. Überhaupt war er gerade sehr entspannt, was ihn überraschte. Wieder zu Hause angekommen, gab er seinem Hunger endlich nach. Und es ging ihm augenblicklich besser. Hanako entging diese Veränderung nicht: »Bist du jetzt nicht mehr krank, Kiri-nii-san?«

»Nein, nicht mehr«, antwortete er und legte seine Hand auf Hanakos Kopf.

Wie versprochen stand Frau Kyoura eine Stunde, nachdem sie Hanako bei Kiryu abgegeben hatte, wieder vor seiner Tür. Die Zeit war schneller vergangen, als er dachte.

»Haben Sie vielleicht einen Augenblick Zeit, Frau Kyoura?«, fragte er in ernstem Ton.

»Worum geht es?«

»Ich werde ausziehen. Ich habe zwar keine andere Wohnung, aber das ist bloß eine Frage der Zeit.« Frau Kyoura war sehr überrascht davon. Aber nachdem sie den ersten Schreck überwunden hatte, nickte sie.

»Ja, das verstehe ich. Es ist nur schade, dass Sie dann nicht mehr auf Hanako aufpassen können.« Doch Kiryu lächelte ihr zu und entgegnete: »Da wird sich schon eine Lösung finden.«

Sie waren das erste Mal seit ihrer Freilassung wieder zusammengekommen. Und leider löste ihr Proberaum jetzt Beklemmungen bei Haru aus. Aber schließlich waren sie erst drei Tage wieder auf freiem Fuß. Haru brauchte einfach ein wenig mehr Zeit. Sie machten daher in kurzen Abständen immer wieder Pausen. Irgendwann im Lauf des Abends war dann Ryo mit Haru losgezogen, um Getränke für alle zu besorgen, während Taro und Kiryu an einem neuen Song arbeiteten.

»Der Text ist wirklich nicht sehr gut«, stellte Taro fest, als er versuchte, eine passende Melodie zu »Zeit, sich zu erheben« zu finden.

»Deshalb sollst du ja alles an Wut da reinpacken, was in dir steckt«, erwiderte Kiryu bloß. Er wirkte gelöster als sonst, das fiel nicht nur Taro auf, während sie hier zusammensaßen.

»Also … mal eben auf Knopfdruck krieg ich das schwer hin.«

»Ich erinnere dich gerne an die Sachen, die du mir in dem Keller an den Kopf geworfen hast«, antwortete Kiryu fröhlich. Taros Blick ging ins Leere, als er mit einem Seufzen der Erleichterung sagte: »Ja, das hatte gut getan.« Doch ehe sich Taro und Kiryu weiter darüber unterhalten konnten, ging die Tür auf.

»Kiryu, da ist jemand für dich«, sagte ihm Ryo, als er eintrat. Kiryu stand auf und ging vor den Proberaum. Und er war sehr überrascht, Takuhiro dort hocken zu sehen: »Was machst du denn hier?«

»Hi, Kiryu«, erwiderte dieser bloß, als er aufstand. »Du solltest mit mir kommen. Am besten sofort.« Ein fragender Blick war alles, was Kiryu ihm darauf entgegenbrachte.

»Es ist wirklich wichtig. Wir müssen mit dir über Tanakawa sprechen.« Da Kiryu die Tür angelehnt hatte, kamen die anderen jetzt zu ihnen, als sie Tanakawas Namen gehört hatten.

»Ich glaube, wir müssen die Probe beenden«, erklärte Kiryu und sah dann jeden einzeln an. Taro erwiderte nichts darauf und blieb im Hintergrund, als er Takuhiro erkannt hatte. Ryo und Haru wollten aber den genauen Grund erfahren.

»Eigentlich geht es nur um Kiryu«, versuchte Takuhiro ihnen auszuweichen. Kiryu sah wieder zu Ryo und Haru, dann erklärte er ihnen: »Es geht um meinen Vertrag.«

An Takuhiro gewandt sagte er: »Okay, ich komme mit.« Ein »gut, okay« war alles, was sie herausbrachten, bevor Kiryu mit Takuhiro ging.

Eine Stunde später saß er mal wieder auf Takuhiros Sofa. Gil saß wieder in dem Sessel links von ihm, während Takuhiro unruhig hinter ihm auf und ab lief.

»Und wenn wir ihn einfach herausfordern?!«

»Das ist die denkbar schlechteste Idee, Taku. Wir müssen Tanakawa aus der Reserve locken. Einen Schwachpunkt finden, den wir nutzen können.«

»Ja, aber wie, verdammt?!«

Kiryu saß schweigend da und hörte sich die Diskussion an.

»Vielleicht weiß Kiryu ja ein paar nette Details über Tanakawa?«, wandte sich Gil jetzt an ihn.

»Also … eigentlich …«, versuchte er sich herauszuwinden, was Gil sichtlich amüsierte.

»Wir brauchen jemanden, der für Tanakawa arbeitet und bereit ist, uns mehr über ihn zu erzählen. Einen Insider!«, dachte Takuhiro laut.

»Du meinst jemanden wie Mika?«, hakte Kiryu nach. Takuhiro blieb augenblicklich wie angewurzelt stehen, während Gils Grinsen immer breiter wurde.

»Das klingt doch gut. Sicher ist Mika bereit, uns ein wenig über Tanakawa zu erzählen, das wir noch nicht wissen.«

»Ja, klar. Lass uns das Engelchen fragen, ob sie uns nicht helfen will. Die macht dich doch kalt, Gil. Und mich danach.« Kiryu wunderte sich sichtlich darüber, dass Takuhiro Mika als »Engelchen« bezeichnete, sagte aber nichts. Jeder hier schien sie besser zu kennen als er, was ihn mehr und mehr störte.

»Ich bitte dich, Taku! Was haben wir denn schon zu verlieren, wenn wir sie fragen?«

»Tja, unser Leben vielleicht?! Ich weiß ja nicht, wie das bei dir ist, aber ich hänge an meinem!«

»Jetzt mach es doch nicht dramatischer, als es ist«, erwiderte Gil in ruhigem Ton. Takuhiro seufzte laut, dann warf er sich neben Kiryu aufs Sofa. Dieser sah jetzt fragend zwischen Takuhiro und Gil hin und her.

»Wir werden das später ausdiskutieren«, erklärte Gil. Und Kiryu war sich nicht sicher, ob Gil sich an ihn oder an Takuhiro gewandt hatte. »Aber jetzt zeig mal deinen Vertrag mit Tanakawa her. Ich will wissen, was auf mich zukommt, wenn ich dich da rausboxe.«

Mit einem etwas ungläubigen Blick sah Kiryu zu Gil, öffnete dann den Vertrag auf seinem Smartphone und reichte es an Gil. Dieser nahm es dankend entgegen, lehnte sich zurück und las sich den Vertrag durch, den Kiryu mit Tanakawa geschlossen hatte.

»Nicht übel … Ich bin beeindruckt … Interessant …« und anderes murmelte er immer wieder vor sich hin. Kiryu und Takuhiro warteten gespannt darauf, dass Gil seine Einschätzung gab. Dann blickte er endlich wieder zu ihnen auf und erklärte: »Ich sehe keine Möglichkeit, dich auf die Schnelle da rauszuholen.« Sein Ton war weiterhin ruhig, aber bestimmt. Kiryu und Takuhiro fielen bei Gils Worten aus allen Wolken.

»Aber … ernsthaft?! Gibt es nicht doch einen Weg …?«, fragte Kiryu fast schon verzweifelt.

»Nein, der Vertrag ist wasserdicht. Deine einzige Möglichkeit ist, nach Ablauf dieser Einjahresfrist auszusteigen«, sagte er immer noch ruhig, fast schon gelassen. »Aber die gute Nachricht ist, dass du bis dahin so einiges an Forderungen stellen kannst. Wenn ich das richtig gelesen habe, müsste sich Tanakawa beispielsweise um eine neue Bleibe kümmern, wenn du das wünschst.« Kiryu wurde hellhörig: »Und was ist mit den anderen?«

»Das werde ich mir genauer ansehen. Doch ich bin zuversichtlich, dass ich euch ohne größere Schwierigkeiten von Urukawa losreißen kann«, antwortete Gil mit einem überlegenen Lächeln, dann reichte er Kiryu das Smartphone zurück.

»Ihr werdet da schon rauskommen, versprochen.« Doch Kiryu sah weiter skeptisch zu Gil. Takuhiro stand mit einem lauten Seufzer auf und ging zur Bar.

»Wollt ihr auch was?«, fragte er im Gehen, bekam aber keine Antwort. Gil und Kiryu blickten gespannt auf das Smartphone, das Kiryu in Händen hielt.

»Du könntest sie natürlich direkt zurückrufen«, gab Gil leichthin von sich. Kiryu sah ihn ungläubig an. Als Takuhiro wieder zu ihnen kam, fragte er: »Was ist denn los?«

»Mika hat Kiryu eben geschrieben. Jetzt mach schon, Kiryu! Ich bin gespannt, was sie sagt.«

Kiryu hielt einen Moment inne und sah auf den Bildschirm. Dann rief er Mika an. Gil bedeutete ihm, dass er sein Smartphone auf den Tisch legen und auf laut stellen sollte, damit sie das Gespräch mithören konnten.

»Hi, Mika, ich brauch deine Hilfe. Es geht um Tanakawa«, sagte er, als Mika endlich abgehoben hatte.

»Hi Kiryu. Ja klar, kein Problem.«

»Das freut mich außerordentlich. Ich wusste, du würdest Kiryu nicht im Stich lassen.«

»Bist du das, Gil?« Sie hörten ein tiefes Seufzen von Mika, dann sprach sie weiter: »Was hast du jetzt wieder ausgeheckt? Ich hoffe doch nichts Illegales?!«

»Du kennst mich doch«, antwortete Gil. Er schien sich keiner Schuld bewusst.

»Genau deshalb frage ich ja … Kiryu, wo bist du jetzt?«

»Bei Takuhiro.«

»Gut, ich bin in ein paar Minuten da. Bis gleich.« Kiryu schaffte es gerade noch, etwas zu erwidern, dann hatte Mika schon aufgelegt. Ein paar Minuten später klingelte es und Mika stand wie angekündigt vor Takuhiros Tür. Er ließ sie ein und brachte sie zu Kiryu und Gil ins Wohnzimmer. Und wenn Kiryu geglaubt hatte, dass sich die Luft abkühlte, wenn Tanakawa anwesend war, war es jetzt so, als wäre sie augenblicklich gefroren. Der vorhin so aufgebrachte Takuhiro hatte jetzt eine steinerne Miene. Und Gil setzte sein übliches Lächeln auf, von dem Kiryu aber inzwischen wusste, dass es eine Maske war.

»Hallo Kiryu. Gil«, wurden sie von Mika mit einem Nicken begrüßt. Takuhiro verschwand sofort wieder bei der Bar. »Für mich bitte ein Wasser«, sagte Mika ihm, dann setzte sie sich zu Kiryu aufs Sofa. Gil musste deshalb kurz auflachen und Kiryu kam es so vor, als wolle sie ein Schutzschild vor ihm sein. Schließlich war rechts von ihm sehr viel mehr Platz. Ihr Blick war sehr ernst und sie ließ Gil keinen Moment aus den Augen.

»Also, was genau habt ihr vor? Wie genau wollt ihr Tanakawa aus der Reserve locken?«

Takuhiro kam mit ihren Getränken. Gil bekam einen Rotwein, Mika das Wasser, vor Kiryu stellte er Limonade und sich selbst hatte er Bier mitgebracht.

»Wir hatten ehrlich gesagt gehofft, dass du uns ein paar Informationen geben könntest«, antwortete ihr Gil und nippte an seinem Wein. Sein Blick wich dabei keinen Millimeter von Mika. Es war, als würden sie etwas ausfechten.

»Und der Grund, weshalb ich ausgerechnet dir solche Informationen geben sollte, ist …« Sie sah erwartungsvoll zu Gil, der ihren Satz beenden sollte.

»Der Grund ist, dass du Kiryu nicht in den Fängen dieses Teufels lassen willst. Oder irre ich mich?!« Mika warf Gil einen vernichtenden Blick zu, dann schloss sie die Augen und atmete einmal tief durch. Sie musste nichts mehr sagen. Allen war klar, dass sie Kiryu helfen würde.

Ausgerechnet ›Cracked Hell‹?!

Endlich sah er wieder den Sternenhimmel über sich. Die letzten Tage hatte es immer geregnet. Und er war so beschäftigt, dass er nicht die Zeit hatte, einen Moment innezuhalten. Heute war das zum Glück anders. Und dazu war keine Wolke am Himmel.

Inzwischen waren fast vier Wochen vergangen, seit sie von Tanakawa freigelassen worden waren. Die Straßen waren immer noch sehr belebt, weshalb er seinen Weg irgendwann zur Burg Edo einschlug, um dort ein wenig durch den Park zu streifen. Die ersten Festivals standen bevor. Doch die Planung dafür kam schleppend voran. Sie waren alle mit ihren Gedanken irgendwo anders. Kiryu beispielsweise zerbrach sich den Kopf darüber, wie und wann genau er sich mit Tanakawa konfrontieren konnte. Er hatte gehofft, dass es ihm gelingen würde, seine Gedanken zu ordnen, wenn er fernab der Menschen war. Aber er hatte sich getäuscht. Kaum wollte er seine Möglichkeiten durchgehen, kamen ihm Dinge zu ihrem neuen Album in den Sinn. Er steckte fest, und das wurmte ihn.

Er streifte jetzt schon einige Stunden umher. Die Zeit war wie im Flug vergangen. Und als er nach einer gefühlten Ewigkeit wieder auf die Uhr sah, war es zwei Uhr nachts. Niemand war zu sehen – zumindest glaubte er das. Eigentlich wollte er sich überlegen, wann er Tanakawa endlich mit sich konfrontieren konnte. Und womit. Während er aber so durch den Ninomaru Garden streifte, vergaß er das irgendwann. Er hatte schon lange nicht mehr so viele Sterne gesehen wie heute Nacht. Doch während er so umherlief, beschlich ihn allmählich das Gefühl, beobachtet zu werden. Zu seinem Glück war es keiner von Tanakawas Leuten. Stattdessen war es jemand, der ihm **wirklich** weiterhelfen konnte: »Hi, Kiryu, gehörst du jetzt voll und ganz zu den Nachtmenschen?«, kam Takuhiro auf ihn zu. Kiryu sah jetzt endlich zu ihm auf.

Er hatte Takuhiro nicht bemerkt, bis dieser vor ihm stand. Er hatte ja nicht einmal Schritte auf dem Kiesweg gehört. War Takuhiro etwa von einem der Obstbäume gesprungen? Aber das hätte er doch hören müssen, oder?

»Takuhiro, ich hab dich gar nicht bemerkt, sorry.«

Sie unterhielten sich eine Weile. Kiryu erzählte von den letzten vier Wochen hier. Takuhiro hatte ebenfalls nur über einige Belanglosigkeiten zu berichten. Doch dann fragte Takuhiro ihn unvermittelt, ob er sich denn zum Essen einladen ließe. Kiryu reagierte ein wenig irritiert, willigte aber ein. Ein wenig Hunger hatte er schon bekommen.

»Ich kenne einen exzellenten Ramen-Shop ganz in der Nähe, wenn das okay für dich ist.« Kiryu nickte, fragte aber: »Kennst du etwa jeden Ramen-Shop in der Stadt?!«

»Nur die Guten«, antwortete Takuhiro schnell. Kiryu musste zugeben, als sie ihr Essen bekamen, dass Takuhiro wirklich zu wissen schien, wo es welche Delikatessen gab.

»Die kurzen Haare stehen dir übrigens gut«, hatte es Takuhiro geschickt geschafft, einer Gesprächspause auszuweichen.

Kiryu hatte seit ein paar Tagen wieder kurze Haare. An den Schläfen waren seine Haare zwei Millimeter kurz, das Deckhaar dagegen, das er immer nach hinten strich, fast kinnlang. Von seinen weißen Haaren konnte er sich allerdings nicht trennen, weshalb seine Seiten ungefärbt waren. Und dieser Schwarz-Weiß-Look gefiel ihm sogar besser.

»Danke. Die langen Haare hatten irgendwann gestört.« Mit seiner Rechten strich er sich ein paar Strähnen, die ihm ins Gesicht fielen, wieder zurück.

»Schön, dass du deine hübschen Augen nicht mehr versteckst.«

»Sag mal, flirtest du gerade mit mir?«

»Nur ein bisschen«, erwiderte Takuhiro gut gelaunt. Sein Lächeln war zu keinem Zeitpunkt verschwunden. Kiryu hielt inne und sah verwirrt über so viel Offenheit zu Takuhiro. Dieser reagierte, keineswegs peinlich berührt, sondern im Gegenteil mit einem breiteren Grinsen.

»Ich mag das nicht«, sagte ihm Kiryu leise in ernstem Ton. Takuhiro hob sofort abwehrend die Hände und erwiderte bloß: »Okay«. Dann wurde er plötzlich ernst: »Bist du immer noch bereit, Tanakawa die Stirn zu bieten?«

»Ja, schon …«

»Gut. Gil wird sich bald bei dir melden. Um die Zeit, wenn ihr nicht mehr unter Urukawa steht, müssen wir uns kümmern.«

»Mika hatte doch gemeint, sie wüsste da ein paar Leute …« Kiryu fühlte sich bei diesem Thema immer sehr unbehaglich, egal, mit wem er darüber sprach. Obwohl Takuhiro das schon bemerkt hatte, kümmerte er sich nicht darum. Und bei der Erwähnung von Mika wurde sein Blick sofort finster. Mit abfälligem Ton sagte er schließlich: »Ich werde diesem kleinen Engelchen garantiert nicht allein die Planung davon überlassen.« Kiryu quittierte diese Worte mit einem fragenden Blick, aber Takuhiro ging nicht darauf ein.

Er redete einfach weiter: »Wir werden uns alle zusammensetzen wegen dieser ganzen Geschichte. In ein paar Tagen schon, wie es aussieht.« Dann schob er Kiryu eine Visitenkarte zu. Die Adresse darauf hatte er sofort erkannt. Und er verband keine sonderlich guten Erinnerungen damit.

»Ach ja, eins noch: Falls du jemanden kennst, der weder zu Tanakawa noch zu Urukawa gehört und sich um die Technik bei euch kümmern kann, bring ihn am besten mit.«

Er war schon lange nicht mehr hier gewesen. Kiryu hatte ihn herbestellt. Aber wieso ausgerechnet ins »Cracked Hell«?! Yuito war wirklich überrascht. Denn nachdem er vor Monaten mit Kiryu hier gewesen war, hatte er nicht den Eindruck, dass Kiryu je wieder einen Fuß in diese Bar setzen wollte.

Als er die Bar betrat, brauchte er einen Augenblick, um sich an die Dunkelheit zu gewöhnen. Dann sah er die Band und ein paar andere Leute, die er nicht kannte, um Kiryu herumstehen. Das überraschte ihn. Doch er ging sicheren Schrittes auf die Gruppe zu und versuchte, sich nichts anmerken zu lassen.

»Hi, Yuito«, begrüßte ihn Kiryu. Yuito aber war sprachlos. Es war nicht Kiryus Aussehen, das ihm die Sprache verschlagen hatte, sondern sein ganzes Auftreten. So entspannt und selbstsicher hatte er Kiryu schon lange nicht mehr erlebt. So war er normalerweise nur nach einem guten Konzert.

Er sah sich schweigend in der Bar um und versuchte dadurch, seine Verwunderung zu verbergen. Alles sah genauso aus wie bei ihrem letzten Besuch. Die Bühne war etwas größer, aber der Rest war gleich geblieben. Den Inhaber konnte er jedoch unter allen Anwesenden nicht ausmachen. Er sah sich um: Der Mann, mit dem er vor so langer Zeit geredet hatte, schien wirklich nicht da zu sein. Doch schon im nächsten Moment kam ein Riese aus einem Hinterzimmer zu ihrer kleinen Versammlung. Der graue Bart sah jetzt nicht besser an ihm aus und der Blick war alles andere als einladend.

»Was machst du denn hier?«, donnerte der Riese los, kaum dass er zu ihnen getreten war. »Du hast in meinem Laden nichts zu suchen! Mach, dass du raus kommst, Dreckspack!«

Yuito stand wie erstarrt da und traute sich nicht, eine Wimper zu bewegen. Kiryu dagegen sah verwirrt zwischen dem Inhaber und Takuhiro, der neben Yuito stand, hin und her. Auch er verstand gerade nichts. Denn anders als Yuito wusste er, dass irgendetwas anders mit Takuhiro war. Allerdings schaffte er es nicht, seinen Verdacht in Worte zu fassen. Vampire gab es schließlich nicht in der Realität.

»Jetzt spiel dich doch nicht so auf, Hideki!«, entgegnete ihm Takuhiro gelassen. »Ich brauch deine Hilfe. Du bist nun mal der Einzige, der das kann. Und dem ich vertraue.« Der Koloss stieß ein »Pah!« als Antwort aus.

Eine merkwürdige Ruhe umgab sie. Alles lag still da. Lauernd. Etwas anderes hatte sie an diesem Ort nicht erwartet. Entschlossenen Schrittes ging sie auf das baufällig aussehende Haus zu. Sie kannte diesen Ort, auch wenn er ihr nicht sehr lieb war. Aber jetzt musste sie hier sein. Es gab nur noch diesen Weg. Und außerdem würde sie endlich Kiryu wiedersehen. Seit ihrem Treffen bei Takuhiro war sie immer unterwegs gewesen. Und sie hatte es nicht für sinnvoll erachtet, sich ein weiteres Mal allein mit Kiryu zu treffen. Es wäre zu riskant gewesen. Für sie beide.

Immer noch war alles ruhig. Sie stand jetzt vor der Tür. Eigentlich müsste sie bloß die Klinke nach unten drücken. Aber eine innere Angst hielt sie zurück. Ein paar gedämpfte Stimmen drangen zu ihr nach draußen. Zuordnen konnte sie diese aber nicht. Vorsichtig drückte sie die Türklinke herunter und spähte in den finsteren Raum. Wieso mussten immer alle die Beleuchtung ignorieren? Als ob es unbedingt nötig wäre, alles im Dunkeln zu besprechen.

Sie trat schließlich ganz ein. Bislang hatte sie niemand beachtet. Doch als die Tür lauter zuschlug, als sie es beabsichtigt hatte, waren plötzlich alle Blicke auf sie gerichtet. Ein unangenehmes Gefühl, wenn man nicht beabsichtigt hatte, im Mittelpunkt zu stehen. Einen Moment blieb sie daher wie angewurzelt stehen, dann wollte sie zu einem großen Tisch am anderen Ende des Raumes gehen. Doch obwohl in der Bar ein Dämmerlicht herrschte, war sie trotzdem erkannt worden.

»Ach, nee! Nicht noch einer von der Sorte!«, hörte sie jemanden mit einer tiefen unfreundlichen Stimme sagen. In der Dunkelheit konnte sie aber nicht ausmachen, wer von der Gruppe das war.

»Wer zum Teufel hat das Engelchen eingeladen?«, meldete sich eine weitere Stimme. Diese konnte sie aber eindeutig dem Barinhaber zuordnen. Mika wollte ihm einen vernichtenden Blick zuwerfen, erwiderte aber: »Du weißt, dass ich schon lange nicht mehr zu denen gehöre.« Doch ihr Kommentar schien niemanden zu interessieren. Selbst als sie sich zu der illustren Runde gesellte, änderte sich das nicht. Kiryu schien nicht so recht zu wissen, wie er mit ihr umgehen sollte. Was hatten die ihm schon alles erzählt? Mika begann langsam, sich Sorgen zu machen. Würde er ihr denn weiterhin vertrauen, wenn er über sie Bescheid wusste? Aber das Risiko müsste sie so oder so eingehen. Also atmete sie einmal tief durch und setzte sich dann zu den anderen.

»Hallo, Kiryu, hörst du mich?«, wurde er von Takuhiro aus seinen Gedanken gerissen. »Das ist wichtig!«

»Ja, schon gut«, erwiderte dieser tonlos.

»Also«, ergriff jetzt wieder Hideki das Wort. »So, wie ich das sehe, kommt ihr nicht einfach so aus diesem Vertrag raus.«

»Da wird Gil schon helfen«, gab Takuhiro gleich zurück. »Wichtiger ist das Danach. Wir können ihnen ja nicht einfach so helfen, von Tanakawa und Urukawa los zukommen und sie dann wieder hängen lassen.«

»Was schlägst du also vor?«

»Wir müssen Tanakawa erst mal einheizen. Danach wird es für Gil leichter sein, ihm menschliche Bedingungen abzuringen. Und bei diesem Einheizen – da kommst du ins Spiel, Hideki.« Der Koloss verzog daraufhin das Gesicht. Doch Takuhiro ließ sich davon nicht beirren und erzählte weiter: »Du müsstest ein paar deiner Jungs zusammentrommeln und Tanakawa ein bisschen unter Druck setzen. Du weißt schon, das Übliche halt.«

»Du stellst dir das so einfach vor. Wir haben schließlich ein Abkommen mit dem.«

Tanakawa irgendetwas anzuhängen oder ihn aus der Reserve zu locken, war schwierig. Das wussten alle. Aber irgendwie mussten sie es dennoch schaffen.

Kiryu war irgendwann mittendrin ausgestiegen. Er verstand nicht, worin der Plan überhaupt bestand. Es war alles sehr vage gehalten. Und immer öfter hatte er den Eindruck, dass sie Tanakawa nicht für menschlich hielten. Als wäre er ein übernatürliches Wesen. Und wieso hatte dieser Koloss Hideki Mika vorhin Engelchen genannt? Gut, sie sah nicht schlecht aus. Aber für ihn kam es nicht so rüber, dass Mika und Hideki sich so besonders zu mögen schienen, dass er ihr diesen Spitznamen gab.

Nach einer gefühlten Ewigkeit machten sie endlich Pause. Kiryu ging sofort nach draußen, um wieder einen klaren Kopf zu bekommen. In der Bar roch es nach erkaltetem Rauch. Und da sie weder ein Fenster noch die Tür offenließen, hatten sie die ganze Zeit in diesem Dunst gesessen. Und dann diese endlosen Diskussionen … Sie hatten in der letzten Stunde so viele Möglichkeiten besprochen, wie sie irgendwie an Tanakawa kommen könnten, dass ihm jetzt der Kopf schwirrte. Um endlich wieder einen klaren Gedanken fassen zu können, summte er eine Melodie. Es war eines ihrer neuen Lieder, etwas anders als ihre bisherigen:

Flügel schlagen unberührt,
Nur ein Fetzen meiner selbst.
Kleiner Funken zugefügt,
Doch ein Feuer hier verfällt

Verschwinde fast, bin nur ein Schatten.
Bilder fliegen nur vorbei,
Nichts hier bleibt,
Bin wie in Watte,
Alles herum nur Spielerei

Gebt mir Flügel, lasst mich fliegen.
Ein Traum war einst …

Er war sich nicht ganz sicher, wie er es singen würde, eine Melodie hatten Taro und er aber schon. Wieder und wieder ging er die Töne im Kopf durch. Versuchte herauszufinden, was besser passen würde: Sollte er den Text melodiös vortragen? Oder würden sie dadurch Gefahr laufen, ihn zu ruhig und harmlos klingen zu lassen?

Dass ihm jemand gefolgt war, hatte Kiryu gar nicht bemerkt. Er war bloß froh, an der frischen Luft zu sein. So trat Mika neben ihn: »Ein neuer Song?«

Kiryu blickte etwas verlegen und überraschter zu ihr, antwortete ihr dann aber mit einem schlichten »Ja«. Dann herrschte Schweigen zwischen ihnen. Sollte er sie jetzt fragen, was Hideki vorhin gemeint hatte? Oder würde sie ihm alles von selbst erklären? Andererseits würde Takuhiro eh mit ihm reden. Bei dieser Gelegenheit könnte er den dann ausquetschen. Aber er wollte sowieso mit Mika reden. Sie war so komisch, seit sie hier aufgetaucht war. Schon die ganze Zeit war so etwas wie eine Wand zwischen ihnen – er konnte nicht mehr so ungezwungen mit ihr reden, wie er es gewohnt war. Seit ihrem Treffen in Takuhiros Wohnung war sie auf Distanz gegangen.

»Wieso nennen dich eigentlich alle Engelchen? Soll ich das jetzt auch machen?«, fragte Kiryu. Er hatte sich dafür entschieden, in die Offensive zu gehen.

»Oh, bitte nicht«, war ihre erste Reaktion. »Dann haben sie dir also nichts gesagt?«, fragte Mika vorsichtig. Kiryu konnte mit dieser Frage nicht sonderlich viel anfangen, was er ihr sagte. Wobei sein fragender Blick wohl schon Antwort genug war.

»Hideki hatte vorhin mit seiner Bemerkung gar nicht mal so unrecht.«

»… du meinst das Engelchen?« Mika nickte. »Ja, das Engelchen.« Kiryu wartete auf eine weitere Erklärung. Für ihn ergab es keinen Sinn, dass Mika, die er immer in schwarzer Kleidung gesehen hatte und die mal kratzbürstig sein konnte, so genannt wurde.

»Wie soll ich dir das erklären?« Kiryu hatte keine Ahnung, was sie ihm jetzt erzählen wollte. Aber so, wie sie nach Worten rang, musste es etwas sein, dass sehr wichtig für sie war. Oder aber sie hatte eine so unglaubliche Geschichte auf Lager, dass sie schon jetzt mit sich rang, ob er ihr glauben sollte.

»Wusstest du, dass es Engel, Vampire, Kappas und so etwas wirklich gibt?!«

»Wie jetzt?«, waren seine einzigen Worte dazu. Kiryu sah sie verwirrt an. Wer würde das nicht tun, wenn er plötzlich hört, dass all die Sagengestalten der Wahrheit entsprachen oder entsprechen sollten? Wer kam denn schon auf diese Idee? Kiryu kam es vor wie ein schlechter Scherz. Doch er sagte nichts weiter zu Mika und wartete auf weitere Erklärungen von ihr. Konnte man das denn einfach so glauben? Kiryu war skeptisch und wollte sich zurückhalten mit einer Beurteilung, wenngleich er jetzt schon wusste, dass eine Menge Fragen bei ihm aufkommen würden.

»Ich … na ja … der Engel steckt so ein bisschen in mir«, sagte Mika und lächelte ihn verlegen an.

»Du meinst das echt ernst?!« Mika war immer noch verlegen und schien nicht die passenden Worte zu finden. Dann setzte sie an einer anderen Stelle an: »Hideki ist ein Jäger.«

Kiryu verstand gar nichts mehr. Was sollte das jetzt mit dem Jäger? Deshalb fragte er: »Wie kommst du jetzt darauf?« Mika seufzte und erklärte ihm daraufhin, dass dieser Hideki Wesen verfolgte, die nicht menschlich waren und für ein Ungleichgewicht in der Welt sorgen konnten. Wesen, die übernatürliche Kräfte besaßen. Wesen, die er aus alten Märchen und Legenden kannte: Kitsune, Ongesichter, Flussgeister, Kobolde. Die Liste war sehr lang und jedes Land hatte seine eigene. Schließlich gab es sie weltweit – diese Jäger und die Wesen. Takuhiro gehörte ebenfalls zu ihnen. Aber dadurch, dass er sich ruhig verhielt und ein halbwegs menschliches Leben führte – wie die meisten Vampire –, hatte er nichts zu befürchten. Dennoch stand er unter Beobachtung. Aber das hatte andere Gründe.

Mika nahm eine Sonderstellung ein. Sie war einst ein Engel, aber das war schon viel zu lange her. Als die Menschen noch jung waren, war sie zur Erde gekommen. Seitdem war sie hier und weilte meistens unter ihnen. Zu einem Menschen war sie allerdings nicht geworden. Denn sie arbeitete jetzt für Luzifer persönlich. Doch sie war nicht grausam oder wollte die Menschen verführen. Sie war nichts anderes als ein Engel mit Sonderstatus. Zu ihrer Arbeit gehörte die meiste Zeit die Überwachung einiger weniger Menschen – sie passte sozusagen auf sie auf. Tanakawa war ebenfalls ein Untergebener des Teufels. Er war dafür zuständig, das versteckte Potenzial, das einige wenige Menschen hatten, zutage zu fördern. Das tat er schon von Anfang an. Er hatte merkwürdige Methoden, die zwar oft ihr Ziel erreichten, aber nicht immer nach Mikas Geschmack waren – wie diese Kelleraktion. Inzwischen hatte er sich ein paar mehr Freiheiten erarbeitet. Er konnte sich manchmal seinen Arbeitsplatz aussuchen. Der Anzug sowie der Bart und seine ganze geschniegelte Erscheinung gehörten zu ihm wie die Melancholie zu Kiryus Texten. Doch Tanakawa musste mit seinen Methoden vorsichtiger sein als Mika. Denn Mika konnte ihn immer aufhalten. Tanakawa stand schließlich ein ganzes Stück unter ihr. So konnte es schon mal von ihr abhängen, ob Tanakawa seine Ziele erreichte oder nicht. Mika war so etwas wie eine Brücke. Und Kiryu im Moment der Mensch, um den sich alles drehte. Denn diesmal war es anders. Mika spielte eine andere Rolle als sonst. Sie sah nicht mehr von außen zu, wie sie es sonst immer getan hatte, sondern steckte mittendrin. Und das sogar freiwillig – oder aus eigener Dummheit – je nachdem, wie man es betrachten wollte. Sie hatte sich da auf etwas eingelassen. Der Einsatz war hoch, die Zeit begrenzt. Doch Genaueres wollte oder konnte sie Kiryu nicht erzählen. Alles, was er von ihr erfuhr, war, dass sie sich viel zu sehr auf Tanakawas Spiel eingelassen hatte. Und um sich einen kleinen Vorteil zu verschaffen, was durchaus erlaubt war, hatte sie ein paar ihrer Kontakte befragt und sich mit Takuhiro und Hideki zusammengeschlossen.

»Sie werden dir helfen, Kiryu. Und ich ebenfalls«, schloss sie ihren Vortrag. Kiryu brauchte einige Augenblicke, um das Gesagte verarbeiten zu können. Es waren wirklich viele Informationen. Besonders das mit Tanakawa klang so unglaublich. Er hatte das Gefühl, nicht die ganze Tragweite von dem, was Mika ihm gerade gesagt hatte, erfassen zu können. So fantastische Geschichten kannte er aus Mangas, aber doch nicht aus der Realität! Dann fragte er: »Und wieso ausgerechnet ich?« Doch Mika konnte ihm auf diese Frage keine richtige Antwort geben. Es war nun einmal so. Tanakawa hatte so entschieden, nicht sie oder jemand anderes. Da Tanakawa so entschlossen auf Kiryu zugegangen war, hatte dieser wohl ein besonderes Potenzial. Kiryu konnte sich zwar nicht vorstellen, was so besonders an ihm sein sollte, dass jemand wie Tanakawa die Kontrolle über ihn haben wollte. Aber sich den Kopf jetzt darüber zu zerbrechen, war wohl eh sinnlos.

»Ich hatte dich schon lange beobachtet. Also hatte ich Yuito darauf angesetzt, dass ihr im ›Cracked Hell‹ auftreten sollt. Ich habe in der ganzen Stadt Leute, die mir helfen würden. Meistens sind es kleinere Gefallen. Hat dir Yuito eigentlich erzählt, wie er auf ›Cracked Hell‹ gekommen war? Jemand, der oft bei ihm in der Werkstatt vorbeischaut, kennt mich. Na ja, so kam dann halt eins zum andern. Ausgerechnet ein Stützpunkt der Jäger … Eigentlich hätte ich dich ja auf keinen Fall dort haben wollen. Aber es schien für mich der einzige Ort zu sein, der sicher vor Tanakawa war. Auf mich sind die hier nämlich nicht sehr gut zu sprechen, weißt du?! Verstehst du, Kiryu? Ich wollte dich die ganze Zeit von Tanakawa fernhalten. Doch er hatte dich schon lange gefunden, bevor ich reagieren konnte …« Mit gesenktem Kopf ging sie dann wieder hinein. Sie hatte keine Antwort von Kiryu erwartet. Sie hatte sich ja nicht einmal getraut, ihn anzusehen. Immer war ihr Blick gesenkt. Hatte sie etwa Angst, dass er sie auslachen würde für diese Geschichte? Kiryu blieb einige Augenblicke draußen stehen und ließ das alles ein wenig sacken. Dann folgte er ihr.

Er ging geradewegs zur Bar, nahm Mika und sich etwas zu trinken mit und setzte sich dann an den Tisch, an dem Hideki bereits wieder saß. Kiryu schien sehr entschlossen. Hideki musterte ihn skeptisch, da er sich das plötzliche Selbstvertrauen von diesem kleinen Musiker nicht erklären konnte. Doch Kiryu hielt diesem Blick stand. Schließlich wusste er jetzt endlich, worum es ging. Und das sollte jetzt die restliche Band erfahren. Es war Zeit für eine Aussprache. Und höchste Zeit, seine etwas skurrile Idee umzusetzen!

Rockstar

Dass dieser Tag kommen würde, hatte er gewusst. Es war unvermeidlich gewesen, dass er jetzt hier war. Dass ausgerechnet *er* hierher gehen musste, war ebenso klar. Denn wer, außer ihm, konnte das hier schon durchziehen?

Die Flure lagen verlassen da. Niemand empfing ihn – oder wollte ihn wieder wegschicken. Das Gebäude war ihm nicht so verlassen vorgekommen, als er das letzte Mal hier gewesen war. Aber das lag wohl daran, dass er jetzt allein hier entlang ging. Denn sonst war immer Tanakawa oder einer seiner Leute an seiner Seite gewesen. Aber das war ja jetzt vorbei – und zwar für immer. Und das wollte er Tanakawa genauso sagen.

Plötzlich kam ihm wieder der Tag mit Mika in den Kopf, der der Anfang vom Ende sein sollte. Keine Frage: Tanakawa würde Kiryus Veränderungen sofort bemerken. Die Frage war eher, ob Kiryu alles so herüberbringen konnte, wie sie es geplant hatten. Vielleicht brauchte er sich darüber auch gar keine Gedanken zu machen. Eine innere Ruhe hatte ihn erfasst, kaum dass er das Gebäude betreten hatte. Mit selbstsicherem Gang war er jetzt auf dem Weg zu Tanakawas Büro. Vielleicht war der Traum, den er vor ein paar Tagen hatte, doch eine gute Vorahnung:

Alles um ihn herum war dunkel. Aber das war nicht so ein Traum, wie er ihn schon des öfteren gehabt hatte. Da war es immer eine bedrohliche Dunkelheit gewesen. Aber diesmal war es anders. Diese Dunkelheit war nicht so erdrückend. Er fühlte sich … Ja, er fühlte sich hier sicher. Das hatte er schon lange nicht mehr in einem Traum gehabt. Seine Umgebung änderte sich plötzlich. Von einer Sekunde auf die andere befand er sich im Ueno-Park. Einige Menschen liefen umher – es schien ein schöner Tag zu sein. Eine leichte Brise wehte, die Sonne schien, alles war so friedlich … Der Wind frischte auf und trug eine Feder zu ihm. Sie sah aus wie die

Feder eines Schwans. Aber er hatte hier im Park nie einen Schwan gesehen. Und jetzt konnte er nirgends einen entdecken. Er hob die Feder auf und sah sich weiter nach einem Schwan oder einem ähnlich großen weißen Vogel um. Doch er fand keinen. Also setzte er seinen Weg wieder fort.

Eine erneute Brise erfasste ihn. Und sie trug eine weitere Feder zu ihm. Und nicht nur die. Eine Feder streifte sein Gesicht, eine weitere seinen Hals. Eine dritte war ihm fast in die Hand gefallen. Er sah zum Himmel, um herauszufinden, woher sie kamen. Doch er sah nichts außer weißen Federn. Nicht einmal mehr der Himmel war auszumachen. Einzig diese Flut an weißen weichen Federn. Und dann sah er seine weiß gestrichene Decke. Was war gerade passiert? Doch schon kamen ihm nach und nach die Bilder wieder in den Kopf. Er fuhr sich mit der Hand an die Stirn. Es war ungewöhnlich, dass er sich so gut an einen Traum erinnern konnte. Dann wandte er seinen Blick von der Decke ab und sah Mika, die am Fußende seines Bettes saß.

»Was … machst du denn hier?« Er war augenblicklich hellwach. Mika sah etwas verlegen zu Boden und antworte: »Deine Vermieterin hat mich reingelassen.«

»Oh«, kam darauf von Kiryu. Es war für beide sichtlich keine unangenehme Situation. Für Kiryu war es ein merkwürdiges Gefühl gewesen, dass jemand bei ihm war, als er aufwachte. Noch komischer war es allerdings, dass Mika auf seinem Bett saß. Das … war sehr nah. Um wieder einen klaren Kopf zu bekommen und sie beide aus dieser peinlichen Situation zu bringen, fragte er schließlich: »Wie spät ist es eigentlich?« Er richtete sich auf und fuhr sich mit den Händen durchs Gesicht, um die letzte Müdigkeit zu vertreiben.

»Kurz nach neun. Ich dachte, du wärst schon wach, aber … na ja …«, und sie blickte wieder zu Boden. Von Kiryu kam ein leises »Mist« und er sprang aus dem Bett und verschwand ins Bad. Eigentlich hatten sie sich um halb neun treffen wollen. Aber er hatte vergessen, den Wecker zu stellen, und hatte verschlafen.

Jetzt stand er also vor der Bürotür. Er trat ein und wurde mit einem: »Guten Morgen. Was kann ich für Sie tun?« von Tanakawas Sekretärin begrüßt.

»Ich möchte zu Herrn Tanakawa«, antwortete er so kühl wie möglich. Die Sekretärin musterte ihn von oben bis unten, dann fragte sie, wen sie anmelden solle.

»Kiryu Sugawa«, antwortete er wieder so kühl, jetzt aber sehr viel selbstbewusster.

Tanakawa musste sie gehört haben und rief ihnen zu: »Ist schon gut. Er kann reinkommen.«

Er war sich nicht sicher, ob er seine Maskerade lange genug aufrecht erhalten konnte. Würde er überhaupt glaubhaft herüberkommen?

»Wie ich sehe, hast du dir einen neuen Kleidungsstil angelegt«, wurde er von Tanakawa begrüßt. Und er hatte recht. Kiryu trug eine elegante dunkle Jeans, ein schwarzes Shirt mit einem breiten dunkelblauen Streifen am Kragen, schwarze Sneaker mit Nietenverzierungen und eine dünne schwarze Lederjacke.

Er musste kurz zurückdenken. Vor ein paar Tagen war er den ganzen Tag mit Mika unterwegs gewesen. Sie hatten ewig gebraucht, um nicht nur das Outfit zu finden, das er jetzt trug, sondern auch ein paar andere.

Mika hatte anscheinend schon vorgesorgt, weshalb Kiryu gleich mit einigen Vorschlägen von ihr konfrontiert wurde, kaum dass sie ein Geschäft betreten hatten: »Ich hab dir schon mal die drei Jeans rausgesucht. Ach, und hier sind ein paar Shirts und Pullover.« Was sie mit »ein paar« meinte, füllte Kiryus Arme vollends aus. Er kam sich schon vor wie ein Packesel. Was er aber zugeben musste: Die Klamotten gefielen ihm. Und als er sich heute Morgen mit ihr vor dem Bürogebäude der Dee. MONIO Corporation traf, gab sie ihm ein Armband. Es war aus schwarzem Leder, ungefähr drei Zentimeter breit und hatte etwas eingraviert. Aber es war so klein, dass Kiryu es nicht erkennen konnte. Mika erklärte ihm: »Das sind

Schutzsiegel. Ich hoffe, sie wirken …« Jetzt fuhr er wie zufällig über das Armband an seinem rechten Handgelenk, als er die Jacke auszog und sich Tanakawa gegenüber setzte.

»Du hast deine Haare abschneiden lassen.«

»Ich wollte mich einfach mal verändern, das ist alles.« Doch in seinem Kopf waren diese ganz bestimmten Verse.

»Was kann ich für dich tun?«, fragte er schließlich mit diesem leicht ironischen Unterton. Er sah gelassen aus und lächelte ihn an. Kiryu kannte dieses Lächeln allerdings viel zu gut und es war nicht wohlwollend.

»Ich hätte da ein paar Vorschläge zu machen, wie es mit *Rising Phenix* weitergeht.«

»Eine Million Yen mehr oder weniger auf deinem Konto fällt dir doch gar nicht auf«, klang ihm von Mika in den Ohren.

Tanakawa sah ihn überrascht an. Dennoch schaffte er es, dieses selbstsichere Auftreten aufrecht zu halten. Er fühlte sich Kiryu gegenüber also haushoch überlegen. Jetzt aber war Kiryu endlich bereit, etwas von Tanakawa zu fordern. Es war Zeit, dass er so auftrat, wie es Tanakawa von ihm erwartete. Denn dann würde Tanakawa keinen Verdacht hegen, wenn Kiryu schon wieder seine Gewohnheiten änderte.

Kiryu musste gegenüber Tanakawa als der arrogante Superstar rüber kommen. Wie er sich verhielt, wenn Tanakawa das nicht mitbekam, war egal. Er musste heute diese Fassade vor Tanakawa aufrechterhalten, dann wären ihre weiteren Schritte kein Problem.

»Keine Sorge. Ihr seid in besten Händen, glaub mir. Der Erfolg wird in nächster Zeit nicht ausbleiben. Außerdem habe ich genug Auftritte für *Rising Phenix* in Planung. Wie du weißt, geht die Festival-Saison los. Das kann euch Urukawa oder Akirou näher erklären«, erwiderte Tanakawa ganz locker.

»Es geht mir gar nicht um die Auftritte. Wir brauchen für uns angemessene Wohnungen.« Jetzt war Tanakawa verblüfft. Zumindest sah er so aus. Kiryu ließ sich davon nicht beirren und redete weiter:

»Ich will umziehen. Die Bruchbude, in der ich wohne, ist mir einfach zu klein. Den anderen geht es nicht anders.«

»Das ist in Ordnung. In den äußeren Bezirken von Tokyo gibt es ein paar gute Angebote. Vielleicht ist ja was für euch dabei?« Tanakawa wiegte sich in Sicherheit. Kiryu wollte also ein etwas komfortableres Leben haben. Wenn es weiter nichts war … Doch Tanakawa war sich nicht im Klaren, dass Kiryu lernte, dieses Spiel mitzuspielen.

»Nicht die Außenbezirke. Shibuya«, antwortete Kiryu bestimmt. Tanakawa erwiderte nichts darauf, sondern sah ihn ernst an. Aber Kiryu erklärte schon weiter, bevor Tanakawa ihn dazu auffordern musste: »Das Bad sollte schon ordentlich groß sein. Also nicht so eine kleine Kammer, wie es bei Mietwohnungen üblich ist. Ein eigenes Onzen wäre nicht schlecht.« *Eine Million Yen mehr oder weniger …*

»Ich sehe, du willst deine Wohnverhältnisse deinem Status anpassen«, antwortete Tanakawa mit einem vorsichtigen Lächeln. Er sah Kiryu nicht als Gefahr an. Wenn er jetzt mit solchen Wünschen kam, warum nicht? Obwohl ihm der Verdacht kam, dass Kiryu nicht einfach bloß eine bessere Wohnung haben wollte …

»Ja, deswegen dürfte eine große Garage kein Problem sein.« Ja, er würde das Leben eines Rockstars leben. Tanakawa sah ihn überrascht an: »Garage? Wofür das denn? Du hast doch noch nicht mal einen Führerschein.«

»Also, die Prüfung hab ich schon bestanden«, erwiderte Kiryu locker. Daraufhin zeigte Tanakawa allerdings eine Reaktion, die Kiryu nicht einordnen konnte: Er sah nachdenklich an Kiryu vorbei und murmelte immer wieder etwas vor sich hin. Kiryu glaubte »wieso hat mir das niemand gesagt?« und »es werden Köpfe rollen« oder etwas Ähnliches gehört zu haben. Wenn Tanakawa schon so reagierte, hatten sie vielleicht gar keine so schlechte Chance, aus dem Vertrag zu kommen, wie sie gedacht hatten.

»Ich war schon bei meiner Bank«, erzählte Kiryu weiter. »Da gab es nur leider ein Problem …« Tanakawa schien verstanden zu haben. Er lächelte und fragte dann: »Okay, was brauchst du?«

»Am liebsten ja eine Kreditkarte ohne Limit.« Tanakawa verzog keine Miene. Kiryu hatte keine Ahnung, ob Tanakawa ihm das gewähren würde. Doch er durfte jetzt nicht nachgeben.

»Du stellst ja so einige Forderungen«, antwortete Tanakawa schließlich mit einem Lächeln.

»Es hat sich halt so einiges ergeben«, war Kiryus Antwort mit einem Schulterzucken. Wenigstens konnte er jetzt wieder den Coolen spielen. Tanakawa schien sich darüber sehr zu amüsieren.

»Ach ja, und wenn wir schon bei Geldangelegenheiten sind, der ist für Sie.« Er schob Tanakawa einen Briefumschlag zu. Tanakawa sah irritiert darauf, dann wieder zu Kiryu. Aber diesmal war es Kiryu, der Tanakawa überlegen anlächelte.

»Was ist das?«

»Die Rechnung meines Anwalts. Ich habe mich selbst um die Absender der Hassmails gekümmert«, erklärte Kiryu gelassen. Tanakawa nahm den Umschlag und öffnete ihn. Der Inhalt gefiel ihm allerdings ganz und gar nicht.

»800.000 Yen?!« Kiryu musste sich ein Lächeln verkneifen, als Tanakawa so entsetzt aufschrie. Dann antwortete er immer noch gelassen: »Da Sie für mein Wohlergehen zuständig sind, sollten Sie das zahlen. Ach, die Rechnung der laufenden Verfahren geht dann direkt an Sie.« Er hatte versucht, weiterhin diese coole Fassade zu halten. Tanakawa schien ihm aber halb zugehört zu haben, denn er starrte wie gebannt auf den Briefkopf: Kanzlei Desjardins. Tanakawa schien zu kochen und stieß ein »Gil!« zwischen den Zähnen hervor. In seinem Gesicht spiegelten sich so viele Emotionen. Freude war allerdings nicht dabei. Dafür Überraschung, Wut, Ratlosigkeit und Ablehnung. Dann sammelte er sich einen Moment und verkündete: »Na gut, Kiryu. Du sollst das alles bekommen. Die Wohnungen werdet ihr bald haben. Um den Rest werde ich mich kümmern.«

Kurz darauf ging wie von Zauberhand Tanakawas Bürotür auf und seine Sekretärin trat mit den Worten ein: »Sie haben geläutet?«

Sie saß im Foyer und las eine Zeitung. Vor ihr stand ein Glas Wasser, das sie allerdings nicht anrührte. Hoffentlich konnte Kiryu Tanakawas Spiel bestehen …

»Du steckst also dahinter«, erklang plötzlich eine Stimme neben ihr.

»Was willst du von mir, Tanakawa?«, fragte sie, ohne von ihrer Zeitung aufzublicken.

»Nur einen kleinen Plausch, das ist alles«, erwiderte er.

»Du weißt, dass es bald so weit ist.«

»Ja, und der Sieger steht nicht fest. Das ist wirklich mal ein spannendes Spiel«, gab Tanakawa mit diesem für ihn typischen Grinsen zurück. Mika faltete die Zeitung endlich zusammen und legte sie beiseite. Sie ließ ihren Blick durch den Raum schweifen. Kiryu müsste jeden Augenblick wieder zurück sein, wenn Tanakawa schon hier saß.

»Keine Sorge, wir befinden uns gerade außerhalb der Zeit.« Das fiel ihr jetzt ebenfalls auf. Niemand bewegte sich. Selbst die Luft schien zu stehen.

»Willst du mal wieder deine Macht demonstrieren? Das kann ich auch«, sagte sie, schnippte mit den Fingern und alles ging wieder seinen gewohnten Gang. Kurz darauf war zu hören, wie jemand die Treppe hinunterpolterte: Kiryu kam direkt auf sie zu. Tanakawas Gesichtsausdruck schien zumindest für eine Sekunde zu entgleiten.

»Siehst d…«, wollte sie zu Tanakawa sagen, aber der war schon wieder verschwunden …

Kiryu war es so vorgekommen, als ob er aus Tanakawas Büro rausgeworfen worden wäre. Doch als er so ratlos im Vorzimmer stand, kam die Sekretärin auf ihn zu, gab ihm einen Zettel und verabschiedete ihn mit den Worten: »Herr Tanakawa wird sich melden, sobald er Neuigkeiten für Sie hat.« Dann öffnete sie die Tür zum Flur und bat Kiryu hinaus.

Er ging wieder zurück ins Foyer und faltete im Gehen den Zettel auf, den er gerade bekommen hatte. Darauf stand in einer sehr alten Schrift: »Wie ich sehe, geht es dir besser als vor ein paar Monaten. Sei bloß vorsichtig. Mich willst du nicht zum Feind haben. P.S.: Die Wohnungen sind kein Problem.«

Kiryu konnte es kaum fassen. Er hatte es tatsächlich geschafft, Tanakawa so lange standzuhalten. Und dazu diese vorgespielte Arroganz. Er musste sich unbedingt bei Gil dafür bedanken, dass der ihm so viele Ratschläge für sein Auftreten gegeben hatte.

Freudestrahlend kam er die letzte Treppe hinunter. Ihm war ein riesiger Stein vom Herzen gefallen, als er den Zettel gelesen hatte. Die Maskerade hatte funktioniert!

Immer noch völlig euphorisch kam er auf Mika zu und umarmte sie mit den Worten: »Es hat geklappt! Es hat wirklich geklappt!«

Well, we all just wanna be big Rockstars
And live in hilltop houses …

Er sang aus voller Kehle. Das war keiner ihrer großen Auftritte. Hier saßen sie im kleinen Kreis zusammen: Die Band, Mika, Yuito, Tomomi und Takuhiro im »Cracked Hell«. Takuhiro würde einige Fotos machen, sofern sich denn gute Motive ergaben. Sie wussten inzwischen, was sie posten sollten, und hatten von Urukawa und Akirou freie Hand in dieser Sache bekommen.

Sie machten hier so etwas wie einen Karaoke-Abend. Die Band spielte, und wer wollte, konnte singen. Jetzt war Kiryu an der Reihe. Und welcher Song passte jetzt besser als »Rockstar«?

Es herrschte eine ausgelassene Stimmung. Alle waren erleichtert, dass dieser Tag endlich überstanden war. Keiner von ihnen hätte gedacht, dass es für Kiryu so einfach wäre, Tanakawa zu widerstehen. Takuhiro und Hideki hatten ihn gewarnt, Mika sowieso. Er musste jetzt am Ball bleiben. Andernfalls würde Tanakawa das Spiel durchschauen und Kiryu wäre so gut wie verloren. Wenn er Kiryu dieses hochnäsige Auftreten erst vollends abkaufte, war das für sie alle das Beste. Und Kiryu konnte sogar etwas aus der Beziehung zu Tanakawa mitnehmen: Er war stark genug und hatte inzwischen das Durchsetzungsvermögen, um auf eigenen Beinen stehen zu können. Und er hatte Freunde, die ihn in allem unterstützten, was er tat. Das Vertrauen in seine Fähigkeiten hatte sich gefestigt – er wusste, was er konnte und dass es gut ankam. Und dieses Selbstvertrauen strahlte er auch aus. Jede Bewegung, jede Geste, jeder Blick war nicht mehr voller Vorsicht und Zweifel. Der Phönix breitete seine Flügel aus und war bereit loszufliegen.

Zweite erste Schritte

Sein Smartphone klingelte. Verschlafen trottete er zum Wohnzimmertisch und ging ran: »Was gibts?«

Er schaute sich in seinem Wohnzimmer um. Die Couch hätte natürlich nicht so protzig sein müssen, war aber sehr bequem. Ein kleiner Tisch aus dunklem Kirschholz stand davor auf einem hellen Teppich. Die 60 Quadratmeter große Wohnung hatte nichts mehr mit seinem alten Heim gemeinsam. Das fing schon damit an, dass er keine Miete mehr zahlen musste. Die Wohnung gehört ganz allein ihm.

Von dem kleinen Flur ging es direkt in das Badezimmer. Es war größer als das Bad seiner alten Wohnung. Die Duschzelle konnte sogar zwei Personen fassen. Platz und Anschlüsse für eine Waschmaschine gab es gleich neben dem Waschbecken. Für ein eigenes Onzen hatte es zwar nicht gereicht, es hätte Kiryu gewundert, wenn Tanakawa das wirklich bewerkstelligt hätte. Die Badewanne war dafür sehr groß.

Im Wohnzimmer gab es ein riesiges Fenster. Das Sofa stand natürlich davor. Der Blick auf Tokyo war von hier aus unglaublich. Und obwohl das Sofa so viel Raum einnahm, war hier sehr viel Platz. Die Tür zum Schlafzimmer war halb versteckt, wenn man das Wohnzimmer betrat.

Sein Schlafzimmer war minimalistisch eingerichtet. Wobei er es sich aber nicht hatte nehmen lassen, sich ein größeres Bett zu besorgen. Eine Kommode neben dem Bett und ein großer Schrank gegenüber dem Bett bildeten die restliche Einrichtung. Im Schrank befanden sich zudem Futons. Falls er Gäste hätte, könnten diese hier übernachten.

Eine Küchenzeile befand sich gleich hinter dem Sofa. Sie war nicht sehr groß, aber er fand die Kochnische ausreichend. Er hatte alles, was er brauchte: Kühlschrank, Spüle, Geschirrspüler und Schränke über der Küchenzeile. Ein Esstisch stand an der Wand zum Bad, ebenso zwei Stühle.

Als er wieder zurück in Richtung Schlafzimmer ging, warf er einen Blick zurück. So vieles hatte er sich neu kaufen müssen. Und zum ersten Mal in seinem Leben hatte er nicht auf den Preis achten müssen. Er hatte gekauft, was ihm gefiel, und erst als er die Rechnung sah, erfuhr er den genauen Preis.

»Hi, Kiryu. Akirou hat sich bei mir gemeldet. Hast du schon gehört?« Kiryu verneinte. Es war sonst nicht Ryos Art, dass er seine Aufregung so zeigte. Akirou und Urukawa hatten entweder etwas richtig Großes mit ihnen geplant oder – was kaum möglich war – es war irgendetwas mit ihrem Vertrag.

»Unser nächster Auftritt steht endlich fest. Akirou ist schon dabei, eine neue Tour zu planen. Ist das nicht großartig?«

Er wusste, dass Ryo ihm eben großartige Neuigkeiten verkündet hatte, aber er war zu verschlafen, um angemessen zu reagieren. Und dann war da eine stumme Angst, die nicht zulassen wollte, dass er ebenfalls euphorisch wurde. Aber endlich konnte er wieder mit den Jungs auf die Bühne. Das war jetzt schon so lange her. Endlich wieder Fans erleben, die ihnen zujubelten. Endlich wieder ein paar – wenn auch nur kurze – Gespräche mit ihnen führen. Er verabschiedete sich schnell von Ryo und entschied dann, dass er gleich wach bleiben konnte. Schlafen könnte er jetzt eh nicht mehr.

Er war gerade aus der Dusche getreten, als sein Smartphone erneut klingelte. »Wieso bin ich denn heute so gefragt?«, dachte er sich, bevor er abnahm: »Hallo?«

»Kiryu, hier ist Takahashi. Kannst du vorbeikommen?«

»Wie, jetzt gleich?«, entgegnete er etwas verwirrt.

»Ja, hier ist gerade viel los. Du musst mir helfen.«

Daher wehte der Wind also. »Black Thunder« war endlich richtig angelaufen. Doch zuerst musste er in den Laden kommen. Eine Weile wäre er unterwegs, bevor er beim »Black Thunder« war. Dann musste Takahashi eben ein bisschen durchhalten.

Die U-Bahn war diesmal nicht sehr voll. Kiryu kannte die Strekke zum »Black Thunder« inzwischen in- und auswendig, selbst von seiner neuen Wohnung aus. Er lehnte sich zurück und ließ die Zeit einfach verstreichen. Ein paar Haltestellen, dann wäre er da. Er hätte die Strecke laufen können, aber Takahashi wäre bestimmt nicht glücklich darüber, wenn er über eine Stunde auf Kiryu warten müsste. Beim »Black Thunder« traf Kiryu allerdings der Schlag. Er hatte durch Takahashis Anruf erwartet, dass viel los sein würde. Dass der Laden allerdings so voll war, hätte er niemals geahnt. Das konnten doch nicht wirklich alles Kunden sein? Er konnte es nicht wirklich glauben. Und diese Annahme sollte sich bestätigen: »Da ist er! Kiryu, krieg ich ein Autogramm?«, schrie ihm jemand entgegen. »Kann ich ein Selfie haben?«, rief ein anderer.

Am liebsten hätte sich Kiryu umgedreht und wäre davongerannt. Aber er tat etwas anderes.

Anstatt davonzulaufen, bahnte er sich einen Weg zum Tresen und fragte den Nächstbesten: »Wie kann ich Ihnen weiter helfen?« Der junge Mann sah ihn völlig verdutzt an und schien in eine Art Schockzustand gefallen zu sein. Er brachte nichts als Gestotter heraus.

Im Laden war es schlagartig totenstill geworden.

»Was ist jetzt? Brauchen Sie Hilfe bei irgendwas?« Sein Ton war nicht gerade freundlich, was einige hier bereits verschreckt hatte. Nach einer geschlagenen Minute brachte Kiryus Gegenüber dann endlich ein »n-nein. Ich wollte mich eigentlich umsehen« heraus. Kiryu hatte anscheinend den Glücksgriff gelandet und einen richtigen Kunden statt einen der vielen Fans zuerst zu fragen.

Ein Mädchen – sie war vielleicht 15 Jahre alt – hatte die ganze Zeit am Tresen gestanden und Kiryu mit großen Augen betrachtet. Für die Kleine ging wohl gerade ein Traum in Erfüllung. Kiryu hatte vor, ausgerechnet sie als Nächstes anzusprechen: »Was darfs denn bei dir sein?«, hatte er in freundlicherem Ton gefragt. Als Antwort bekam er zuerst ein Quietschen. Zwischendurch konnte man Worte wie: »Du bist« und »ein Traum« verstehen. Der Rest ging heillos unter. Kiryu seufzte leise und sagte ihr dann: »Hör mal, Kleine, wenn du hier nur rumstehst, dann hilft uns beiden das nicht weiter. Entweder du kaufst etwas oder du gehst. Hier sind andere Kunden, die bedient werden wollen.« An die Menschenmasse gerichtet rief er: »Und das gilt auch für euch anderen!« Schlagartig verließ der Großteil der Menschen den Laden. Takahashi und Kiryu konnten endlich durchatmen.

In dieser Situation war es ihm mal wieder vorgekommen, als wäre er der Chef hier und Takahashi lediglich der Inhaber, der Kiryus Aktionen abnicken oder verbieten konnte. Schon irgendwie ein komisches Verhältnis.

Die Band hatte schon mit der Probe angefangen, als Kiryu den altvertrauten Raum betrat.

»Hey, da bist du ja endlich«, wurde er von Ryo freundlich begrüßt.

»Ja, im ›Thunder‹ war die Hölle los. Wie läufts bei euch so?«

»Wie's aussieht, haben wir schon bald unseren nächsten Auftritt. Akirou will mit uns heute Abend reden.« Kiryu seufzte. Diesen

Termin würde er am liebsten sausen lassen. Aber sie waren nicht so weit, um Tanakawa und Urukawa die Stirn bieten zu können. Also würden sie wohl doch alle heute Abend dort auftauchen. Dass er sich absichern wollte, würde jetzt wohl jeder verstehen. Gil wäre bestimmt brennend daran interessiert zu erfahren, was Urukawa mit ihnen vorhatte. Er hatte ihnen sogar angeboten, nach einem anderen Label zu suchen. Die Verhandlungen über einen Vertrag würde er ebenfalls übernehmen. Das Angebot klang sehr verlokkend, aber noch hatten sie nicht zugestimmt. Das lag aber vor allem an Kiryu. Er hatte keine Zusage gegeben, weil Gil ihm einfach nicht vorkam wie der uneigennützige Typ. Und er war nicht sonderlich scharf darauf, von einem Knebelvertrag in den nächsten zu geraten.

Die Nacht bracht herein. Er wusste, was bald passieren würde. Aber wussten es die ihm anvertrauten Menschen? Er sollte auf sie aufpassen, war ihm aufgetragen worden. Und einer dieser »Schützlinge« ahnte – wenn er es nicht sogar wusste –, was er in Wirklichkeit war. Aber das schien diesen einen nicht abzuschrecken. Ganz im Gegenteil. Kiryu schien ihn manchmal sogar herausfordern zu wollen. Und das gefiel ihm an dem Jungen. Er ließ sich nicht so von ihnen einschüchtern, wie es bei den meisten anderen der Fall war. Nein, Kiryu war anders. Und das wusste Tanakawa. Darum musste er es unbedingt schaffen, Kiryu aus dessen Klauen zu befreien. Das klang jetzt vielleicht sehr selbstlos, aber ausgerechnet das war Gilbert am wenigsten. Er wollte Tanakawa nicht die Chance lassen, sein kleines Spiel zu gewinnen. Tanakawa würde sonst weiter aufsteigen. Und das wollte keiner. Sogar Mika schien gegen ihn zu sein.

Es versprach, spannend zu werden. Ein Showdown stand bevor. Doch zuerst musste er sich auf den Weg in die Höhle des Löwen – oder besser: des Teufels − begeben. Seine »Schützlinge« würden ihn jetzt brauchen. Und dabei hatten sie nicht einmal eine Ahnung davon, dass er sie genauso in ihr Verderben schicken konnte wie Tanakawa. Menschen waren anscheinend viel zu naiv, um derartige Dinge erkennen zu können …

Dunkelheit breitete sich über der Stadt aus. Einzelne Sterne funkelten am Firmament. Es versprach, eine schöne, kühle Nacht zu werden.

Die Band hatte die Bürotür von Urukawa fast erreicht. Allmählich breitete sich Nervosität unter ihnen aus. Niemand traute sich, etwas zu sagen. Anders als die restliche Band hing Kiryu anderen Gedanken nach als dem bevorstehenden Treffen. Er schmiedete an einem neuen Song. Einen Teil des Textes hatte er schon:

Diese Leere, ungehalten, treibt mich fort;
Das Meer des Schweigens
Wartet nur auf eine Chance –
Und ich warte – bleib im Scheine.

Die Leere schwindet, dann und wann
Ist dann fort; nur noch ein Schein
Vergesse fast, dass es sie gab;
Vergiss doch nicht, dass sie da war …

Kiryu war völlig in Gedanken. Er bekam lediglich am Rande mit, dass sie Urukawas Büro betreten hatten und von ihm begrüßt wurden. Auch wenn es gerade nicht der passende Zeitpunkt war, konzentrierte er sich mehr auf den Text, der jetzt in seinem Kopf entstand, als auf Urukawa. Es hatte ihn einige Überwindung gekostet, nicht länger an dem neuen Song zu arbeiten. Denn er wusste, dass Urukawa im Moment seiner vollen Aufmerksamkeit bedurfte. Es stand viel auf dem Spiel für sie.

Zuerst wurden die üblichen Floskeln ausgetauscht: Wie ging es ihnen? Wie gefielen ihnen die neuen Wohnungen? Und so weiter.

Kiryu und die anderen warteten aber im Grunde auf jenen Moment, in dem Urukawa auf ihre Forderungen zu sprechen kommen würde. Die neuen Wohnungen für sie alle und all die anderen Luxusgegenstände, die sie sich geleistet hatten, waren das Vorgeplänkel. Die Forderungen, die für die Band wirklich wichtig waren, hatten Tanakawa und Urukawa vor Kurzem von ihnen bekommen. Gilbert war zwar jetzt nicht mit ihnen hier, doch sie wussten, wie sie sich Urukawa gegenüber verhalten mussten. Denn jetzt hieß es für sie, mit der Faust auf den Tisch zu hauen! Denn jetzt würden sie ihrem Namen wirklich gerecht werden. Ihr zweiter – ihr **wirklicher** Aufstieg begann jetzt!

»Ihr habt ja so einiges an Wünschen geäußert«, sagte Urukawa mit diesem hämischen Grinsen.

»Das waren weniger Wünsche, dieser Brief war vielmehr so zu verstehen, wie es da stand: Es sind unsere Forderungen«, entgegnete Kiryu mit unheimlicher Ruhe und Festigkeit in der Stimme.

Urukawa lachte leise auf. Es war mehr ein Kichern – und es klang genauso überheblich wie immer.

»Ihr meint es also wirklich ernst?«, fragte er. Kiryu hielt seinem Blick stand.

»Ja, das tun wir. Denn – und da spreche ich für uns alle – wir sind der Meinung, dass du uns etwas mehr Spielraum lassen könntest. Wir fühlen uns eingeengt.« Urukawa ließ Kiryus Worte ein wenig zwischen ihnen wirken. Er grinste immer noch so überlegen. Für Kiryu und die anderen hieß es jetzt durchhalten. Würden sie jetzt schwächeln, wären sie geliefert.

Das Schweigen schien eine Ewigkeit zu währen. Dann endlich, brach Urukawa die Stille. Er beugte sich ein Stück nach vorn und sagte: »Nun, ich werde sehen, was ich tun kann.« Kiryu und die anderen blieben cool. Der erste Schritt war getan. Urukawa sollte ihr Gegner sein – und sie waren ihm endlich ebenbürtig.

Freundschaftsdienste

Kiryu stand im Hinterzimmer des »Black Thunder« und sah sich ein paar CDs an. Er hatte Alben von Girugamesh gefunden. Als er sie sich anhörte, stellte er mal wieder fest, dass der Sänger eine ähnliche Stimme wie er selbst hatte. Ihr Stil gefiel ihm ebenfalls. Er würde sich mehr von ihnen anhören, das wusste er schon jetzt. Aber nicht sofort. Zuerst musste er dieses Regal sichten. Er hatte Alben von Kra und D'espairsRay gefunden. Alles ziemlich düster – genau nach seinem Geschmack. Während er sich Album um Album im Schnelldurchlauf anhörte, notierte er sich, was sie ihren Kunden anbieten sollten und wo er sich unschlüssig war. Es machte ihm immer noch Spaß, hier zu stöbern. Er fand immer wieder etwas Neues oder längst vergessen Geglaubtes.

Kiryu musste heftig niesen. Hier war nach wie vor sehr viel Staub. Weil Kunden diesen Raum eh nicht betreten durften, hatten sie bloß notdürftig sauber gemacht. Aber das sollten sie besser ändern. Er war schließlich mehrmals die Woche in ihrem Lager. Und als er so auf den kleinen Stapel eingestaubter CDs sah, dachte er: »Möglichst bald«. Er wollte sich gerade das nächste Album schnappen – ihm war etwas von »the GazettE« ins Auge gefallen – als er angerufen wurde. Als er das Smartphone aus seiner Tasche holte, sah er, dass es seine ehemalige Vermieterin war: »Hallo Frau Kyoura. Was kann ich für Sie tun?«

»Hallo Kiryu. Es ist mir ein bisschen unangenehm, zu fragen, aber … könnten Sie Hanako von der Schule abholen?«

»Was?«, brachte er ungläubig heraus.

»Ich bin auf Arbeit leider voll eingespannt. Das wird sich den ganzen Tag hinziehen. Und ich will Hanako nicht allein lassen. Dafür ist sie ja noch zu klein.«

»Und Sie holen sie heute Abend ab?!«

»Also … falls ich es schaffe …«

»Moment mal«, unterbrach er sie. Frau Kyoura schwieg augenblicklich. Kiryu sammelte sich kurz, um nicht zu unfreundlich zu klingen. Dann wollte er erneut wissen: »Sie wollen von mir, dass ich Hanako heute Nachmittag von der Schule abhole und sie bei mir übernachten lasse?!«

»Ja, so ist es.« Mehr sagte sie nicht. Kiryu seufzte.

»Ich weiß, es ist viel verlangt, aber Sie sind der Einzige, der mir helfen könnte.«

»Es ist vor allem verdammt kurzfristig …«

»Ja, das weiß ich. Aber dennoch …« Sie klang schon resigniert und beendete den angefangenen Satz gar nicht. Aber sie schien sehr verzweifelt zu sein. Und da Hanako eh keinen anderen Babysitter akzeptierte, seit sie sich Kiryu ausgesucht hatte, konnte er Frau Kyouras Ratlosigkeit nachvollziehen. Wahrscheinlich rechnete sie bereits mit einer Absage. Kiryu seufzte einmal, dann fragte er schließlich: »Okay, wie ist denn die Adresse?«

»Sie werden sie abholen? Wirklich? Oh, vielen Dank, Kiryu.«

Hanakos Schule befand sich zum Glück auf dem Weg zu seiner Wohnung. Und typisch für einen Freitagnachmittag waren auf den Straßen bereits viele Familien unterwegs.

Frau Kyoura hatte in der Schule angerufen und Bescheid gegeben, dass Kiryu Hanako abholen würde. Als Kiryu dort auftauchte und sich der Klassenlehrerin vorstellte, war diese sichtlich überrascht. Verübeln konnte Kiryu ihr das nicht. Wer würde von so einer gewissenhaften, traditionsbewussten Frau wie Hitomi Kyoura erwarten, dass sie einem Punk wie Kiryu so viel Vertrauen entgegenbrachte? Nach einem kurzen Gespräch war Hanakos Lehrerin etwas entspannter ihm gegenüber. Und als Hanako freudestrahlend auf ihn zukam, verflog diese Skepsis allmählich vollständig. Kiryu verabschiedete sich daraufhin schnell und ging mit Hanako nach Hause. Er hatte gerade den Weg Richtung Straße eingeschlagen, als er hinter sich hörte: »Ist das nicht der Sänger von *Rising Phenix*?

Was macht der denn hier?« Er tat so, als hätte er nichts gehört. Er war schließlich wegen Hanako hier und nicht für irgendwelche Fans.

Der Abend verlief ganz ruhig. Er hatte allerdings eine längere Diskussion über das Abendessen mit Hanako führen müssen. Er hätte fast kapituliert, weil Hanako einfach nichts zu schmecken schien. Dabei wusste er von Frau Kyoura, dass sie für Hanako und sich öfter Essen bestellte, anstatt zu kochen. Aber so stur wie Hanako konnte er auch sein. Und als er Hanako erfolgreich eingeredet hatte, dass er alles allein aufessen würde, war sie schließlich bereit, ihre Portion zu verspeisen. Es war ein Kampf gewesen. Und er fand es unglaublich ermüdend. Kiryu hatte allerdings nur eine kurze Verschnaufpause, weil sich Hanako später beharrlich weigerte, ins Bett zu gehen. Ihr Futon lag bereits ausgebreitet im Wohnzimmer, aber sie schien hellwach zu sein. Kiryu dagegen hätte sofort einschlafen können. Er legte sich deshalb aufs Sofa. Anfangs hatte Hanako auf ihn eingeredet, aber da er nicht mehr dazu zu bewegen war aufzustehen, hatte sie sich schließlich auf ihren Futon gesetzt und ihn verärgert angesehen. Als er einen Blick auf sie warf, stellte er erleichtert fest, dass es ihr sichtlich schwerfiel, länger wach zu bleiben. Er nahm daher sein Smartphone und las ein paar eingegangene Nachrichten. Von Takuhiro war eine dabei: »Hi, Kiryu. Magst du den Laptop haben? Komm vorbei, wann immer du Zeit hast.«

Er sah sich die angefügten Bilder an. Brauchen könnte er ihn schon. Also antwortete er: »Klar, könnte gleich morgen früh vorbeikommen.«

Während er auf dem Sofa lag, war Hanako schließlich doch von ihrer Müdigkeit übermannt worden. Sie hatte irgendwann keinen Mucks mehr von sich gegeben. Und als Kiryu wieder zu ihr sah, stellte er erleichtert fest, dass sie eingeschlafen war. Was für ein Tag! Er legte sein Smartphone auf den kleinen Tisch und ging selbst schlafen. Das letzte Mal, dass er vor Mitternacht ins Bett gegangen war, war zu seiner Schulzeit.

Am nächsten Morgen wurde er schon früh geweckt. Ganz schläfrig trottete er zur Tür, um diesen unerwarteten Gast einzulassen. Als er ins Wohnzimmer kam, sah er, dass Hanako vom Klingeln ebenfalls geweckt worden war. Sie rieb sich verschlafen die Augen und blickte sich fragend um. Als er die Tür öffnete, sah er sich überrascht Frau Kyoura gegenüber.

»Guten Morgen, Kiryu. Es tut mir furchtbar leid, dass ich Hanako nicht schon gestern Abend abholen konnte. Die Sitzung ging leider sehr lange …«

»Kein Problem«, antwortete er verschlafen, dann bat er sie hinein. Beeindruckt sah sich Frau Kyoura um. Sie war bisher nie hier gewesen, obwohl er ihr seine neue Adresse kurz nach seinem Umzug hatte zukommen lassen. So, wie sie sich umsah, vermutete Kiryu, dass ihr die Wohnung ganz gut gefiel. Hanako hatte sie natürlich gehört und stürmte auf ihre Mutter zu.

Während sich Frau Kyoura um Hanako kümmerte, verschwand Kiryu ins Bad. Er hatte ihr zwar etwas anbieten wollen, aber Frau Kyoura hatte abgelehnt. Sie wollte, so schnell es ging, wieder nach Hause. Kiryu hatte nichts dagegen. Und während Frau Kyoura Hanakos Sachen zusammenpackte, räumte er den Futon weg. Nichts ließ mehr darauf schließen, dass hier ein kleines Kind übernachtet hatte. Dann verschwanden die beiden schon wieder. Einer seiner Nachbarn hatte mitbekommen, wie er sich von Frau Kyoura und Hanako verabschiedet hatte, und fragte in einer für Kiryu zu neugierigen Art: »War das die Oma deiner Tochter?«

»Das war meine Schwester. Und ihre Mutter.« Kiryu hoffte, dass sein bissiger Ton den richtigen Effekt haben würde. Eine weitere Bemerkung kam jedenfalls nicht mehr. Als er wieder in seiner Wohnung stand, beschloss er zu duschen und sich dann auf den Weg zu Takuhiro zu begeben.

Während er durch die Straßen ging, hoffte er, dass Takuhiro wach war so früh am Morgen. Aber da ihm sofort die Tür geöffnet wurde, war seine Sorge unbegründet. Als er die Wohnungstür erreichte, begrüßte ihn Takuhiro mit: »Morgen, Kiryu. Ich sitz grade beim Frühstück. Willst du mitessen?« Kiryu trat ein und bejahte. Takuhiro ging direkt in die Küche, ohne Kiryu weiter zu beachten. Er schien sehr verschlafen. Oder schon hundemüde. Doch auch wenn Kiryu von Takuhiros Art irritiert war, sprach er ihn nicht darauf an. Vielleicht war er einfach ein Morgenmuffel wie er selbst.

»Du hast neue Klamotten, oder? Hat Mika die ausgesucht?«, fragte er schließlich, als er die Küche schon fast erreicht hatte.

»Ja, ein paar Teile hat sie gefunden. Um vor Tanakawa anzugeben, musste was Neues her, hat sie gemeint.« Takuhiro nickte zustimmend, dann erwiderte er: »Ja, das dürfte den richtigen Eindruck auf Tanakawa gemacht haben.« Er musterte Kiryu noch einmal von oben bis unten, als er zu Takuhiro in die Küche trat, und schob schließlich noch hinterher: »Na, immerhin hat sie Geschmack.« Kiryu hatte nicht herausgefunden, wieso sich Takuhiro und Mika immer so angifteten. Er wollte gerade dazu ansetzen, Takuhiro direkt zu fragen, als ihm beim Anblick der Küche seine Frage im Hals stecken blieb: Er sah unzählige Schalen und Platten, voll mit eingelegtem Gemüse, Fisch und Fleisch. Er konnte Takuhiro nur ansehen. Doch schließlich fasste er sich wieder und fragte: »Was … was ist denn das?«

»Frühstück. Ich hatte mal wieder Lust auf ein traditionelles. Kaffee?« Takuhiros Ton war wieder so locker, als ginge es um eine Kleinigkeit. Dabei wusste Kiryu, wie aufwendig es war, so ein Frühstück zuzubereiten.

»Du … du hast dir mal eben ein traditionelles Frühstück gemacht, einfach weil du Bock drauf hattest?«, hakte Kiryu beim Näherkommen nach.

»Ja, wieso? Willst du jetzt Kaffee? Oder lieber Tee?«

Kiryu konnte nicht fassen, was er vor sich sah. Er fragte deshalb: »Hast du das echt alles selbst gekocht?« Dann nahm er sich ein Stück Fisch. Es schmeckte wirklich gut. Takuhiro sah allerdings etwas genervt aus.

»Willst du dich jetzt weiter darüber auslassen, was ich zubereitet habe, oder sagst du mir endlich, was du trinken willst?«

»'tschuldige, Takuhiro. Kaffee bitte«, brachte er kleinlaut heraus. Takuhiros Tonfall änderte sich aber wieder schlagartig. Er kam mit zwei großen Tassen zu ihm und setzte sich ihm gegenüber, bevor er erklärte: »Nenn mich Taku. Takuhiro hatte mich meine Mutter genannt.«

Kiryu bediente sich und aß reichlich. Takuhiro hatte sich das Essen einiges kosten lassen, schon allein, um so eine Auswahl zu haben.

Doch obwohl er so viel gekocht hatte, aß er wenig. Aber Kiryu hatte noch nie gesehen, dass Takuhiro sonderlich viel aß, wenn er denn überhaupt etwas zu sich nahm. Deshalb machte er sich keine Gedanken und fragte stattdessen: »Wie kommt es, dass du wach bist?«

»Ich habe später einen Termin. Und damit ich den nicht versäume, bin ich früh aufgestanden.« Kiryu war beeindruckt davon, auch wenn er sich nichts anmerken lassen wollte. Er selbst hatte nicht so viel Disziplin, seine Gewohnheiten irgendwelchen Terminen anzupassen. Das lag aber daran, dass die Termine mit Tanakawa, Urukawa oder irgendeinem anderen davon nicht gerade angenehm waren. In ihm sträubte sich nach wie vor alles, zu so etwas pünktlich zu erscheinen.

»Die Frage kann ich dir übrigens genauso gut stellen, Kiryu. Denn, ganz ehrlich: Ich halte dich nicht gerade für einen Frühaufsteher.«

»Das war jetzt schon sehr direkt«, entgegnete er.

»Oh, sorry. Ich hab mal ein paar Jahre in Deutschland gelebt. Das kommt manchmal durch«, erklärte Takuhiro. Doch Kiryu dachte sich, dass er nicht richtig wach war, und brachte deshalb ein »Oh« als Antwort heraus.

Dann erklärte er: »Ich war gestern Abend Babysitter und musste deshalb heute Morgen nicht ganz freiwillig so früh raus.« Dann versuchte Kiryu etwas ungeschickt das Thema zu wechseln: »Jetzt mal was anderes: Wieso willst du deinen Laptop loswerden? Ich hab nachgesehen, wie viel der neu kostet. Und … das ist nicht wenig.«

»Ja, der ist jetzt fast zwei Jahre alt. Aber für Foto- und Videobearbeitung brauche ich mehr Speicher und einen mit besserer Grafikkarte.« Wieder wusste Kiryu nichts anderes als ein »Oh« herauszubringen. Von Bildbearbeitung hatte er so gar keine Ahnung.

»Mit dem Laptop ist wirklich alles in Ordnung. Ich dachte mir, du könntest ihn gut brauchen.« Das stimmte zwar, aber Kiryu war sich nicht sicher, ob so ein teures Gerät wirklich in seinem Besitz sein sollte.

Takuhiro reagierte leicht irritiert über Kiryus Bedenken und antwortete dann leichthin: »Also, eigentlich dürftest du dir ja keine Gedanken mehr um so etwas wie den Preis eines Laptops machen, oder?« Er lächelte Kiryu mit diesem typischen Lächeln zu, was diesen aber verunsicherte. Deshalb lenkte Takuhiro ein: »Sieh ihn dir erst mal an. Über den Preis können wir ja reden.« Dann stand er auf und holte sich eine neue Tasse Kaffee. Doch statt sich wieder zu Kiryu zu setzten, ging er ins Wohnzimmer und bedeutete Kiryu, ihm zu folgen.

Takuhiro schaltete den Laptop ein und begann gleich zu erklären: »Die meisten Programme habe ich schon deinstalliert. Ein paar Fotos liegen in dem Ordner da und können als Hintergrund verwendet werden. Und bevor du fragst: Das sind einfach ein paar Fotos, die ich in Tokyo gemacht habe. Das Schreibprogramm habe ich ebenfalls drauf gelassen, das war eh kostenlos.«

Kiryu sah sich alles in Ruhe an. Es gab wirklich nichts zu beanstanden. Sollte er einfach zuschlagen? Brauchen konnte er ihn schon. Und Takuhiro hatte nichts von irgendwelchen Mängeln erzählt. Doch ehe er eine Entscheidung treffen konnte, tippte ihm Takuhiro auf die Schulter und verkündete: »Ich muss jetzt los.« Er stand auf und schnappte seine Kamera und seine Jacke und sah erwartungsvoll zu Kiryu. Dieser schaltete den Laptop aus und begab sich zu Takuhiro. Als sie fast auf der Straße waren, fragte Takuhiro: »Gibst du mir die Tage Bescheid, ob du ihn nimmst?«

»Ja, klar«, war Kiryus knappe Antwort. Der Aufbruch kam sehr plötzlich. Doch gerade, als sie die Straßen betraten und er Takuhiro sagen wollte, dass er den Laptop nehmen würde, war dieser schon verschwunden. Kiryu hatte nicht einmal mitbekommen, in welche Richtung er gegangen war.

»Ich frag mich, was das für ein Termin ist«, dachte er laut, dann schlug er den Weg nach Hause ein.

Takuhiro konnte wirklich gut kochen, fand er. Das letzte Mal hatte er während ihrer Tour ein traditionelles Frühstück gegessen. Und Takuhiros Version stand dieser in keiner Weise nach. Er selbst hatte kein Talent für solche Sachen. Er könnte bestenfalls alles hübsch anrichten. Aber zubereiten? Dabei wäre es wohl besser, wenn er übte zu kochen.

Während er so durch die Straßen schlenderte, ließ er sich mit der Zeit von den Menschen treiben. Arbeiten musste er heute nicht, er hatte mal wieder ein langes Wochenende vor sich. Den Laptop würde er heute Abend oder morgen holen, beschloss er. Dann schrieb er Taro an. Er wollte wissen, welche Programme der nutzte. Nach einigem Hin und Her hatte Kiryu ihm schließlich die Bilder, die Takuhiro ihm gestern Abend geschickt hatte, weitergeleitet. Taro schrieb ihm daraufhin: »Sobald du ihn hast, komm vorbei. Ich richte ihn dir ein.«

Seit diesen Stunden im Keller kamen Taro und er sehr viel besser klar. Taro hatte zwar nach wie vor eine scharfe Zunge, vor allem gegenüber Kiryu, aber er war sehr viel hilfsbereiter und geduldiger. Es war fast, als wären sie alle innerhalb dieser Stunden geistig um ein paar Jahre gereift.

Als Kiryu seine Wohnung betrat, schrieb er Takuhiro, dass er den Laptop nehmen würde. Wann er ihn holte, war zweitrangig, da würde er sich nach Takuhiro richten. Er ließ sich aufs Sofa fallen und döse ein wenig. Heute hatte er eh nichts Besseres zu tun. Und es war schon viel zu lange her, dass er einen Tag einfach vertrödeln konnte. Das wollte er genießen.

Der Phönix erhebt sich

Es war jetzt mehr als acht Wochen her, dass sie Tanakawa das letzte Mal gesehen hatten. Sehr viel war seitdem passiert.

Kiryu war gerade mit Ryo auf dem Weg zum »Black Thunder«, um die Verstärker zu holen. Ein paar technische Mängel hatten beseitigt werden müssen, aber es war zum Glück nichts Aufwendigeres. Wackelkontakte waren aber immer tückisch.

Er besaß jetzt seit ein paar Wochen den Führerschein – und war damit mehr als zufrieden. Einen Leihwagen zu bekommen, war bis jetzt kein Problem gewesen. Es machte vieles so viel stressfreier.

Kiryu hatte so ganz nebenbei auch rausgefunden, dass Takahashi verborgene Talente hatte. Denn als er Yuito die Verstärker gezeigt hatte, war Takahashi irgendwann zu ihnen gekommen und hatte ihnen eine ganz einfache Lösung für ihr Problem sagen können. Wenn es um technische Sachen ging, – soweit es denn Hardware betraf – wusste Takahashi sehr viel. So konnte er zum Beispiel die Verstärker reparieren, die sie im Abstellraum des Ladens zwischengelagert hatten, während Kiryu sich um ihre Kundschaft kümmerte. Kiryu und Ryo waren jetzt dabei, die reparierten Verstärker zu verladen. Danach würden sie sich auf direktem Weg zum »Cracked Heel« begeben. Dort hatten sie heute Abend ihren ersten Auftritt seit Langem. Doch mit diesem Auftritt hatte es etwas mehr auf sich.

Urukawa hatte ihnen wieder etwas mehr Freiraum zugestehen müssen. Ihr Auftritt war der erste, den sie selbst organisiert hatten, seit sie bei Urukawa unter Vertrag waren. Sie hatten auf ihren Social-Media-Accounts mehrere kurze Videos und Bilder für heute Abend gepostet und den Auftritt – der relativ spontan war – auf ihrer Website bekannt gegeben. Wenn heute genügend Leute kommen würden, wären sie nicht mehr so abhängig von Urukawa und Tanakawa. Ihre Bekanntheit trug mit Sicherheit dazu bei, dass sie heute Abend nicht in einer leeren Halle stehen müssten. Aber die Erfahrung, alles selbst zu organisieren, hatten sie in dem Maß nicht gesammelt. Es war eine Bewährungsprobe, ob Urukawa ihnen dauerhaft mehr Mitspracherecht zugestehen konnte. Gilbert hatte mit Urukawa diesen sogenannten Probeauftritt ausgehandelt. Sollte er so erfolgreich sein wie ihre vorherigen unter Urukawa, würde *Rising Phenix* die Auftritte in Zukunft mitplanen können. Und ihnen allen lag sehr viel daran. Doch besonders Kiryu wollte endlich von Urukawa und Tanakawa loskommen. Schließlich war es seine Schuld gewesen, dass sie an Tanakawa geraten waren und dadurch Urukawa und Akirou unterstanden. Doch vielleicht schafften sie ja jetzt endlich, was sie all die Jahre schon immer versucht hatten: Vielleicht konnten sie endlich aus eigener Kraft an die Spitze kommen.

Im »Cracked Hell« war wie immer alles dunkel. Doch diese düstere Atmosphäre hatte auf einmal etwas sehr Einladendes für Kiryu. Er konnte es sich nicht erklären, aber irgendetwas war anders.

Kiryu, Ryo, Taro und Haru räumten alles, was sie für das Konzert benötigen würden, auf die Bühne. Yuito kümmerte sich wie immer um die Technik. Es lief alles sehr reibungslos ab. Sie hatten zwar schon so oft Konzerte in kleinen Bars und Klubs gegeben, doch dieses Mal war es etwas vollkommen anderes. Kiryu wusste einfach, dass dieses Konzert ganz groß werden würde. Und Tanakawa und Urukawa würden ihnen an diesem Ort nicht hineinpfuschen können. Ein ganzer Klub voller Jäger und mitten drin Kiryu und die Band. Einen besseren Schutz konnten sie sich eigentlich gar nicht wünschen.

Endlich waren die letzten Kabel aus dem Auto geräumt. Was die Technik anging, war so weit alles aufgebaut. Fehlte nur noch der Soundcheck.

Sie wollten einige neue Songs spielen. Kiryu hatte schon etliche Texte und fertige Songs kreuz und quer in seiner Wohnung herumliegen. Jetzt sollten einige davon endlich an die Öffentlichkeit gebracht werden.

»Okay, könnt ihr mich hören?«, sprach er ins Mikrofon. »Alles klar, Yuito. Ich glaub, das passt«, wandte er sich an ihren Techniker. Da sein Mikrofon immer als Letztes getestet wurde, war es jetzt an der Zeit für ihn, sich warm zu singen.

Eine melancholische Melodie spukte schon den ganzen Tag in seinem Kopf herum. Den Text zu dieser Melodie hatte er schon vor Monaten verfasst:

»Sieh zurück in dieses Loch,
Nur Abscheu, die mich frisst …«

Das klang schon mal gar nicht so schlecht, auch wenn er mit der ersten Zeile nicht zufrieden war.

»Wollt ihr ausschließlich eure Songs heute Abend spielen?«, fragte Mika, als sie zur Bühne kam. Sie hatte einen roten Drink in der Hand, das sah auf den ersten Blick aus, als würde sich Blut im Glas befinden.

»Nein, nicht nur. Wir haben ein paar andere Songs in petto!«, hörten sie Taro antworten. Er kam gerade hinter der Bühne hervor und war auf direktem Weg zu Kiryu. Seine Gitarre hatte er schon umgehängt und begann jetzt eine bekannte Melodie von »The Offspring« zu spielen. Eine Stunde, dann sollte es losgehen.

Kiryu stand allein im Innenhof, der zu »Cracked Hell« gehörte. Ihr Konzert sollte in ein paar Minuten beginnen. Er wollte etwas frische Luft schnappen.

»Du hast mir gezeigt, wie man lügt, wie man andere Menschen blendet«, ging es ihm durch den Kopf. Er hatte inzwischen so viel dazugelernt – so viel dazulernen müssen!

Das war wirklich eine harte Lektion, die er da begreifen musste. Wenn er jetzt so zurückdachte, konnte er kaum glauben, dass Tanakawa wirklich alles allein eingefädelt hatte. Und sie hatten nie eine Chance gehabt, ihm zu entkommen, seit Kiryu diesen Vertrag eingegangen war. Doch jetzt hatte sich das Blatt gewendet. Wenn man so wollte, hatte Tanakawa wirklich gute Arbeit geleistet. Kiryu wusste jetzt so viel über die Welt, in der er sich jetzt befand. Und das alles hatte er im Grunde Tanakawa zu verdanken. Fast war er ihm dankbar dafür. Aber nur fast.

In einem Satz zweimal lügen … das musste man erst einmal drauf haben. Clever gewählte Ausflüchte oder ein Treffer genau auf den wunden Punkt waren manchmal doch mehr wert als angestrebte Gerechtigkeit oder noch so viel Talent.

So viel war inzwischen passiert. Er hatte eine so fantastische Geschichte erlebt, die ihm nie jemand glauben würde. Offiziell waren sie schließlich allein durch eine glückliche Fügung entdeckt worden. Geschickte PR, ein Stil, der einen Nerv beim Publikum traf, und etwas Glück hatten schließlich dafür gesorgt, dass sie allmählich außerhalb Japans Fans bekamen. Selbst in Europa waren sie bekannt! Kiryu hätte sich das vor einem Jahr niemals träumen lassen. Weder, dass sie es wirklich schafften, so berühmt zu werden, noch dass sie so bekannt in der Welt werden würden. Für ihn ging ein Traum in Erfüllung. Doch im Moment mussten sie sich auf das Konzert und den damit verbundenen Freiraum, wenn es um Planungen ging, konzentrieren. Von anderen – westlichen – Bands wusste er, dass sie sehr viel mehr Mitspracherecht hatten. In Japan waren die Strukturen fester. Die Hierarchien waren klar, das Business war hart.

»Worüber denkst du nach?«, wurde er überrascht. Mika war plötzlich hinter ihm aufgetaucht.

»Ich hatte nur etwas frische Luft gebraucht«, versuchte Kiryu ihr auszuweichen. Und wie es aussah, schien es diesmal zu funktionieren: »Ja, es ist schon ziemlich stickig da drinnen.« Dann breitete sich Stille zwischen ihnen aus. Zwischen ihm und Mika war manchmal immer noch diese Wand, wegen der sie nicht wussten, wie sie miteinander umgehen sollten.

»Ich hatte mich gar nicht für deine Version von »My Demons« bei dir bedankt. Das war wirklich schön.«

Mika hatte einen Schritt hinter ihm gestanden. Jetzt, nachdem sich Kiryu umgedreht hatte, trennten sie wenige Zentimeter. Kiryu gingen plötzlich so viele Gedanken durch den Kopf, dass er im ersten Moment nicht wusste, was er jetzt tun sollte. Sie war bei ihrem Konzert im »Deathmatch in Hell« also doch anwesend gewesen, er hatte sich nicht geirrt! Doch die Entscheidung, wie er reagieren sollte, wurde ihm von Mika schnell abgenommen. Sie überwand die wenigen Zentimeter, die zwischen ihnen waren, und umarmte ihn. Im ersten Moment wusste er nicht, wie ihm geschah und verfiel in eine Art Schockstarre. Aber diese Umarmung sagte so viel mehr aus, als Worte es hätten tun können. Also legte er seine Arme um ihre Schultern. Er wünschte sich so sehr, dass sie mehr wäre als eine Freundin.

»Viel Glück«, flüsterte sie ihm zu, dann löste sie die Umarmung und trat zur Seite.

Kiryu wusste überhaupt nicht mehr, was er jetzt denken sollte. Doch schließlich brachte er ein: »Ja … äh, danke« heraus und ging wieder rein.

Erneut tauchte die Nebelmaschine die Menschenmasse in Rauch. Spannung lag in der Luft. Das Publikum wartete auf den nächsten Song. Die Bühne war im Dunkeln. Dann setzte das Schlagzeug wieder ein. Kurz darauf kam Haru mit seinem Bass dazu. Und mit ihm wurde zeitgleich die Bühne wieder in Licht getaucht. Kiryu war endlich wieder zu sehen.

»Show me how to lie«, begann er zu singen. Die Menge tobte. Kiryu trat bis an den äußersten Bühnenrand vor und brüllte zusammen mit dem Publikum:

»Another clever Word
Sets off in unsupecting herd …«

Die Stimmung war grandios. Sie schien zu kochen. Als der Refrain kam, konnte Kiryu eine schon lange aufgestaute Wut endlich heraus lassen. Natürlich war Show und Übertreibung dabei, als er ins Publikum brüllte:

»Now, dance, F*, dance
Man, I never had a chance …«

Doch dieser Song hatte inzwischen so eine große Bedeutung für ihn, dass er einfach alles geben wollte, auch wenn es schwer für ihn war, ihn zu singen. Es war einfach nicht seine Stimmlage. Aber der Song passte nun mal perfekt zu ihrer Situation. Ja, diese Tatsache hatte er jetzt gelernt. Denn, wenn man den richtigen Aufzug besaß – und wenn es nur ein grauer Anzug sein sollte – und man den Leuten das erzählte, was sie hören wollten, konnte man so gut wie alles erreichen. Tausend gute Lügen waren den Menschen immer noch lieber als eine unangenehme Wahrheit.

Dann kam endlich die zweite Strophe. Kiryu sang sie voller Inbrunst. Ihm war klar, dass Tanakawa und Urukawa von ihrer Setlist erfahren würden. Und die hatten sie so zusammengestellt, dass jeder Song ein Seitenhieb für die beiden sein sollte. Kiryu freute sich schon ein wenig auf die Reaktion, auch wenn er fürchtete, dass er nicht mehr so glimpflich mit einer Standpauke davonkommen würde wie am Anfang. Aber er wollte einmal dafür verantwortlich sein, dass Tanakawa nicht bekam, was er wollte. Oder dass genau das nicht geschah, was Tanakawa geplant hatte. Denn schon viel zu lange hatte er ihnen eine falsche Wahrheit vorgegaukelt.

Er begann den nächsten Refrain. Das Publikum übertönte ihn fast. Kiryu war überrascht, ließ sich aber sofort darauf ein. Als er das letzte Mal dazu ansetzte, den Refrain zu singen, ging ihm durch den Kopf, dass »Herr der Fliegen« ein durchaus passender Titel für Tanakawa wäre. Es klang völlig verrückt, was Kiryu plötzlich durch den Kopf schoss, doch für ihn hatte es eine gewisse Logik.

Sollte es doch wahr sein, dass Tanakawa zu diesen übernatürlichen Kreaturen gehörte? Zumindest konnte er sich jetzt so einige Ungereimtheiten erklären, die er in Tanakawas Anwesenheit bemerkt hatte. Den anderen war es vielleicht gar nicht so sehr aufgefallen. Aber vielleicht wüssten sie, was er meinte, wenn er es ansprach?

Die letzten Zeilen waren gerade gesungen, die letzten Töne waren gespielt. Kiryu war völlig außer Atem, fühlte sich aber so gut wie schon lange nicht mehr.

»Danke, Leute! Ihr wart großartig«, sagte er, dann ging er mit den anderen von der Bühne. Ihr Auftritt hier hatte sich fast so angefühlt wie die Konzerte, die sie gegeben hatten, bevor sie berühmt waren. Kiryu war wie berauscht und wollte den Abend entspannt ausklingen lassen.

Der nächste Morgen war schon vorangeschritten, als Kiryu eine Nachricht von Taro erhielt: »Wir waren gestern großartig! Zieh dir das rein«, versehen mit einem Link zu Chiakis Blog. Es war diesmal ein kurzer Eintrag:

›Die Jungs von *Rising Phenix* hatten sich für ihr letztes Konzert eine ungewöhnliche Bar ausgesucht. Und wie die Location sollte auch ihr Auftritt aus der Reihe schlagen. Doch wie es aussieht, sind *Rising Phenix* jetzt eindeutig ganz oben angekommen, aber schaffen sie es, dort zu bleiben?‹

Am Ende des Eintrags war ein Video ihres Konzerts im »Cracked Hell« eingefügt. Bild- und Tonqualität waren sogar ganz gut. Es musste aus den hinteren Reihen aufgenommen worden sein und zeigte, wie sie drei Songs spielten, darunter »You're gonna go far, Kid«.

Chiaki war inzwischen wirklich ein Fan von ihnen. Dennoch kam von ihr sachliche Kritik, die ihnen für den ein oder anderen Song genau wie für ihre Auftritte schon weitergeholfen hatte.

Ein Grinsen stahl sich auf sein Gesicht, als er wieder an den gestrigen Abend dachte. Tanakawa und Urukawa dürfte dieser Blogeintrag mit Sicherheit nicht verborgen geblieben sein. Und wie Kiryu sie einschätzte, wären sie alles andere als begeistert davon.

Treffpunkt Tokyo Tower

Die Lichter der Stadt leuchteten ihm entgegen. Er war schon lange nicht mehr hier gewesen. Wieso er jetzt hierher kommen sollte, wusste er nicht. Ryo hatte ihm gesagt, dass er hierher kommen sollte. Und im Nachhinein betrachtet war das schon ein merkwürdiges Treffen.

Er war in seiner Wohnung und brütete über ein paar neuen Texten. Ihr neues Album sollte bald auf den Markt kommen. Aber da bei ein paar Songs die Texte nicht so zur Melodie passten, wie er das haben wollte, versuchte er, diese jetzt anzupassen. Immer und immer wieder hörte er sich die Songs an, aber bei ihm war gerade der Wurm drin. Er kam einfach nicht weiter … Und dann ging plötzlich sein Smartphone los. Kiryu nahm den Anruf entgegen und wurde gleich von Ryo begrüßt mit: »Hi, Kiryu. Du sollst heute Abend zum Tokyo Tower kommen.«

»Okay, und wieso?«

»Keine Ahnung. Das sagt dir dann Akirou. Oder Urukawa. So genau weiß ich das nicht.«

»Und ich soll da allein hin?!«, fragte Kiryu skeptisch. Es kam ihm schon merkwürdig vor, dass sich Urukawa oder Akirou nicht direkt bei ihm gemeldet hatten, wenn sie ihn schon treffen wollten. Es sah ihnen nicht ähnlich, solche Umwege zu gehen, um ihn zu kontaktieren.

»Ja, ich glaube schon. Mir wurde jedenfalls nichts anderes gesagt«, dann verabschiedete sich Ryo auch schon. Treffpunkt und Uhrzeit sollte er später erfahren.

Merkwürdig kam ihm das schon vor. Auf der anderen Seite hatten sie – in erster Linie er – Urukawa und Tanakawa in letzter Zeit sehr provoziert. Und der Tokyo Tower war kein ungewöhnlicher Ort für ein Treffen. Ein wenig extravagant, aber das wunderte ihn bei Tanakawa nicht. Wenig später rief Mika an. Sie wollte wissen, ob sich Tanakawa bei ihm gemeldet oder ihm eine Nachricht hatte zukommen lassen. Kiryu bejahte ihre Frage nicht direkt, erzählte aber von dem Telefonat mit Ryo. Und er bekam gleich eine Antwort von ihr: »Gut. Kannst du ins ›Cracked Hell‹ kommen? Ich muss mit dir reden.«

»Jetzt gleich?«

»Ja, also … wenn es geht. Hast du Zeit?«, fragte sie dann. Doch da Kiryu eh nicht mit seinen Songs weiter kam, willigte er ein.

Eine Stunde später war er bei Mika, Takuhiro und Hideki im »Cracked Hell«. Kiryu erzählte ihnen von seinem kurzen Gespräch mit Ryo. Es war ihm wichtig, dass Mika, und vor allem Hideki davon erfuhren. Niemand war begeistert davon, dass Kiryu zum Tokyo Tower kommen sollte. Sie vermuteten eine Falle von Tanakawa. Kiryu stimmte ihnen zwar zu, sah aber keine große Gefahr für sich. Der Tokyo Tower war ein beliebter Treffpunkt, er wäre zu keinem Zeitpunkt ungesehen.

»Da unterschätzt du aber Tanakawa, Junge«, erwiderte Hideki darauf. Kiryu wollte zwar etwas antworten, hielt sich aber zurück. Und schon im nächsten Moment bekam er eine Nachricht von Akirou. In ihr stand lediglich: »Heute Abend 22 Uhr, obere Aussichtsplattform«.

Kiryu beharrte darauf, allein dorthin zu gehen. Denn wie es aussah, würde er Akirou dort treffen. Mit ihm würde er es aufnehmen können. Wahrscheinlich bekäme er eh nur eine Moralpredigt. Alle sahen ihn zwar skeptisch an, gaben aber keine Widerworte.

»Wo ist Gil eigentlich? Wäre es nicht besser, er wäre wenigstens heute Abend bei Kiryu?«, warf Hideki ein.

»Der ist im Ausland. Und es wird wohl eine Weile dauern, bis er wieder zurück ist«, erklärte Takuhiro.

»Pah, wenn man ihn einmal braucht, ist der nicht da«, gab Hideki missmutig von sich.

Jetzt stand er auf der Aussichtsplattform des Tokyo Towers in 250 Metern Höhe und wartete auf Akirou. Eine Gestalt trat plötzlich aus dem Aufzug. Kiryu hatte nicht bemerkt, dass er hier raufgefahren war. Hatte sich die Kabine überhaupt bewegt? Nach allem, was er jetzt wusste, hatte er von Anfang an mit Tanakawa rechnen müssen. Aber Hideki hatte ihn gewarnt, dass er heute Abend hier auftauchen würde, völlig unerwartet war es für Kiryu also nicht.

Das gesamte Gebäude war dunkel. Nicht einmal im Flur brannte Licht. Einen Nachtwächter schien es auch nicht zu geben. Takuhiro traute dem nicht. Und Hideki ging es nicht anders. Alle schlichen vorsichtig aus ihrem Versteck zur Treppe. In der nächsten Etage schien alles ruhig zu sein. Takuhiro gab Hideki und Mika ein Zeichen, dass sie alle ohne weitere Stopps zu Tanakawas Büro gehen würden.

Es war Takuhiro schon merkwürdig vorgekommen, dass ihnen bis dorthin niemand entgegengekommen war. Als ob Tanakawa dieses riesige Gebäude für sich allein hätte und alle Angestellten – falls es sie denn gab – heute Abend mit ihm aus dem Haus gegangen wären. Oder als ob er gewusst hätte, dass sie hierher kommen würden. Takuhiro schaltete blitzschnell und brüllte Hideki entgegen. Schnell verschafften sie sich Zugang zu Tanakawas Büro. Als die Tür endlich offen stand, rannten sie hinein. Doch das Einzige, das hier auf sie wartete, war ein verloren aussehender Notizzettel, der allein auf dem großen Schreibtisch lag …

»So, so, du bist tatsächlich gekommen«, wurde er von Tanakawa begrüßt.

»Ich habe getan, was Sie verlangt haben.« Der Wind zerzauste Kiryu die Haare. Tanakawa schien davon aber ausgenommen. Die Stimmung war kühl. Kiryu spannte unbewusst jeden Muskel an. Doch flüchten konnte er eh nicht. Nicht hier, nicht jetzt, und nicht, wenn Tanakawa ihm den einzigen Fluchtweg versperrte.

»Wie auch immer«, wollte Tanakawa einen versöhnlichen Ton anschlagen. Kiryu versuchte weiterhin, einen unbeeindruckten Gesichtsausdruck zu machen. »Es gibt da einige Dinge, über die ich gern mit dir reden würde. Du weißt sicher, wovon ich rede.«

»Sie meinen die neuen Songs?«

»Es geht weniger um die Songs als um eure Alleingänge – insbesondere deine – Kiryu.« Sein Ton war kühl und ließ keinen Widerspruch oder sonst eine Antwort zu. Kiryu wurde nervös. Hatte er sich doch zu viel zugemutet, als er gesagt hatte, er würde das allein schaffen? Er durfte sich jetzt auf keinen Fall etwas anmerken lassen. Seine Fassade durfte nicht bröckeln. Doch so langsam war die Angst vor Tanakawa in seinem Gesicht zu erkennen. So sehr er versuchte, cool zu wirken, Tanakawa hatte schon längst erkannt, dass Kiryu verzweifelt nach einem Ausweg suchte.

»Du weißt, Kiryu, dass ich dir sehr viel ermöglicht habe. Ich habe dich vor der Straße bewahrt. Ich habe euch unterstützt.«

»Und Sie haben uns alle gekauft.« Er war selbst von seinen Worten und dem Ton, den er angeschlagen hatte, überrascht. Aber jetzt gab es kein Zurück mehr: »Wissen Sie, Tanakawa, irgendwann habe ich es genauso gemacht wie Sie. Ich habe mir genommen, was ich wollte. Und da Sie ja so großzügig waren, waren Sie meine erste Anlaufstelle. Natürlich habe ich Freunde gefunden, die mich jetzt unterstützen. Denn Sie sind nicht der Einzige in dieser Stadt, der mir helfen kann – in welcher Weise auch immer.«

Wenn Tanakawa jetzt wütend war, dann merkte man ihm das nicht an. Er stand immer noch einfach da und sah zu Kiryu. Doch dann ging er gemächlichen Schrittes auf ihn zu. Seine Augen waren so kalt, wie es Kiryu nie bei einem Menschen gesehen hatte.

»Ich vermute, du redest von Mika. Dann hat sie dir also nichts von unserer kleinen Wette erzählt?« Kiryu sah ihn fragend an, was Tanakawa sehr erheiterte.

»Weiß du, Kiryu, ich bin schon lange auf der Suche nach außergewöhnlichen Menschen. Und als ich dir das erste Mal begegnete, wusste ich, dass du das Potenzial hast, ganz groß zu werden.«

»Sie meinen diesen Abend am U-Bahnhof?« Doch Tanakawa lachte kurz auf, ehe er Kiryu eine Antwort gab: »Nein, nein. Unsere erste Begegnung war schon lange vorher. Du erinnerst dich bestimmt nicht mehr daran. Es war einer der letzten Tage, die du in diesem Lebensmittelladen gearbeitet hast.« Kiryu dachte nach. Das war ewig her. Seitdem hatte sich sein Leben auf den Kopf gestellt. Und an die Kunden, die er während seiner Arbeit dort gesehen hatte, würde er sich nie erinnern können, dafür waren es einfach zu viele. Also versuchte er, das Thema wieder zum Anfang zu bringen: »Was hat Mika damit zu tun? Und wieso Wette?« Sein gereizter Ton schien Tanakawa nicht weiter zu stören. Er fuhr unbeirrt in einem erzählerischen Ton fort: »Du solltest deine Meinung von ihr überdenken. Aber das nur als kleiner Rat nebenbei. Mika kannte meine Methoden von früheren Vertragspartnern. Und mein Erfolg damit war ihr zuwider. Deshalb schlug ich ihr eine Wette vor: Wenn sie es schaffte, meinen Schützling stärker und besser zu beeinflussen als ich – und ich rede hier nicht von Manipulation, eher von Hilfestellung und anderer Unterstützung – würde ich meine Methoden überdenken. Dann würde es so etwas wie eure 24 Stunden im Keller nicht mehr geben.«

»Das ist doch alles dummes Gerede von einem größenwahnsinnigen alten Mann!« Er mochte Tanakawa nicht, und das fand jetzt und hier seinen vollen Ausdruck. Allerdings hatte Kiryu seine Worte sehr unbedacht gewählt. Tanakawa war zwar noch immer keine Regung anzumerken, doch er drängte Kiryu immer weiter zur

Brüstung. Kiryu redete weiter einfach drauf los und warf Tanakawa Dinge an den Kopf, die er zwar schon lange gedacht, aber nie zum Ausdruck gebracht hatte. Er wollte vor Tanakawa keine Angst zeigen und sah ihm weiter fest in die Augen. Aber mit jedem Schritt, den Tanakawa auf ihn zukam, wich Kiryu zurück, bis er schließlich im Rücken das Metall der Balustrade spürte. Jetzt saß er endgültig fest.

Tanakawa packte ihn am Oberarm, drehte ihn herum, sodass er den fernen Horizont sehen konnte, und sagte ihm in leisem, bedrohlichem Ton: »Ich warne dich, Kleiner! Mich willst du nicht zum Feind haben!«

»Und wenn ich einfach von Ihnen loskommen will?«, stotterte Kiryu. Sein Blick glitt vom Horizont auf die Stadt unter ihm. Sein Oberkörper ragte schon über die Brüstung hinaus. Hätte Tanakawa ihn nicht festgehalten, hätte er schon längst die Balance verloren und wäre gestürzt.

Es war eine ausweglose Situation für Kiryu. Er konnte sich nicht einfach von Tanakawa befreien, weil er schon jetzt alle Mühe hatte, sich auf den Beinen zu halten, und das trotz Tanakawas eisernem Griff.

»Was du jetzt vor dir siehst, Kiryu, gehört alles mir«, erklärte ihm Tanakawa in diesem Kiryu allzu bekannten Ton. Und er meinte die Stadt, die sich rund um sie erstreckte. Doch als Kiryu so nach unten schaute, war es eine völlig andere Stadt, als die, die er kannte. Die Straßen waren auch hier belebt, nichts und niemand stand still. Und doch war die Stadt unter Kiryu nicht Tokyo, sondern eine düstere Variante.

»Nur du fehlst mir«, fuhr Tanakawa fort, als ginge es um eine Briefmarkensammlung. Er ließ Kiryu los, trat einen Schritt zurück und tat so, als würde er Staub von seinem Anzug klopfen.

»Du bist sehr wichtig in diesem … ich nenne es mal *Projekt*«, erklärte er weiter.

»Aber wieso?«

»Dir das jetzt zu erklären, würde zu viel Zeit in Anspruch nehmen.«

»Dann halten Sie sie doch einfach an«, konterte Kiryu. »Das haben Sie doch schon mehr als einmal gemacht oder?« Tanakawa lächelte und sagte: »Ich habe mich also nicht getäuscht.« Diese Worte hatte er fast geflüstert, doch Kiryu hatte sie trotzdem verstehen können.

»Also schön, dann werde ich dir eben deine Rolle in diesem kleinen Spielchen erklären. Obwohl ich gedacht hatte, dass einer deiner Freunde das schon getan hätte. Aber Mika ist nicht gerade redselig, wenn es um so etwas geht.«

Jede Minute zählte bei ihnen. Für Takuhiro und Mika war es kein Problem, von hier zu verschwinden. Aber was würde mit Hideki passieren? Jede Hand gegen Tanakawa war wichtig.

»Zu meinem größten Bedauern konnte ich dich leider nicht persönlich hier empfangen, Takuhiro. Aber du verstehst sicher, dass ich mit meinem Schützling unter vier Augen an einem dafür passenderen Ort reden will.

Ergebenst, Tanakawa«

Diese Worte klangen Takuhiro in den Ohren, als er zusammen mit Mika und Hideki wieder nach unten rannte. Im Gebäude war immer noch alles ruhig, doch dieser Ruhe durften sie auf keinen Fall trauen. Bis zur Eingangstür hatten sie es schon fast geschafft …

Wer hat die besseren Karten?

Alles um ihn herum hatte sich schlagartig verändert. Jetzt war da keine Stadt mehr zu sehen, stattdessen sah Kiryu tiefe Schwärze um sich. Tanakawa stand ihm immer noch gegenüber. Er grinste schon die ganze Zeit so komisch.

»So, jetzt dürften wir ungestört sein.« Kiryu schwieg. Er war angespannt, genau wie Tanakawa.

Kiryu wusste, dass jetzt seine einzige Chance gekommen war. Hier musste er es unbedingt schaffen. Denn wenn sie erst wieder in Tokyo waren – im richtigen Tokyo – würde es zu spät sein.

Wie zwei Krieger begannen sie sich zu umkreisen. Kiryu ging immer weiter auf den Aufzug zu. Tanakawa allerdings sorgte dafür, dass sich der Abstand zwischen ihnen nicht verringerte. Kiryu war nach wie vor nervös und achtete auf die kleinste Regung bei Tanakawa. Die Luft zwischen ihnen war zum Schneiden.

»Also schießen Sie los! Was soll das Ganze hier?«

»Du scheinst es ja auf einmal sehr eilig zu haben, Kiryu.« Tanakawa spielte auf Zeit. Und Kiryu wollte das alles hier so schnell wie möglich zu Ende bringen. Trotzdem wollte er erfahren, was Tanakawa wusste. Er musste es schaffen, die richtigen Fragen zu stellen. Tanakawa durfte ihm nicht mehr mit seinen Antworten ausweichen.

»Gefällt es dir etwa nicht?«, fragte Tanakawa plötzlich. Kiryu wusste keine Antwort darauf und schwieg. Aus dem Augenwinkel sah er, dass er der Balustrade schon wieder näher kam. Und Tanakawa entging dieser Blick nicht.

»Sagen Sie mir einfach, was für eine Rolle ich in diesem *Spiel* habe.«

Tanakawa sah in mit seinem allwissenden Lächeln an und begann dann zu erzählen. Kiryu, und Tanakawa waren stehen geblieben. Der Aufzug befand sich nun rechts und die Brüstung links von Kiryu.

»Weißt du, es hat schon mehrere wie dich gegeben, Kiryu. Aber es war nie einer unter ihnen, der sich so aufgebäumt hat wie du.«

»Soll ich das jetzt als Kompliment auffassen?«

»Fass es auf, wie auch immer du willst«, entgegnete Tanakawa genervt. »Jedenfalls fand ich, dass es wieder einmal an der Zeit war für unser Spiel.« Kiryu kamen diese Worte bekannt vor. Doch er sagte nichts und stellte sich jetzt entspannter hin.

»Du warst der perfekte Kandidat. Der Einsatz war der gleiche wie immer – alles wie gewohnt also. Diesmal war unser Spiel ein bisschen anders verlaufen als sonst. Die Schachfiguren hatten die Plätze sozusagen ohne unser Zutun gewechselt …«

Takuhiro und die anderen stürmten zur Tür hinaus. Doch kaum standen sie wieder auf der Straße, stellten sie fest, dass sie nicht mehr in Tokyo waren.

»Er hat uns reingelegt!«, fluchte Takuhiro.

»Das war zu erwarten«, erwiderte Mika. Sie ging zurück zur Eingangstür des Gebäudes, stellte aber frustriert fest, dass sie verschlossen war. Hideki sah ihr ratlos entgegen, als sie zurückkam.

»Und jetzt?«, fragte Takuhiro.

»Keine Ahnung«, war ihre Antwort. In ihr hatte sich Wut angestaut, das war ihr deutlich anzuhören.

»Wo sind wir hier überhaupt?«, mischte sich Hideki ein.

»In einer Parallelwelt, wie's aussieht«, antwortete Mika. »Tanakawa hat uns hierher gebracht. Das Ganze war von Anfang so von ihm geplant. Und wir sind genau in seine Falle getappt.«

»Das sieht doch aber alles aus wie immer«, stellte Hideki fest.

»Ja, aber hast du schon mal zum Himmel gesehen? Also, Wolken sind das nicht«, erklärte Takuhiro. Alle sahen zum Himmel. Sterne waren nicht zu sehen. Und auch keine Wolken. Stattdessen war da … Dunkelheit … Und etwas dahinter. Etwas, das man nicht fassen konnte.

»Ob Kiryu hier ist? Ich meine, können wir ihn hier überhaupt finden?«, fragte Hideki weiter .

»Wir könnten beim Tokyo Tower nachsehen«, dachte Mika laut. Sie hatte schon die ganze Zeit in dessen Richtung gesehen.

Während Hideki und Takuhiro miteinander darüber diskutierten, was sie als Nächstes tun würden, ging Mika schon in Richtung Tokyo Tower. Sie wirkte fast wie in Trance. Schritt für Schritt entfernte sie sich von den beiden. Doch das war nicht alles. Die Schwärze des Himmels begann sich um sie zu schließen. Es war, als würde sie von einem dichten Nebel verschlungen. Irgendetwas zog sie direkt in die Stadtmitte. Dass Takuhiro sie an der Schulter festhielt, hatte sie im ersten Moment gar nicht bemerkt. Sie wollte einfach weiter gehen, sah sich aber fragend um, als sie aufgehalten wurde.

»Mika? Mika, was ist los?«, riss er sie endlich aus seiner Trance.

»Er ist da«, murmelte sie. Takuhiro sah sie fragend an, bekam aber keine Antwort. Dann war ihm klar, wen sie meinte. Hideki hatte inzwischen zu ihnen aufgeschlossen.

»Gut, dann würde ich sagen: Auf zum Tokyo Tower!«, beschloss Takuhiro für alle und ging los. Mika und Hideki waren direkt hinter ihm.

»Was meinen Sie damit, dass die Schachfiguren die Plätze gewechselt haben?«

Tanakawa lachte kurz auf, sah aber nicht zu Kiryu.

»Sonst war es immer so, dass der Gewinner schon nach relativ kurzer Zeit feststand. Länger als ein halbes Jahr hatte unser Spiel nie gedauert. **Du** hast alles verändert, Kiryu.«

Kiryu sah mit einem fragenden Blick zu Tanakawa. Schweigend wartete er darauf, dass der fortfuhr.

»Es war immer so gewesen, dass unser Kandidat eine einfache Figur war. Ähnlich dem Bauern beim Schachspiel. Du aber – du, Kiryu – bist zum Springer geworden.«

»Und das soll jetzt die Erklärung sein?«

»Wie soll ich einem Menschen erklären, was schon so lange passiert?«, antwortete Tanakawa entnervt. Kiryu sah ihn weiter fragend an.

»Du weißt gar nicht, welche Kräfte um dich herum wirken.«

Kiryu nahm eine Abwehrhaltung ein und musterte Tanakawa. Schweigen breitete sich zwischen ihnen aus. Tanakawa und Kiryu warteten jeder auf die Reaktion des anderen. Doch dann entschied sich Kiryu dafür, Tanakawa ein wenig auszuquetschen: »Was ist das für ein Einsatz, den Sie bei diesem Spiel haben?«

»Das gefällt mir so an dir, Kiryu«, wurde Tanakawa wieder etwas lockerer. »Du stellst Fragen, anstatt um Gnade zu betteln.« Kiryu wartete. Er hatte eine Augenbraue hochgezogen und hoffte, dass Tanakawa seinen Blick richtig deutete.

»Nun gut«, begann Tanakawa, als das Schweigen zwischen ihnen immer länger wurde. »Es wird dir vielleicht banal erscheinen – oder auch unglaublich. Ihr Menschen glaubt schließlich an nichts mehr, das ihr nicht sehen oder anfassen könnt. Vielleicht kommt es dir sogar bekannt vor, denn – wie ich schon sagte – spielen wir dieses Spiel schon seit geraumer Zeit.«

Kiryu schwieg, dachte sich aber die ganze Zeit: Komm zum Punkt.

Tanakawa musste seinen Blick bemerkt haben, denn er räusperte sich und erzählte dann weiter: »Um es kurz zu machen: Du warst der Einsatz, Kiryu. Der Gewinner des Spiels konnte den *Kandidaten* weiter beeinflussen und lenken.«

Kiryu überlegte, doch ihm fiel keine Geschichte ein, die zu diesem *Spiel* passen sollte.

»Vor vielen Jahrhunderten waren wir in Europa. Nur leider wurde die Geschichte ein wenig verändert. Du kennst sie vielleicht. Es ging um eine Wette zwischen Gott und Teufel, der Einsatz war die Seele eines Menschen.«

Kiryu dachte nach. So eine Geschichte kannte er wirklich. Sie war von einem deutschen Schriftsteller. Der Name des Autors und der Geschichte fielen ihm nicht ein. Er schauderte innerlich bei dem Gedanken daran, dass **er** jetzt in genau dieser Geschichte steckte. Jetzt wusste er, welche Rolle er hatte.

Wieder sagte niemand ein Wort. Und erst nach einer halben Ewigkeit, wie es schien, fasste Kiryu den Entschluss, dass jetzt der richtige Zeitpunkt gekommen war.

Ihre Schritte hallten auf den vollkommen leeren Straßen wieder. Niemand redete, doch alle hatten den gleichen Gedanken: Sie mussten sich beeilen!

Eine Straße führte sie direkt zum Tokyo Tower. Der Asphalt glänzte, obwohl es nicht geregnet hatte. Dieser Nebel war auch anders als gewöhnlich. Eine merkwürdige Welt …

»Ich sehe sie!«, rief Mika, als sie den Turm fast erreicht hatten. Dann schwenkte sie in eine Seitenstraße und blieb dort stehen. Takuhiro und Hideki waren ihr gefolgt und beobachteten jetzt ebenfalls, was sich zwischen Kiryu und Tanakawa abspielte. Noch schien alles ganz ruhig zu sein. Aber das würde sich bald ändern. Schließlich war das jetzt die Ruhe vor dem Sturm.

»Wir müssen endlich zuschlagen«, gab Hideki von sich. Doch Mika und Takuhiro gaben ihm schnell ein Zeichen, ruhig zu sein. Es sah fast synchron aus, wie beide die rechte Hand hoben, um Hideki damit zu bedeuten, sich zu gedulden.

»Ich sehe Kiryu«, sagte Takuhiro.

»Ich auch. Aber es ist … als wäre ein Schleier um die Plattform.«

»Wir müssen sie überraschen. Am besten stürmen wir den Turm!«, schaltete sich Hideki ein weiteres Mal ein. Takuhiro wollte ihm wieder ein Zeichen geben ruhig zu sein, doch Mika hielt sein Handgelenk fest und sah ihn wissend an: »Er hat doch gar nicht mal so unrecht. Was, wenn wir wirklich die Aussichtsplattform stürmen würden?« Takuhiro sah sie skeptisch an. Dann erwiderte er: »Das sind über 200 Meter! Soll ich da hochspringen oder wie?« Mika sah ebenfalls zum Tokyo Tower. Mit einem Lächeln sah sie dann wieder zu Takuhiro: »Ja, genau das dachte ich. Dieser Nebel wird uns schon nicht aufhalten.«

Takuhiro sah noch einmal zum Tokyo Tower. Dann nickte er.

Zwischen Kiryu und Tanakawa herrschte schon wieder Schweigen. Kiryu spannte jeden Muskel an und stand nicht mehr so locker da. Tanakawa hatte seine Haltung dagegen überhaupt nicht verändert.

»War das zu viel Offenheit für dich? Ich habe das aus dir gemacht, was du jetzt bist – und meinen Sieg damit so gut wie in der Tasche.«

»Wenn Sie sich da mal nicht täuschen.«

»Bitte was?! Was hast du denn die letzten Monate gelernt, Kiryu? Du bist stark, du hältst öffentlichem Druck stand und du bist ein wahres Prachtexemplar eines Stars. Und das alles hast du allein **mir** zu verdanken. Warum solltest du dich gerade jetzt von mir lossagen, wo es doch so gut läuft? Das wäre töricht von dir.«

»Das mag alles sein, aber ich will auf eigenen Beinen stehen. Und ich werde diesen Weg ab jetzt allein gehen. Bis zum bitteren Ende!«

Jeden Augenblick war es so weit. Sie warteten auf etwas. Auf einen bestimmten Moment. Kiryu hoffte so sehr, dass er sich nicht allein mit Tanakawa in diesem Abklatsch Tokyos befand. Aber Mika sollte sich langsam wirklich beeilen. Tanakawa dagegen stand vollkommen gelassen da und sah ihn an wie ein kleines Kind. Und Kiryu hasste diesen Blick.

»Was hast du denn, Kiryu? Du bist so nervös.«

»Was ich habe?! Als ob du das nicht wüsstest!« Selbst das »Sie« ließ er jetzt weg. Er wollte Tanakawa endlich von seinem hohen Ross herunter holen.

»Ich werde jetzt ein für alle Mal Schluss damit machen!«, rief er und stürmte auf Tanakawa zu.

Der Nebel schien immer dichter zu werden, je näher sie dem Tokyo Tower kamen. Doch mehr geschah nicht. Der Turm war bloß immer schwerer zu erkennen, sie selbst konnten sich problemlos darin bewegen.

Takuhiro und Mika standen als Erste am Fuß des Tokyo Towers und überprüften, ob der Aufzug funktionierte. Hideki hatte es schließlich nicht so einfach wie sie. Er hatte Mühe gehabt, mit ihnen Schritt zu halten, und musste jetzt irgendwie zur Aussichtsplattform gelangen. Tanakawa durfte nicht darauf gefasst sein, dass sie hier waren.

Der Aufzug kam zum Glück. Jetzt mussten Takuhiro und sie nur noch zur Aussichtsplattform springen … Doch das Schwierige war weniger, zu der Plattform zu gelangen, als unbemerkt hinauf zu kommen. Wenn sie Pech hatten, wurden sie schon von Tanakawa erwartet …

Der Aufzug bewegte sich plötzlich nach unten. Doch Tanakawa interessierte das nicht. Kiryu kam genau auf ihn zu, die Linke schon zur Faust geballt.

»Das ist für deine Lügen!«, brüllte er Tanakawa an, holte aus und verfehlte ihn.

»Was für ein armseliger Versuch«, erklang es plötzlich hinter ihm. Es war unmöglich, und doch stand Tanakawa jetzt einige Meter hinter ihm an der Brüstung der Plattform. Dass Tanakawa sich einen schlechten Platz ausgesucht hatte, ahnte er nicht. Denn er wurde, kaum dass er Kiryus Aufmerksamkeit wieder auf sich gelenkt hatte, von hinten gepackt und auf den Boden der Plattform geworfen. Kiryu sah zwar, dass sich Mika und Takuhiro auf Tanakawa geworfen hatten und ihn festhielten, konnte es aber nicht glauben. So hoch konnte doch kein Mensch springen?

»Das werdet ihr bereuen«, zischte Tanakawa.

»Das glaube ich k …« Weiter war Takuhiro nicht gekommen. Tanakawa hatte sich blitzschnell hochgestemmt und dabei Mika und Takuhiro von sich heruntergestoßen.

Kiryu war erst wenige Schritte auf Tanakawa zu gegangen, jetzt rannte er, so schnell er konnte. Er war von einem einzigen Gedanken getrieben: Ihr darf nichts passieren, egal was Tanakawa gesagt hatte.

Tanakawa richtete sich wieder auf und klopfte sich demonstrativ den Staub von den Schultern. Diese Bälger meinten es wirklich ernst. Wer hätte das gedacht? Diese kleine Planänderung war zwar nicht vorgesehen, aber nicht weiter schlimm. So ein bisschen Abwechslung hielt schließlich die Spannung. Es versprach, doch interessant zu werden. Kiryu war wirklich anders als die anderen Kandidaten – eine ausgezeichnete Wahl.

Er ließ Kiryu an sich vorbeiziehen. Sollte er doch nach seinen sogenannten Freunden sehen. Er würde sich ja doch gegen sie alle entscheiden, dafür sorgte er schon.

Kiryu war der Weg zu Mika und Takuhiro endlos vorgekommen. Genau wie der Augenblick, an dem er zu Tanakawa gesehen und der seinen Blick erwidert hatte. Mika und Takuhiro rappelten sich bereits wieder auf, als Kiryu bei ihnen ankam.

»Seid ihr okay?«

»Ja, aber der da kann jetzt was erleben«, erwiderte Mika wütend. Ihre Unterlippe blutete, aber sonst schien sie in Ordnung.

»Masahito!«, rief sie in Tanakawas Richtung. Der drehte sich zu ihnen um. Sie wollte zu ihm gehen, doch Kiryu hielt sie zurück, indem er den Arm ausstreckte und ihr damit den Weg versperrte. Dann ging er scheinbar ruhig auf Tanakawa zu. Als er nah genug bei ihm war, holte er aus und schlug Tanakawa ins Gesicht. Der Hieb saß perfekt, was Kiryu im ersten Augenblick sogar verblüffte. Tanakawa taumelte ein paar Schritte und sah dann verwundert zu Kiryu.

»Das hätte ich nicht von dir gedacht, Kiryu«, stieß er hervor.

»Wollen Sie etwa mehr?«, brachte Kiryu kühn hervor. Dabei war er sich nicht sicher, ob er so einen Schlag ein zweites Mal hinbekommen würde. Tanakawa lachte leise. »Nein, und ich glaube, du auch nicht.« Kiryu verstand kein Wort. Doch ehe er sich von Tanakawa in eine unnütze Diskussion verstricken ließ, ertönte ein lauter Knall, die Aufzugtür ging auf und Hideki stürmte auf sie zu. Völlig überrascht und viel zu spät erkannte Tanakawa, dass er Mika und Kiryu unterschätzt hatte.

Takuhiro hatte den Augenblick genutzt und war zu Tanakawa getreten, um ihn festzuhalten. Hideki kam sofort dazu und zusammen zwangen sie Tanakawa dazu, sich hinzusetzen. Er sah sie alle mit grimmigem Blick an. Doch dann setzte er wieder sein überlegenes Lächeln auf und sagte: »Ach, kleiner Kiryu, glaubst du wirklich, du könntest mir gefährlich werden?« Der trat einen Schritt auf Tanakawa zu, ging in die Hocke und erwiderte: »Mir geht es gar nicht darum, Ihnen zu schaden. Sie werden sich jetzt anhören, welche Forderungen ich habe und am Ende alles abnicken.« Sein Selbstbewusstsein war jetzt so groß wie das von Tanakawa. Aber so einfach ließ sich Tanakawa nicht einschüchtern: »Pah! Und wieso sollte ich das tun?« Diesmal war es Kiryu, der sich Tanakawa überlegen wähnte: »Ich habe da eine Kleinigkeit herausgefunden. Sagen wir doch einfach, bei dieser Wette habe **ich** gewonnen und alle gehen glücklich nach Hause.« Sein Ton war sehr sanft, sein Blick dagegen eiskalt. Tanakawa musste sich eingestehen, dass Kiryu wirklich viel von ihm gelernt hatte. Er blickte immer noch verärgert zu Kiryu. Dann sah er zu Mika, die mit verschränkten Armen ein Stück hinter Kiryu stand. Und plötzlich wurde ihm klar, was Kiryus Worte bedeuten sollten.

»Du hinterhältiges kleines Miststück!«, fuhr er Mika an. Wenn er versuchte, sich zu bewegen, leisteten Takuhiro und Hideki ihm erheblichen Widerstand. Jetzt hatten sie allerdings Mühe, Tanakawa festzuhalten. Kiryu dagegen blieb ganz gelassen. Er redete ganz ruhig mit Tanakawa: »In dem Ton brauchen Sie weder mit mir noch mit meinen Freunden zu reden. Außerdem hat Mika überhaupt nichts damit zu tun.«

Mika hatte betreten zu Boden gesehen und wirkte verlegen, als Kiryu sie verteidigte. Tanakawa wand seinen Blick allerdings schnell wieder von ihr ab und richtete seine Aufmerksamkeit auf Kiryu. Denn dieser erzählte schon weiter: »Ich werde Ihnen jetzt ein paar Sachen aufzählen und Sie sagen mir, wie schnell Sie das erledigen können, okay?«

»Du bluffst doch!«

Kiryu lächelte Tanakawa weiterhin an, dann beugte er sich ganz nah zu ihm und flüsterte: »Wenn der Alte jemals vom Alchemisten erfahren sollte, hast du mehr zu verlieren als nur deine Position.«

Tanakawa musste sich jetzt eingestehen, dass Kiryu ihm wirklich überlegen war. Aber wenn er sich diese beißende Niederlage einfach nicht eingestehen wollte, war er doch sehr stolz auf sich, so einen *Schützling* gefunden zu haben. Kiryu begann, verschiedene Sachen aufzuzählen, die er ihm alle gewähren würde.

Mika stand weiterhin im Hintergrund. Denn was keiner ahnte, war, dass auch sie Konsequenzen erfahren würde, sollte Tanakawa auffliegen. Und danach sah es jetzt aus.

Ein Traum

Kiryu war auf dem Weg zu Takuhiro. Er traf dort Gil, bevor sie morgen zu Tanakawa gehen würden. Der Regen prasselte auf ihn nieder, als er durch die Straßen hastete. Aber es war schließlich nicht mehr weit. Trotzdem war er patschnass, als er Takuhiros Wohnung betrat: »Hallo, Kiryu, Gil ist schon da und … Du siehst furchtbar aus.«

»Hi, Taku, ich hatte keinen Schirm dabei.« Takuhiro lachte kurz auf, dann wies er Kiryu den Weg ins Bad und sagte ihm: »Du kannst ein paar Klamotten von mir haben.« Wenig später legte ihm Takuhiro ein schwarzes Hemd bereit, während Kiryu damit beschäftigt war, seine Haare zu trocknen. Er bedankte sich kurz, dann war Takuhiro schon wieder verschwunden. Die Ärmel waren für ihn etwas kurz, aber wenn er sie ein Stück nach oben schob, würde das gar nicht weiter auffallen. Die Tür zum Badezimmer hatte Takuhiro nicht richtig verschlossen, weshalb Kiryu die Unterhaltung zwischen Gil und Takuhiro hören konnte. Und es ging um ihn: »Du hängst dich schon wieder viel zu sehr rein.« Gilberts Stimme klang freundlich wie immer.

»Ich weiß«, antwortete Takuhiro resigniert. »Aber ich werde Kiryu garantiert nicht hängen lassen, egal, worum es geht.«

»Dann könnte es für dich genauso enden wie beim letzten Mal.«

»Das wird es nicht«, erklärte Takuhiro bestimmt. Das leisere »das darf es nicht« konnte ausschließlich Gilbert hören. Dieser kicherte: »Mit dir ist es doch immer das Gleiche.« Und in ernsterem Ton fragte er: »Wieso bist du zur Selbstaufgabe bereit, nur weil du dich verliebt hast?«

Takuhiro lehnte seinen Kopf an die Fensterscheibe und sah nach draußen. Kiryu hörte eine Veränderung in Takuhiros Stimme, als dieser Gilbert antwortete: »Weil ich mich dann wie ein Mensch fühlen kann …«

Kiryu stand unschlüssig in der Tür. Er hatte Mika immer noch nicht geglaubt, dass sie kein Mensch war, dass Takuhiro ein Vampir sein sollte und Tanakawa so etwas wie ein Teufel. Es klang einfach zu fantastisch. Aber Takuhiros Worte jetzt zu hören, löste sehr viel ihn ihm aus: zum einen der Schock, dass Mika mit jedem Wort die Wahrheit gesagt hatte. Und zum anderen Verwirrung darüber, wie er jetzt mit Takuhiro umgehen sollte. Es kam ihm jedenfalls nicht so vor, als müsse er hier um sein Leben fürchten. Deshalb trat er schließlich zu ihnen ins Wohnzimmer und versuchte, sich nichts anmerken zu lassen.

Die Sonne strahlte, und es war schon ziemlich warm für Ende Mai. Er war seit Langem mal wieder auf dem Weg zu Tanakawas Büro. Kiryu wusste genau, was ihn jetzt erwartete, und das war alles andere als angenehm.

Als er das Büro betrat, erwartete ihn niemand. Nicht einmal eine Sekretärin war da. Und dennoch fühlte er sich hier beobachtet. Er ließ seinen Blick durch das Büro schweifen. Der große Schreibtisch sah verlassen aus. Eine halb volle Tasse Kaffee stand da, Blätter und Ordner lagen auf der Arbeitsfläche.

»Ah, entschuldige, dass ich dich warten ließ«, erklang es plötzlich hinter ihm. »Ich hoffe, du bist noch nicht lange hier.« Kiryu schwieg. Durch eine Geste bedeutete ihm Tanakawa, dass er mit zum Schreibtisch kommen sollte. Kiryu war das Ganze zwar nicht geheuer, aber es war wichtig. Und schließlich hatte er diesmal die Oberhand.

»Ich habe euch in letzter Zeit viele Freiheiten gelassen.«

»Ja«, entgegnete Kiryu knapp. »Allerdings gibt es da etwas, das mich trotzdem stört.« Tanakawa sah nur auf.

»Der Vertrag«, sagte Kiryu kurz angebunden.

»Ich sehe, du stellst immer noch die gleichen Forderungen. Ich frage mich nur, ob du weißt, was das bedeutet?« Kiryu wollte sich nicht auf diese Spielchen einlassen. Deshalb sagte er Tanakawa geradewegs ins Gesicht: »Sie wissen genau, dass ich die richtigen Beziehungen habe.«

Kaum hatte er diese Worte gesagt, sprang schon die Zwischentür auf und Gilbert trat zu ihnen: »Bei dir wurde man auch schon freundlicher empfangen. Oder habe ich etwa den einzigen freien Tag deiner Sekretärin erwischt?« Tanakawa blickte finster zu Gilbert. Dieser beachtete ihn gar nicht und schlenderte zu dem Schreibtisch, an dem Tanakawa und Kiryu saßen. Gilbert sah sich die Arbeitsfläche an. Er griff sich wahllos ein Blatt und las es sich durch. Dann schüttelte er den Kopf und legte es wieder zurück. Tanakawa versuchte zwar, es zu unterdrücken, aber Kiryu konnte ihm trotzdem seinen Unmut ansehen.

Dieser Gilbert hatte schon mehr als einmal die Frechheit besessen, bei ihm hereinzuplatzen. Und jetzt kam er ausgerechnet in dem Moment hier rein, als er seine voraussichtlich letzte Chance hatte, Kiryu für sich zu gewinnen.

»Was willst du hier, Gilbert?« Sein Blick war finster. Kiryu war ebenso überrascht von Gilberts Auftritt wie Tanakawa. Denn obwohl er gewusst hatte, dass ihn Gilbert heute unterstützen würde, hatte er nicht gewusst, wann oder ob er überhaupt hier auftauchen würde. Doch dann musste er sich bei Gilberts Auftritt ein Grinsen verkneifen und sah nach unten.

»Du weißt doch, dass ich mir gerne die richtig schwierigen Fälle aussuche«, erklärte er, als würde er mit Tanakawa über das Büro reden. Tanakawa sah so aus, als wollte er Gilbert auf der Stelle in Flammen aufgehen sehen. Dieser Snob platzte hier unangekündigt herein und besaß die Frechheit, ihn vorzuführen.

»Das erklärt aber immer noch nicht, was du hier zu suchen hast.« Kiryu und mit Sicherheit auch Gilbert merkten Tanakawa immer deutlicher an, dass er sich beherrschen musste.

»Oh!«, Gilbert nahm einen Stift vom Schreibtisch und betrachtete ihn eingehend. »Ich bin wegen meines Klienten hier. Er hat einen äußerst schwierigen Fall. Das gefällt mir und ich bin zuversichtlich, dass ich ihm helfen kann. Du weißt ja, dass ich bei richtig verzwickten Fällen einfach nicht widerstehen kann«, sagte er mit einem süffisanten Lächeln. Tanakawa sah ihn einen Augenblick verwirrt an, dann fiel sein Blick auf Kiryu, der weiter zu Boden sah. Gilbert hatte Kiryu vor einigen Wochen geholfen, als es um Hassmails ging. Aber sollte sich Gilbert wirklich dazu herabgelassen haben, Kiryu hier und jetzt zu vertreten? Es sah immer schlechter für Tanakawa aus.

»Du müsstest ihn inzwischen gut kennen. Und er hat mir berichtet, dass er gewisse Probleme mit einem Vertrag hat.« Tanakawa sah aus, als wäre er kurz vorm Platzen. Sollte das denn wirklich wahr sein?! Gilbert war der beste Anwalt, den man in ganz Japan finden konnte. Und dieses kleine Menschlein sollte wirklich die Dreistigkeit besessen und ausgerechnet Gilbert mit seinem Fall behelligt haben? Er konnte es sich einfach nicht vorstellen. Auf so verlorenem Posten konnte er doch gar nicht stehen. Schließlich hatte er … Oder sollte er Mika wirklich so sehr unterschätzt haben? Sein Blick ging immer wieder zwischen Kiryu und Gilbert hin und her.

Er war auf dem Weg zum »Black Thunder«. Heute Abend hatten sie ihr nächstes Konzert. Und morgen gleich ein weiteres. Sie traten beide Male als Vorband auf. Und dadurch konnten sie sich gleich noch ein Konzert anschauen. Er freute sich schon darauf, genau wie die anderen. Er wollte jetzt im »Black Thunder« vorbei sehen. Takahashi hatte in den letzten Wochen wohl ganz guten Umsatz gemacht. Und einen vollen Laden wollte sich Kiryu nicht entgehen lassen. Außerdem hatte er hier schon ewig nicht mehr ausgeholfen. Und bis zum Konzert hatte er sehr viel Zeit.

Im Laden waren wirklich viele Leute. Aber das hatte wohl damit zu tun, dass sich endgültig herumgesprochen hatte, dass hier der Sänger von *Rising Phenix* arbeitete. Im Lauf des Nachmittags hatte er wirklich einige CDs und sogar eine LP verkauft. Mit einem erschöpften, aber glücklichen Seufzer meldete er sich bei Takahashi ab und ging. Als er auf dem Weg nach Hause war, traf er Mika. Sie lächelte, aber ihr Blick war traurig.

»Hi, was machst du denn hier?«

»Ich wollte mich von dir verabschieden, Kiryu.« Er sah sie verständnislos an, dann schnippte sie mit dem Finger und alles um sie herum stand still.

»Was meinst du mit verabschieden?«

Sie lächelte ihn weiter traurig an. Dann erklärte sie: »So, wie Tanakawa verschwinden musste, muss auch ich diese Stadt verlassen. Es gibt keine andere Möglichkeit.«

»Wieso? Wohin gehst du?«

Sie seufzte und wich seinem Blick aus. Dann sagte sie leise: »Ich gehöre doch eigentlich gar nicht hierher.« Kiryu sah sie fragend an. Er wollte sie so vieles fragen, bekam jetzt aber kein Wort heraus.

»Es ist … das fällt mir jetzt doch schwerer, als ich dachte.« Kiryu sagte weiter nichts. Er sah sie einfach an. Dann schien Mika aus ihrer plötzlichen Starre gefallen zu sein, sah Kiryu in die Augen und umarmte ihn. Sie sah ihn einmal ganz genau an, schnippte wieder mit dem Finger und gab ihm einen Kuss auf die Wange. Kiryu kam das alles wie ein Traum vor. Als er sich umsah, strömten Menschen an ihm vorbei. Mika war nicht mehr da. Hatte er diese Begegnung mit ihr gerade wirklich erlebt? Oder war es doch ein Traum gewesen?

Sein Kopf war wie in Wolken. Ihre Worte geisterten immer noch in seinem Kopf herum: »Wir werden uns niemals wiedersehen, Kiryu. Aber ich hoffe, dass du mich in guter Erinnerung behältst.« Dann besann er sich und setzte seinen Weg endlich fort. Sein Herz fühlte sich plötzlich sehr schwer an, doch die Band würde ihn schon auf andere Gedanken bringen.

Für Gil war es ein Leichtes gewesen, ihn und die Band aus dem Vertrag zu lösen. Tanakawa schien vor Wut gekocht zu haben. Kiryu hatte die Verhandlungen zwischen Tanakawa und Gil schweigend beobachtet. Er fand es wirklich beeindruckend, wie einfach es Gil formulierte und wie leicht es ihm fiel, diesen Vertrag zu Kiryus Gunsten aufzulösen. Und die zweiwöchige Kündigungsfrist war wirklich praktisch. Als Gil und er dann das Gebäude verließen, schien ein Schrei alles um sie herum zu erfassen. Kiryu zuckte erschrocken zusammen, aber Gil sagte ihm in lockerem Ton: »Er kann einfach nicht verlieren.« Als sie dann auf der Straße standen, atmete Kiryu auf einmal tief durch. Etwas hatte sich verändert, und er wusste nicht einmal was. Seinen Band-Kollegen ging es nicht anders.

Am Abend saßen sie zusammen bei Kiryu. Er hatte triumphierend mit den Worten »ich habe es endlich Schwarz auf Weiß!« den Aufhebungsvertrag von Tanakawa gezeigt. Das musste gefeiert werden. Gil war ebenfalls eine Weile geblieben. Er hatte ein paar Ratschläge verteilt, wie sie Urukawa einheizen konnten.

Taro stellte irgendwann allerdings fest, dass ihre illustre Runde nicht vollständig war: »Wo ist denn Takuhiro? Wollte der nicht eigentlich auch kommen?«

»Der hat Liebeskummer und ist deshalb für ein paar Tage außerhalb der Stadt unterwegs«, erklärte Gil. Dann warf er einen vielsagenden Blick zu Kiryu und verabschiedete sich schließlich. Kiryu sah betreten zu Boden und dachte an seine letzte Begegnung mit Takuhiro: Als sie mit Gil alles durchgegangen waren, hatte sich dieser schnell verabschiedet. Und da es immer noch in Strömen regnete, hatte Takuhiro ihn eingeladen, ein wenig zu bleiben. Kiryu hatte das Angebot widerwillig angenommen. Takuhiro merkte ihm das natürlich an und fragte deshalb, was los war.

»Hör mal … Ich … Ich hab dein Gespräch mit Gil vorhin gehört …« Kiryu hatte all seinen Mut zusammen genommen, als er das sagte. Takuhiro reagierte wie erwartet schockiert: »Du hast gelauscht?!«

»Das kann man so nicht sagen. Die Badezimmertür stand ein Stück offen und … Ich wollte nicht lauschen …«, brachte er in entschuldigendem Ton heraus. Er hatte erwartet, dass Takuhiro wütend werden würde, aber er wich Kiryus Blick lediglich aus. Kiryu fragte sich, ob er wirklich eine Träne bei Takuhiro gesehen hatte.

»Taku, ich … Wie soll ich das sagen? Ich bin hetero. Zwischen uns wird nie etwas sein.« Das war zwar sehr direkt, aber Kiryu wusste nicht, wie er das schonender hätte sagen können.

»Ich weiß«, brachte Takuhiro leise hervor. Jetzt war es an Kiryu, irritiert zu reagieren. Takuhiro hatte das seiner Meinung nach zu gefasst aufgenommen. Kiryu wusste schließlich von seiner impulsiven Seite.

»Es tut trotzdem weh, weiß du?« Takuhiro lachte kurz auf, dann sah er zu Kiryu. »Es ist nicht so, dass ich mir große Hoffnungen gemacht hätte, aber es dann doch zu hören …« Kiryu blickte betreten zu Boden. Er schloss die Augen, atmete tief ein und sagte Takuhiro dann: »Es ist wohl besser, wenn wir uns eine Weile nicht sehen, Taku.«

»Kann ich verstehen«, erwiderte dieser in einem für Kiryu sehr lockeren Ton. Dann fuhr er in diesem Ton fort, als wäre alles wie immer: »Ich bin nächste Woche eh in Uenohara. Du wirst von mir also weder etwas sehen noch hören.«

Kiryu beschloss, dass es jetzt an der Zeit war zu gehen. Doch gerade, als er sich von Takuhiro verabschieden wollte, legte dieser ihm seine rechte Hand auf die Schulter und sah ihm in die Augen: »Es war von Anfang an klar, dass ich damit allein bin.« Ein entschuldigendes Lächeln umspielte seine Lippen, dann ließ er Kiryu gehen. Als er jetzt wieder im Regen stand, seufzte Kiryu tief. Das eben war schwieriger und aufwühlender, als er gedacht hatte. Und sein schlechtes Gewissen plagte ihn. Er hatte vorher nie jemandem eine Abfuhr erteilt. Auch wenn er jetzt hoffte, irgendwann wieder so locker mit Takuhiro umgehen zu können wie vorher, wusste er doch, dass er das vielleicht unwiederbringlich zerstört hatte.

Noch ein Song, dann war ihr Auftritt vorbei. Das Publikum war großartig, wenngleich es nicht ihretwegen heute Abend hier war.
Sie hatten aus heiterem Himmel das Angebot bekommen, als Vorband aufzutreten. Sie konnten ihr Glück kaum fassen. Kurz bevor es losging, trat Kiryu vor sich hinsummend zu den anderen hinter die Bühne.

»Was ist das denn für ein fröhliches Liedchen, Kiryu? Kennt man ja gar nicht von dir«, versuchte Taro ihn aufzuziehen. Kiryu reagierte nicht sofort und sah dann fragend zu Taro, ehe er antwortete: »Das ist BAD END DREAM von Girugamesh.«

»Passt ja ganz gut«, schaltete sich Haru ein. Denn dieser schlechte Traum mit Tanakawa hatte mit Kiryus Vertragsauflösung für sie alle ein Ende gefunden.
Und jetzt standen sie hier! Als Vorband eines der bekanntesten Musiker Japans. Es konnte nur besser werden!

»Okay, Leute! Die Nacht ist noch lange nicht vorbei, aber wir sind ja nicht die Einzigen heute Abend.« Die Menge jubelte.

»Auch ein Phönix wird sterben«, begann er außer Atem. Er atmete einmal tief durch und wurde dann mit jedem Wort lauter: »Doch aus der Asche steigen wir empor und beginnen ein neues Zeitalter!« Alle jubelten, ebenso die Band, aus vollem Hals. Und dann erklangen die ersten Töne ihres letzten Songs für den heutigen Abend …

Epilog

Der Gong ertönte, die Schule war endlich aus. Doch anstatt nach Hause zu gehen und das Wochenende zu genießen, hatten sich etliche Schüler aus Hanakos Klasse am Fenster versammelt und starrten nach draußen. Hanako selbst hatte Klassendienst. Aber sie konnte nicht mehr weghören, als ein Mädchen rief: »Ist das nicht Kiryu Sugawa?!«

»Wer?«, fragte ein anderes.

»Der Sänger von *Rising Phenix*.«

»Was will der denn hier?«, mischte sich ein Junge ein.

»Vielleicht fängt er ja als neuer Musiklehrer an.«

»Kiryu sieht sooo cool aus!«

»Der Kerl ist doppelt so alt wie du«, stellte einer der Jungen fest.

»Ja und?!«

Hanako ging jetzt ebenfalls zum Fenster, um nachzusehen. Und sie traute ihren Augen kaum: Am Tor stand wirklich Kiryu! Sie verabschiedete sich schnell von ihren Freunden und lief nach draußen zu ihm.

Schüler strömten an ihm vorbei. Einige sahen ihn bewundernd an, andere herablassend. Ein paar Mädchen hatten sich nicht mehr eingekriegt, als sie gesehen hatten, wie er sich die Haare aus dem Gesicht strich. Ein paar Schüler hatten ihn auch angesprochen. Und da Hanako bisher nicht aufgetaucht war, nahm er sich Zeit für sie. Als die Flut an Schülern allmählich abebbte, erspähte er endlich

Hanako. Sie kam gut gelaunt zu ihm gelaufen und er konnte nicht anders und musste ebenfalls lächeln.

»Kiri-nii-san! Warum hast du nichts gesagt?«, fragte sie, kaum dass sie nahe genug bei ihm war.

»Hat sie gerade gesagt, das wär ihr Bruder?!«, fragte ein Junge, als er an Kiryu vorbei lief.

»Ist bestimmt ein verrücktes Fangirl«, meinte ein anderer.

»Du wirst nie aufhören, mich so zu nennen, oder, Schwesterchen?« Die beiden Jungen blieben wie angewurzelt stehen und mussten dann verblüfft mit ansehen, wie Hanako von Kiryu zur Begrüßung umarmt wurde. Ihnen klappte die Kinnlade ebenso herunter wie auch Hanakos Klassenkameraden.

»Jetzt sag schon: Was machst du hier? Ich dachte, wir sehen uns erst morgen?«

»Ich hol dich ab. Sollte eine Überraschung werden.« Zusammen gingen sie zu Kiryus Wohnung. Für Hanako war es fast so etwas wie ein zweites Zuhause. Wenn sie sich mal wieder mit ihrer Mutter verkracht hatte, kam sie zu Kiryu. Das wusste Frau Kyoura auch. Und es war ihr lieber, als wenn Hanako allein durch Tokyo streifen würde. Kiryu hörte sich Hanakos Klagen an, redete aber auf sie ein, wenn sie mit dem Kopf durch die Wand wollte. Was er sagte, nahm sie sich oft zu Herzen.

»Du kannst heute Abend hier bleiben, wenn du willst. Ich hab schon mit deiner Mutter gesprochen«, verkündete er, als sie die Wohnung betraten.

»Aber dann bin ich ja den ganzen Abend allein …«

»Sorry, aber ins ›Yami no Kokoro‹ kann ich dich nun mal nicht mitnehmen.«

»Kannst du mich nicht irgendwie reinschmuggeln?«, bettelte Hanako.

»Du weißt genau, dass mir deine Mutter den Kopf abreißt, wenn sie das herausfindet.«

»Das ist ein Ja?!«, rief Hanako aus und sah ihn mit leuchtenden Augen an. Kiryu seufzte und verdrehte die Augen.

»Oh, du bist der beste große Bruder, den man sich wünschen kann!« Mit diesen Worten fiel sie Kiryu um den Hals. Dieser seufzte erneut. Er konnte Hanako einfach nichts abschlagen …

Sie gaben am Abend ein Konzert ihm »Yami no Kokoro«. Seit zehn Jahren waren *Rising Phenix* jetzt schon erfolgreich. Sie waren nicht übermäßig beliebt, ihr Erfolg aber war kontinuierlich. Nach der Trennung von Tanakawa und Urukawa konnten Kiryu und Ryo wieder ihre richtigen Namen annehmen. Die Taktung, wann ein neues Album erscheinen sollte, lag inzwischen voll und ganz bei ihnen. Sie hatten alles entzerrt. Ihre Fans störte es nicht, wenn sie zwei oder sogar drei Jahre auf ein neues Album warten sollten. Und *Rising Phenix* tat es gut, sich so viel Zeit lassen zu dürfen. Sie hatten Glück, dass ihr jetziges Management das zuließ. Aber bei Gilbert war es nicht weiter verwunderlich, dass er schnell ein passendes Label für sie gefunden hatte.

Spannung lag in der Luft. Alles achtete auf Kiryu. Er war als Einziger auf der Bühne zu sehen. Alles wartete auf das, was als Nächstes passieren würde. Und dann richtete sich Kiryu ans Publikum: »Das hier ist für dich, Taku. Ich weiß genau, dass du heute Abend hier bist!« Aufgeregtes Gemurmel drang zu ihm. Niemand fühlte sich angesprochen, aber Kiryu glaubte, in einer der letzten Reihen Takuhiro gesehen zu haben.

Sie spielten einen ganz neuen Song. Zuerst war leise eine Gitarre zuhören, die bald vom Schlagzeug begleitet wurde. Dann sprach Kiryu: »Das ist mein ›Heartbeat‹ « und begann zu singen.

Mein Herz – es weint,
Schlägt doch weiter, unentwegt.
Mein dunkles Herz – es schreit,
Dürstet nach Leben, ungehört.

Er blieb die ganze Zeit ruhig am Mikrofon stehen. Seine Augen waren geschlossen, seine Stimme fast ein leises Flüstern. Dann begann er die erste Strophe und sang laut und kräftig weiter:

Herz der Dunkelheit und Herz des Lichts,
Beide Seiten schlagen in mir.
Ein Ort der Hoffnung bleibt gewiss,
Doch Dunkelheit verschlingt es.
Mein Herz so schwer, der Schlag fast kraftlos,
Der Zweifel packt mich, zerrt mich fort.
Doch sterben wird es niemals, schlägt doch weiter,
Der Traum verblasst, ich atme auf.

Mein Herz – es schlägt
Voller Hoffnung, voller Schmerz.
Mein helles Herz – es fleht
Und reißt mich fort aus dieser Nacht

So ging es immer weiter. Jeder Refrain war ruhig. Auf Growling hatte Kiryu diesmal verzichtet. Es passte nicht zu diesem Song. Dann setzte er zur zweiten Strophe an:

Das dunkle Herz und auch das helle
Bestehen fort, sind Teil meiner Seele,
Sind zwei Seiten meines Abbilds, einer Hülle,
Die schwer gezeichnet ist und doch besteht.
Mein Herz schlägt stark, die Zeit verrann,
Die Wunden schlossen sich nach Jahren,

Die Narben sind nur noch Erinnerung.
Ist nur ein Abklatsch, was einst war.

Mein Herz – es hofft,
Sieht glücklich zu den Sternen auf.
Mein armes Herz – es trotzt
Dem Schmerz und auch den Widrigkeiten.

Ein Herzschlag voller Hoffnung,
Makellos und kraftvoll schlägt es weiter,
Zieht mich mit sich aus dem Dunkel.
Ich atme auf, kann nicht mehr scheitern.

Die Versuchung war groß gewesen, bei der Bridge doch ein Growling einzubauen. Stattdessen begannen Taro und Haru mit ihm zu singen. Und das kam bei ihrem Publikum sehr gut an. Den letzten Refrain sangen sie ebenfalls zu dritt:

Mein Herz – es leuchtet.
Die Zuversicht ist nun ganz mein.
Mein starkes Herz – es freut sich,
Bin endlich frei, war nie allein.

Die Menge tobte. Der Stil dieses Songs war anders als ihr bisheriger. Bei ihrem nächsten Album war das deutlicher zu hören. Es würde immer noch nach ihnen klingen, aber insgesamt ruhiger sein. Ihr achtes Album sollte etwas Besonderes werden und würde ihnen hoffentlich Glück bringen. Und sie waren sich einig, dass dieser neue Sound eine Facette von ihnen widerspiegelte, die sie bisher nie gezeigt hatten.

Sie hatten fast zwei Stunden gespielt und Kiryu hätte auch noch weitermachen können. Aber da sie eh schon überzogen hatten, beendeten sie nach »Wahnsinn in mir« ihr Konzert. Jetzt stand er an der Bar und wartete auf sein Getränk.

»Hi, Kiryu, deine kleine Schwester sucht dich«, kam Kaoru zu ihm.

»Ja, ich weiß. Hast du sie gesehen?«

»Ja, vorhin war sie bei der Bühne. Die ist echt niedlich.«

»Du kommst ihr am besten nicht zu nahe«, erwiderte Kiryu mit einem freundlichen Lächeln.

»Lässt du jetzt den großen Beschützer heraushängen oder was?«, fragte Kaoru belustigt. Kiryu nahm sein Glas und entgegnete ganz trocken: »Glaub mir, von ihrer Mutter hast du weitaus mehr zu befürchten als von mir.« Dann zwinkerte er Kaoru zu und suchte nach Hanako. Kaoru blieb verdutzt stehen und sah ihn fragend an, was Kiryu aber nicht weiter kümmerte. Als er der Bühne näher kam, sah er Hanako, die von Taro, Ryo und Haru umringt wurde. Sie winkte ihm fröhlich zu, als sie ihn sah.

»Und, wie hat dir das Konzert gefallen?«

»Ihr wart der Wahnsinn! Voll cool!«

Er legte seinen Arm um ihre Schultern, reichte Taro mit den Worten »Halt mal kurz« sein Glas und schob Hanako Richtung Ausgang.

»Das freut mich. Dann kannst du ja jetzt guten Gewissens nach Hause gehen.«

»Was? Nein, der Abend hat doch erst angefangen!«

»Eben«, sagte er bloß und ging mit ihr im Schlepptau einfach weiter. »Du setzt dich ins Taxi und fährst heim.«

»Aber … aber Kiryu!« Wenn sie ihn schon mit seinem richtigen Namen ansprach, war sie wirklich angefressen.

»Kein aber. Du darfst eigentlich gar nicht hier sein.«

»Oh, bitte nur noch ein Weilchen … Bitte, Bruderherz!« Aber Kiryu schob sie unerbittlich weiter. »Ich hab die Verantwortung für dich. Und das ›Yami no Kokoro‹ ist wirklich kein Ort für dich.«

»Aber hier ist es doch toll! Und außerdem: Wieso ist das hier kein Ort für mich, aber für dich ist es okay?«

»Weil ich beruflich hier bin. Und ich bin ein ganzes Stück älter als du.« Es war ein Totschlagargument, denn Hanako wusste genau, dass sie mit ihren 16 Jahren gar nicht hier sein dürfte. Also stieg sie murrend ins Taxi. Kiryu sagte dem Fahrer seine Adresse, dann fuhr Hanako davon. Kiryu war erleichtert, dass Hanako sich relativ mühelos hatte dazu bewegen lassen zu gehen. Aber er freute sich sehr darüber, dass ihr das Konzert gefallen hatte. In ein paar Tagen würde er sich deshalb zwar eine Standpauke von Frau Kyoura anhören müssen. Aber er wusste, dass Hanakos Freude über ihr Wochenende bei Kiryu die Verärgerung schnell verpuffen lassen würde.

Als Kiryu wieder zur Band kam, wurde er schon erwartet.

»Taku, hab ich mich also echt nicht geirrt!«

»Hi, Kiryu«, begrüßte ihn Takuhiro herzlich.

»Hier, dein Getränk«, reichte ihm Taro sein Glas. Der Inhalt hatte sich während der kurzen Abwesenheit Kiryus erheblich verringert.

»Danke. Und schön, dass die nächste Runde auf dich geht, Taro«, erwiderte er.

»Der neue Song klang gut. Wird das jetzt euer neuer Stil?«

»Vielleicht, Kiryu wollte mal den Melancholiker raushängen lassen«, antwortete Taro leicht lallend für Kiryu.

»Taro, du bist betrunken.«

»Ich bin berauscht von dem Auftritt, den wir hingelegt haben«, sagte er voller Inbrunst. Alle verfielen daraufhin in Gelächter. Haru nahm Taro aber sicherheitshalber sein Glas ab und organisierte ihm Wasser.

Später am Abend stand Kiryu vor dem »Yami no Kokoro«. Doch lange blieb er hier nicht allein. Takuhiro war ebenfalls nach draußen gekommen und trat zu ihm mit den Worten: »Hier steckst du also.« Kiryu lächelte ihm als Antwort bloß zu.

»Bist also immer noch der Einzelgänger«, sagte Takuhiro scherzhaft.

»Ja, das wird sich wohl nicht mehr ändern«, erwiderte Kiryu in ähnlich lockerem Ton.

»Dafür wirst du aber ziemlich umschwärmt.«

»Ach, das sind nur Fans.«

»Wirklich?«, bohrte Takuhiro weiter. »Oder liegt es daran, dass du Mika nachhängst?«

»Nein, das war eine Schwärmerei. Eine ganz schöne eigentlich.« Unbewusst fuhr er sich über das Armband an seinem rechten Handgelenk, das er vor so langer Zeit von Mika bekommen und seither immer getragen hatte. Takuhiro lächelte ihn wissend an.

»Und bei dir? Du bist ohne Begleitung hier oder?«, hakte jetzt Kiryu nach.

»Ja, schon. Ich bleib allein.« Noch immer war Takuhiros Tonfalls sehr ungezwungen.

»Wirklich immer?!« Kiryus Verblüffung kam mehr als deutlich zum Ausdruck. Aber Takuhiro entgegnete ganz gelassen: »Jedenfalls gehe ich keine Beziehung ein.« Kiryu verstand.

Nachdem er vor zehn Jahren Takuhiro einen Korb gegeben hatte, hatte einige Wochen totale Funkstille zwischen ihnen geherrscht. Kiryu hatte Takuhiro in all der Zeit nicht gesehen, was ihn sehr überraschte, wo sie sich doch vorher so häufig über den Weg gelaufen waren. Später hatte er herausgefunden, dass Takuhiro ihm gezielt ausgewichen war. Denn kaum hatte er Kiryu erspäht, schlug er eine andere Route ein. Kiryu wiederum bekam davon überhaupt nichts mit. Es hatte fast drei Jahre gedauert, ehe sie wieder halbwegs normal miteinander umgingen. Ihr Verhältnis zueinander war zuerst unterkühlt, taute aber mit jeder weiteren Begegnung mehr und mehr auf.

Kiryu hatte sich immer wieder gefragt, ob Takuhiro ihm ausgewichen war, weil er eine Begegnung mit Kiryu scheute oder ob er Kiryu ein schlechtes Gewissen ersparen wollte. Vor einer Weile hatte er dann direkt nachgefragt. Und Takuhiros Antwort war für Kiryu erstaunlich offen: »Ein bisschen von beidem. Mir selbst hab ich natürlich eingeredet, dass ich dich vor einer unangenehmen Situation bewahren wollte. Aber die Wahrheit ist, dass ich einfach Angst hatte, dir zu begegnen.« Unter dem Deckmantel seiner guten Laune barg Takuhiro ein Meer an Gefühlen. Und Kiryu gehörte zu den wenigen, die darum wussten. Doch der Abend war zu gut verlaufen, um jetzt bei solchen schwermütigen Themen zu bleiben. Deshalb wechselte Kiryu abrupt das Thema: »Weißt du, ich sehe endlich älter aus als du.«

»Ja, aber du bist nach wie vor jünger als ich«, erwiderte Takuhiro belustigt. Und in schnippischem Ton fügte er hinzu: »Und das wirst du immer bleiben.« Kiryu hatte es wirklich vermisst, so locker mit Takuhiro zu reden. Und dieser genoss es ebenfalls sichtlich, wieder so gut mit Kiryu umgehen zu können.

Es war mitten in der Nacht, als er seine Wohnung betrat. Nachdem er Schuhe und Jacke ausgezogen hatte, schaltete er lediglich im Bad das Licht ein. Der Schein reichte bis ins Wohnzimmer, in dem Hanako in ihrem Futon lag und schlief. Ihr Futon lag wie immer zwischen dem Sofa und der Wand zum Schlafzimmer. Wenn er ins Bett ging, würde er unweigerlich an ihr vorbeilaufen. Nach einer kurzen Dusche wollte er leise ins Schlafzimmer gehen, doch Hanako war inzwischen wach geworden und sprach ihn an: »Kiryu? Bist du das?« Sie klang ganz verschlafen. Kiryu blieb an der Türschwelle stehen und antwortete: »Ja, schlaf weiter.« Hanako sagte nichts mehr und hatte sich wieder hingelegt. Und wie es aussah, war sie schon wieder eingeschlafen.

Kiryu legte sich aufs Bett, verschränkte die Arme im Nacken und sah hinauf an die Decke. Er konnte im Dunkeln nicht wirklich etwas erkennen, aber das war auch nicht nötig. Ein Lächeln stahl sich auf sein Gesicht als er wieder ans »Yami no Kokoro« dachte. Er hatte es wirklich geschafft seinen Traum zu verwirklichen. Und er liebte alles daran!